전래 동화로 배우는 한국어 ①
흥부와 놀부

전래 동화로 배우는 한국어 ①

흥부와 놀부

박배식 · 신희삼 · 손춘섭 · 배덕임 · 김미랑 ‖ 저
신성혁 ‖ 그림

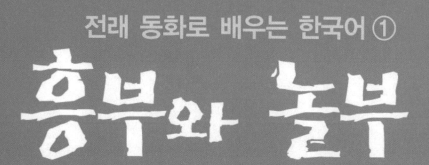

역락

책 머리에

　한국인이면 누구나 알고 있는 쉽고 재미있는 전래 동화를 한국어 교육에 활용하면 좋겠다던 생각이 마침내 열매를 맺었습니다. 그 첫 결실로 '흥부와 놀부'를 개작하여 한국어 학습에 알맞은 교재로 만들었습니다. 한국어 교육의 역사가 깊어지면서 수많은 교재들이 출판되고 있습니다만, 천편일률적인 내용과 구성으로 된 것들이 많아서 선택의 폭이 제한적인 것이 사실입니다. 특히 좋은 내용을 담고 있는 한국어 읽기 학습서들의 부족은 항상 아쉬움으로 남아 있었습니다.

　<전래 동화로 배우는 한국어 ①-흥부와 놀부>는 기본적으로 한국어 능력 중급 이상 학습자들에게 유용한 읽기 학습서를 만들겠다는 의도로 기획하였습니다. 이에 전래 동화 '흥부와 놀부'를 한국어 능력 중급 이상의 학습자들에게 알맞은 수준의 한국어로 다시 썼습니다. 학습자들이 이 이야기를 읽으면서 공부에 더 많은 흥미를 느낄 뿐만 아니라, 한국어 독해 능력을 크게 향상시킬 수 있을 것으로 믿습니다.

　이 책은 단지 읽기 능력의 향상에만 도움이 되는 것은 아닙니다. 이야기로 되어 있는 본문을 이해하기 위해서는 수준 높은 한국어 어휘들에 대한 이해가 반드시 뒤따라야 합니다. 아마도 이 이야기를 다 이해한 학습자라면 많은 고급 어휘들도 함께 이해하였을 것입니다. 이 책은 다소 어려운 어휘들의 이해를 돕기 위해 자세한 어휘 설명을 두었고, 연습 문제를 풀면서 어휘 학습이 반복될 수 있도록 배려하였습니다. 아울러 본문에 나오는 주요 문법에 대한 설명을 두었는바, 이 역시 연습 문제를 풀

면서 반복 학습이 이루어질 수 있도록 하였습니다. 따라서 이 책은 '흥부와 놀부'라는 재미있는 이야기 하나를 끝까지 읽고 이해하겠다는 마음으로 공부하는 동안 어느새 높은 수준의 한국어 어휘와 문법을 습득하게 될 것입니다. 또한, 각 단원의 끝에 '쉬어 가는 코너'를 두어 학습자들이 관용어나 고사성어도 보충적으로 익힐 수 있도록 하였습니다. 교사나 학습자들은 이 책의 '이야기 본문, 어휘 풀이, 연습 문제, 관용구나 고사성어 이해' 등 각 구성 부분들의 취지를 잘 살려서 학습하면 좋을 것입니다.

이 책을 만드는 데 도움을 주신 분들께 감사의 말씀을 전합니다. 우선 이 책의 출판을 흔쾌히 허락하신 도서출판 역락의 이대현 대표님을 비롯하여 박태훈 선생님, 어려운 편집에 수고하신 권분옥 선생님께 감사의 말씀을 드립니다. 그리고 이 책의 멋진 삽화들을 그려 준 재주꾼 신성혁 군의 노고에도 큰 고마움을 표합니다. 끝으로 책을 만든다고 이곳저곳에서 출판 회의를 하며 분주히 보냈던 시간들을 참고 지켜봐 주신 주위의 모든 분들께 깊은 감사의 마음을 전합니다.

2014년 여름
저자 일동

차례

교재 구성표

단원	제목	내용	
		문법	관용구 및 고사성어
제1과	연 생원과 자식들	① [동사]-고 나서 ② [형용사]-아/어/여지다	**관용구** 귀가 얇다 / 기가 막히다 / 귀에 못이 박히다 / 가시 방석에 앉다 / 간이 콩알만 해지다
제2과	놀부의 심술	① [동사]-아/어/여다(가) ② (하마터면) [동사]-ㄹ/을 뻔하다	**관용구** 눈이 높다 / 눈에 익다 / 내 코가 석자 / 눈코 뜰 새 없다 **고사성어** 과유불급(過猶不及) / 관포지교(管鮑之交) / 괄목상대(刮目相對)
제3과	착한 흥부	① -(으)ㄴ/는 척하다 ② -(으)ㄹ 것 같다	**관용구** 눈에 불을 켜다 / 눈이 빠지도록 기다리다 / 눈도 깜짝 안하다 / 눈독을 들이다 **고사성어** 교언영색(巧言令色) / 구사일생(九死一生) / 군계일학(群鷄一鶴)
제4과	놀부가 흥부를 쫓아내다	① -(으)ㄹ 모양이다 ② [동사/형용사]-잖아요	**관용구** 가슴이 찡하다 / 가슴이 뜨끔하다 / 마음을 먹다 / 마음에 들다 **고사성어** 금의환향(錦衣還鄉) / 낭중지추(囊中之錐) / 다다익선(多多益善)
제5과	할아버지 제삿날	① 아무리 -아/어/여도 ② -더라도	**관용구** 입이 무겁다 / 입에 맞다 / 입이 짧다 / 입에 침이 마르다 **고사성어** 대기만성(大器晚成) / 동병상련(同病相憐) / 마이동풍(馬耳東風)
제6과	구박받는 흥부	① -게 되다 ② [동사]-느라고	**관용구** 발이 넓다 / 발을 끊다 / 발이 묶이다 / 발목을 잡다 **고사성어** 망양지탄(望洋之嘆) / 면목(面目) / 명경지수(明鏡止水)
제7과	매 품팔이 하려는 흥부	① -아/어/여 있다 ② -(으)ㄹ 뻔하다	**관용구** 애를 먹다 / 애를 쓰다 / 애가 타다 / 얼굴이 두껍다 **고사성어** 무릉도원(武陵桃源) / 무용지용(無用之用) / 무위이화(無爲而化)

단원	제목	내용	
		문법	관용구 및 고사성어
제8과	흥부 집에 제비가 찾아오다	① -(으)면서 ② -아무 [명사]도	**관용구** 손이 크다 / 손발이 맞다 / 손을 쓰다 / 손을 씻다 **고사성어** 배수진(背水陣) / 백발백중(百發百中) / 백안시(白眼視)
제9과	박씨를 물고 온 제비	① -(으)ㄴ/는 반면에 ② -(으)ㄴ/는 줄 알다/모르다	**관용구** 낯이 뜨겁다 / 진땀을 흘리다 / 제 눈에 안경이다 / 비행기를 태우다 **고사성어** 사면초가(四面楚歌) / 사족(蛇足) / 살신성인(殺身成仁)
제10과	흥부네 가족이 박을 타다	① -았/었/였다가 ② -는커녕	**관용구** 파김치가 되다 / 물불을 가리지 않다 / 코가 납작해지다 / 시치미를 떼다 **고사성어** 상전벽해(桑田碧海) / 새옹지마(塞翁之馬) / 선입견(先入見)
제11과	놀부가 흥부 집에 찾아가다	① -(으)ㄴ/는 대로 ② -는 김에	**속담** 열 길 물속은 알아도 한 길 사람 속은 모른다 / 오르지 못할 나무는 쳐다보지도 마라 / 열 손가락 깨물어 안 아픈 손가락 없다 / 서당 개 삼 년이면 풍월을 읊는다 **고사성어** 식자우환(識字憂患) / 신출귀몰(神出鬼沒) / 수즉다욕(壽則多辱)
제12과	놀부가 제비 다리를 부러뜨리다	① -는 바람에 ② -치고는	**속담** 세 살 적 버릇 여든까지 간다 / 원숭이도 나무에서 떨어진다 / 불난 집에 부채질 한다 / 우물을 파도 한 우물을 파라 **고사성어** 용두사미(龍頭蛇尾) / 어부지리(漁父之利) / 오리무중(五里霧中)
제13과	벌을 받는 놀부	① -기 때문에 ② -았/었/였던	**속담** 말이 씨가 된다 / 금강산도 식후경 / 작은 고추가 맵다 / 호랑이도 제 말하면 온다 **고사성어** 전전긍긍(戰戰兢兢) / 전화위복(轉禍爲福) / 조삼모사(朝三暮四)

연 생원과 자식들

🔘 어휘 알아보기

양반, 생원, 허약, 독자,
온갖, 밥상, 영양, 신경, 숟가락,
보약, 꼬박꼬박 등

🔘 문법과 표현 살펴보기

① [동사]-고 나서
② [형용사]-아/어/여지다

🔘 쉬어 가는 코너

관용구 귀가 얇다, 기가 막히다,
귀에 못이 박히다, 가시 방석에 앉다,
간이 콩알만 해지다

옛날 옛날에 전라도 남원 고을에 연 생원이 살고 있었습니다. 연 생원은 태어나면 서부터 몸이 허약했습니다. 다섯 살이 되고 나서는 큰 병까지 앓게 되었습니다. 연 생원은 여자 형제도 없는 독자였기에 부모님의 근심은 아주 컸습니다. 비록 집안에 재산은 많았지만 하나뿐인 자식의 몸이 허약해 근심이 이만저만이 아니었습니다. 연 생원의 부모님은 온갖 정성을 쏟아가며 연 생원을 키웠습니다.

어릴 때부터 연 생원의 밥상은 맛있는 음식들로 가득했습니다. 특히 영양까지 신 경을 써가며 차려줬습니다. 하지만 연 생원은 입이 짧아 아주 조금 먹고는 숟가락을 내려놓곤 했습니다. 연 생원의 부모님은 꼬박꼬박 보약도 챙겨 먹였지만 연 생원은 좀처럼 건강해지지 않았습니다. 연 생원은 하루에 한 끼도 제대로 못 먹은 사람처럼 늘 기운이 없어보였습니다.

연 생원은 몸이 약하다 보니 집 밖에 나가 놀지 못하고 늘 집에서 홀로 지냈습니 다. 집 밖에서 아이들 소리가 들려오면 연 생원은 대문을 열어놓고서 마루에 앉아 아이들이 노는 모습을 지켜만 봤습니다. 그런 연 생원의 모습은 아주 외로워 보였습니 다. 연 생원은 머리는 총명했지만 몸이 약하다 보니 벼슬길에 나아갈 꿈조차 꿀

수가 없었습니다.

　연 생원은 부모님의 성화에 못 이겨 어린 나이에 결혼을 하였습니다. 그런데 어찌
된 일인지 연 생원의 부인도 결혼 후 점점 몸이 약해졌습니다. 부부가 몸이 허약하
다 보니 겨우 아들 둘을 낳아 기르게 됐습니다. 연 생원의 첫째 아들 이름은 놀부
고, 둘째 아들 이름은 흥부였습니다. 연 생원과 부인은 자신들의 몸이 허약했기 때
문에 자식들 건강만큼은 특별하게 신경을 쏟았습니다.

　몸이 허약한 부모와 다르게 놀부와 흥부는 무럭무럭 잘 자랐습니다. 둘은 건강만
큼은 남달랐습니다. 특히 놀부는 먹는 것에 욕심이 많았습니다. 그런데도 부모님은
잘 먹는 놀부를 대견해 했습니다. 놀부는 하루에 다섯 끼를 먹었습니다. 간식도 서
너 번은 더 챙겨 먹었습니다. 그러다 보니 놀부는 잔병치레도 하지 않았습니다.

　"흥부야, 너도 형처럼 어서 많이 먹으렴!"

　연 생원 부인이 갈비가 담긴 그릇을 흥부 앞으로 내밀며 말했습니다.

　"엄마, 전 배불러요. 고기는 형이 좋아하니까 형 더 먹으라고 주세요."

　"흥부야, 너 그 갈비 안 먹을 거야?"

　놀부는 눈이 휘둥그레져 물었습니다.

　"응, 난 배부르니까 그만 먹을래."

놀부는 엄마 손에 들린 갈비 그릇을 홱 채갔습니다.

　"놀부야, 아직 네 앞에 갈비가 많이 남았잖냐. 네 몫 다
먹으면 더 줄 테니 그건 흥부 먹게 줘라."

　"부인, 갈비가 부족하면 더 만들면 될 것을 잘 먹는 놀부
를 왜 구박하시오? 먹는데 구박하면 어디 살로 가겠소?"

　연 생원이 나서서 놀부를 두둔하였습니다.

　"아버지, 나 혼자서 이거 다 먹어도 되죠?"

　"아암-. 부족하면 더 사다가 해줄 테니 걱정 말고 많이
먹으렴. 흥부 너도 더 먹고."

　흥부와 놀부를 바라보는 연 생원의 눈길은 따스했습니다.

"아버지, 그럼 내일은 소 한 마리 잡아 주세요. 나 혼자서 한 마리를 다 먹을래요."

"소 한 마리를 놀부 도련님 혼자서 다 잡수신다고요?"

하녀가 놀부 말을 듣고 깜짝 놀라 큰 소리로 말했습니다.

"그래. 우리 아버지가 나 먹고 싶은 만큼 해 준다고 했잖아."

놀부는 큰소리를 뻥뻥 쳤습니다.

놀부는 날이 갈수록 욕심이 많아졌습니다. 먹는 것을 비롯하여 동생 흥부의 물건까지도 제 것인 양 욕심내어 빼앗아 갔습니다. 놀부는 집 밖에 나가서도 소란을 많이 피웠습니다. 놀부는 아이나 어른을 가리지 않고 온갖 심술을 부렸습니다. 울고 있는 아이를 보면 더 크게 울리고, 곤경에 처한 사람을 보면 더 어려운 곤경에 빠뜨려 놓았습니다.

놀부의 심술은 하루가 다르게 심해졌습니다. 그러다 보니 동네 사람들 사이에서 놀부에 대한 원성이 자자했습니다. 놀부 부모님이 타일러도 놀부는 말을 듣질 않았습니다. 오히려 부모님으로부터 꾸중을 듣거나 훈계를 듣는 날이면 더 심하게 심술을 부렸습니다. 놀부 심술 때문에 연 생원 부인의 입에서 한숨 소리가 끊이지 않게 되었습니다. 속을 태우던 연 생원 부인이 결국 끙끙 앓아눕게 되었습니다.

"엄마, 빨리 나으세요."

흥부가 형 놀부 때문에 괴로워하는 엄마에게 다가가 말했습니다.

"너희 형이 네 반만 닮았어도 근심 걱정이 없을 텐데……."

연 생원 부인이 말없이 흥부의 머리를 쓰다듬어 주었습니다.

흥부는 마음속으로 다짐을 하였습니다.

'나는 절대로 부모님 속을 썩이지 않을 테야. 그리고 형하고도 사이좋게 지낼 거야.'

흥부는 마음씨가 착해 다른 사람들을 많이 배려하며 생활했습니다. 밥을 먹고 나면 감사 인사를 꼬박꼬박 하여 하녀들까지 기쁘게 하였습니다. 친구들과 놀다가도 동네 어른들이 지나가면 정중하게 인사를 하였습니다. 동네 사람들은 하나같이 흥부를 좋아하고 칭찬하였습니다. 흥부와 놀부가 같이 있으면 사람들로부터 흥부는 칭찬을 듣고 놀부는 구박을 받고 타박까지 듣게 됐습니다. 그러다 보니 놀부가 동생 흥부에게 더 많은 심술을 부렸습니다. 그런데도 흥부는 크게 짜증내거나 화를 내지 않았습니다.

어느덧 놀부와 흥부가 성인이 되었습니다. 연 생원 부부는 서둘러 놀부와 흥부를 결혼시켰습니다. 그리고 많은 자식을 낳으라고 하였습니다. 놀부는 자식 낳는 것도 귀찮아하여 셋을 낳았습니다. 그러나 흥부는 부모님께 효도하는 마음으로 일곱을 낳았는데 계속해서 더 낳을 생각이었습니다. 놀부와 흥부 가족은 대가족이 되었습니다. 삼대가 한 집에서 살아 집안은 아이들 떠드는 소리로 왁자지껄했습니다.

흥부는 심성이 착해 결혼 후에도 늙은 부모님들을 잘 봉양하였습니다. 부모님을 기쁘게 해 드리기 위해 많은 노력까지 하였습니다. 하지만 놀부는 달랐습니다. 결혼을 하고 아이까지 낳았는데도 심술과 욕심은 여전했습니다. 더군다나 놀부의 아내까지 욕심과 심술이 놀부를 닮아갔습니다.

어느 해 갑자기 연 생원이 세상을 뜨고 말았습니다. 가족들이 온통 슬픔에 빠져 있는데 놀부와 그 부인은 전혀 슬퍼하지 않았습니다. 이듬해에는 연 생원의 부인까지 세상을 떠나버렸습니다. 흥부는 부모님을 잃은 슬픔에 빠져 사흘 동안 밥도 먹지 않고 울기만 하였습니다. 흥부의 슬픔은 끝이 없어 보였습니다. 흥부의 자식들은 슬픔을 달래주려 했지만 흥부의 슬픔은 좀처럼 줄어들지 않았습니다.

어휘 알아보기

양반(兩班)	① 조선시대에 신분이 높은 상류 계층 사람. 예 우리 새아씨는 **양반** 집안에서 법도대로 품행 바르게 자란 분이시라 매사에 빈틈이 없었다. ② 점잖고 예의 바른 사람.
생원(生員)	조선시대 소과(小科)인 생원시에 합격한 사람. 예 그는 부모의 강요에 못 이겨 스물한 살 때 비로소 진사 **생원**을 뽑는 과거(科擧)에 합격하였다.
허약(虛弱)	몸이 힘이나 기운이 없고 약함. 예 철수는 신체의 **허약** 때문에 친구들의 놀림감이 되었다.
독자(獨子)	하나뿐인 아들. 외아들. 예 나는 **독자**로 컸기 때문에 많은 사람들 속에서 잘 적응하지 못한다.
온갖	여러 종류의 많은. 예 철수는 **온갖** 책들을 가방 속에 넣고 다녔다.
밥상(-床)	밥과 반찬을 올려놓고 먹는 상. 예 오래간만에 식구들이 모두 저녁 **밥상**에 둘러앉았다.
영양(營養)	생물이 생명을 유지하고 활동하는 데 필요한 물질. 예 적당한 운동과 **영양**으로 몸을 튼튼히 하는 것이 무엇보다 중요하다.
신경(神經)	① 어떤 일을 느끼거나 생각하는 힘. 예 아픈 사람은 **신경**이 날카롭기 때문에 옆에서 잘 돌봐 줘야 회복이 빠르다. ② 동물의 몸에서 외부 자극과 느낌을 두뇌와 신체 각 부분 사이에 전달하고 반응을 일으키게 하는 길고 가는 실 모양의 조직체. 예 인간의 대뇌에는 말을 하도록 하는 중추 **신경**이 있다.
빠뜨리다/빠트리다	① 물이나 허방이나 또는 어떤 깊숙한 곳에 빠지게 하다. 예 형은 동생의 지갑을 바닷물 속에 **빠뜨렸다**. ② 어려운 지경에 놓이게 하다.

숟가락	밥이나 국 따위를 떠먹는 데 쓰는 도구.
	예 나는 밥을 먹다가 숟가락을 바닥에 떨어뜨렸다.
보약(補藥)	몸의 기운을 회복시키거나 높여 주는 한약.
	예 나는 몸이 허약해서 보약을 지어 먹었다.
적잖다/적잖게	적은 수나 양이 아니다. 꽤 많다.
	예 낙엽이 길거리에 적잖게 뒹굴고 있었다.
곤경(困境)	어려운 형편이나 처지.
	예 나는 이번 달 생활비가 부족하여 곤경에 빠졌다.
정중하다	예의를 갖추어 점잖다.
	예 영수는 선생님께 정중하게 인사했다.
자자하다	소문, 칭찬, 비난 따위가 여러 사람의 입에 오르내려 떠들썩하다. 매우 널리 퍼져 있다.
	예 그는 모든 일에 모범적이라고 학교에서도 칭찬이 자자했다.
다가가다/다가가	어떤 대상 쪽으로 가까이 가다.
	예 그녀는 철수의 곁에 다가가 살포시 앉았다.
썩이다	걱정이나 근심으로 몹시 괴로운 상태가 되게 하다.
	예 요즘 아이들은 인터넷 게임에 빠져 부모들의 속을 썩이고 있다.
왁자지껄하다	여럿이 한데 모여 정신없이 떠들다.
	예 외출했던 사람들이 왁자지껄하게 줄줄이 들어왔다.
봉양(奉養)하다	부모나 조부모를 받들어 모시고 섬기다.
	예 한국에서는 부모를 봉양하는 책임이 아들에게 있다.
삼대(三代)	아버지, 아들, 손자의 세 세대.
	예 그의 집은 삼대가 함께 사는 대가족이었다.
여전(如前)하다	전과 다름이 없다.
	예 세월이 많이 흘렀는데도 어머니의 모습은 여전했다.
더군다나/더구나	이미 있는 사실에 더하여. 그뿐만 아니라.
	예 ① 비가 오는데 더구나 정전까지 되어 추운 밤을 보냈다.
	② 그 사람은 아내도 잃고 더군다나 병까지 얻어 딱하기 그지없는 신세가 되었다.

매달리다	붙잡고 늘어지며 사정하다. 예 그녀가 철수에게 결혼하자고 매달리며 말했다.
꼬박꼬박	일정하게 계속하는 모양을 나타냄. 예 너는 어른한테 꼬박꼬박 말대꾸를 하는구나.
대문(大門)	집의 앞쪽의 담이나 집채에 드나들 수 있게 나 있는 큰 문. 예 친구가 나와서 대문을 열어 주었다.
벼슬길	벼슬아치가 되는 일. 예 조선시대 때, 벼슬길에 오르기는 하늘의 별 따기였다.
부인(夫人)	'남의 아내'를 높여 이르는 말. 예 박 과장 부인의 음식 솜씨는 매우 훌륭했다.
온통	있는 것 모두. 전부 다. 예 집안은 온통 웃음소리로 꽉 찼다.
남다르다/남달랐다	보통 사람과 많이 다르다. 예 글을 잘 쓰는 데는 노력도 필요하지만 남다른 재주도 필요하다.
서너	일부 단위를 나타내는 말 앞에 쓰여, 그 수량이 셋이나 넷임을 나타내는 말. 예 학생 식당 안에는 학생들이 서너 명밖에 없었다.
채다/채가다/채갔다	재빠르게 잡아서 가지거나 빼앗다. 예 독수리는 참새가 물고 있는 먹이를 채갔다.
몫	① 여럿이 나누어 가지는 각 부분. 예 수박을 나누어 자기 몫만큼만 먹었다. ② 맡은 일이나 임무. 예 연예인들의 사생활은 여성잡지의 기사에서 큰 몫을 차지하고 있다.
구박(驅迫)	못 견디게 괴롭힘. 예 요즘은 젊은 며느리의 구박을 받는 노모의 이야기를 종종 듣는다.
욕심(慾心)	지나치게 탐내거나 가지고 싶어 하는 마음. 예 사람의 욕심은 끝이 없다.
가슴앓이	가슴속이 답답하고 아픈 병. 예 친구에게 받은 상처 때문에 가슴앓이를 하고 있다.

문법과 표현 살펴보기

⊖ [동사] – 고 나서

- 어떤 동작이 끝난 뒤에 다른 동작을 한다.

  ■ 운동을 하고 나서 바로 샤워를 했다.

  ■ 소설책을 읽고 나서 바로 영화를 보러 갔다.

  ■ 점심을 먹고 나서 바로 양치질을 했다.

  ■ 청소를 하고 나서 운동을 하러 갔다.

  ■ 아프고 나서 건강의 소중함을 알게 되었다.

  ■ 식사를 하고 나서 30분 뒤에 약을 드세요.

⊖ [형용사] – 아/어/여지다

- 어떤 상태가 변화되어 감을 나타낸다.

  ■ 열심히 공부하면 한국어 실력이 좋아집니다.

  ■ 다음 달부터 과일 값이 비싸집니다.

  ■ 여름 날씨가 점점 더워집니다.

  ■ 술을 많이 마시면 얼굴이 빨개집니다.

  ■ 뱃살이 빠지니까 바지가 헐렁해졌어요.

  ■ 한국어를 배우러 온 유학생이 더 많아졌어요.

연습 문제

1 왼쪽에 있는 말들의 의미를 오른쪽에서 찾아 연결하시오.

① 양반 •	• ㉠ 몸의 기운을 회복시키거나 높여 주는 한약
② 허약 •	• ㉡ 몸이 힘이나 기운이 없고 약함
③ 독자 •	• ㉢ 밥과 반찬을 올려놓고 먹는 상
④ 온갖 •	• ㉣ 밥이나 국 따위를 떠먹는 데 쓰는 도구
⑤ 밥상 •	• ㉤ 생물이 생명을 유지하고 활동하는 데 필요한 물질
⑥ 영양 •	• ㉥ 어떤 일을 느끼거나 생각하는 힘
⑦ 신경 •	• ㉦ 여러 종류의 많은
⑧ 숟가락 •	• ㉧ 외아들
⑨ 보약 •	• ㉨ 조선시대에 지체나 신분이 높은 상류 계층 사람

2 아래 문장의 (   )에 있는 말들 중 적당한 것에 ○를 하시오.

① 너는 어른한테 (꼬박꼬박 / 꾸벅꾸벅) 말대꾸를 하는구나.

② 친구가 나와서 (주문 / 대문)을 열어 주었다.

③ 영희는 (마루 / 마음)에 앉아서 책을 읽었다.

④ 조선시대 때, (벼슬길 / 오솔길)에 오르기는 하늘의 별 따기였다.

⑤ 집안은 (조금 / 온통) 웃음소리로 꽉 찼다.

⑥ 글을 잘 쓰는 데는 노력도 필요하지만 (남다른 / 남몰래) 재주도 필요하다.

⑦ 요즘은 젊은 며느리의 (구슬 / 구박)을 받는 노모의 이야기를 종종 듣는다.

⑧ 친구에게 받은 상처 때문에 (가슴앓이 / 가을걷이)를 하고 있다.

3 적당한 말을 보기에서 찾아서 _____에 알맞은 형태로 쓰시오.

> 보기 곤경, 매달리다, 봉양하다, 빠뜨리다, 여전하다, 왁자지껄하다, 자자하다, 적잖다, 정중하다

① 낙엽이 길거리에 _____ 뒹굴고 있었다.

② 나는 이번 달 생활비가 부족하여 _____에 빠졌다.

③ 영수는 선생님께 _____ 인사했다.

④ 형은 동생의 지갑을 바닷물 속에 _____.

⑤ 그는 모든 일에 모범적이라고 학교에서도 칭찬이 _____.

⑥ 외출했던 사람들이 _____ 줄줄이 들어왔다.

⑦ 한국에서는 부모를 _____ 책임이 아들에게 있다.

⑧ 세월이 많이 흘렀는데도 어머니의 모습은 _____.

⑨ 그녀가 철수에게 가지 말라고 _____ 말했다.

4 보기와 같이 두 문장을 알맞게 연결하시오.

> 보기 운동을 하다. / 샤워를 하다.
> ⋯⋯▶ 운동을 하고 나서 샤워를 했다.

① 소설책을 읽다. / 영화를 보러 가다.

　⋯⋯▶ _____

② 점심을 먹다. / 양치질을 하다.

　⋯⋯▶ _____

③ 청소를 하다. / 운동을 하러 가다.

　⋯⋯▶ _____

④ 식사를 하다. / 30분 뒤에 약을 먹다.

····▶ _____

5 –아/어/여지다를 사용하여 보기와 같이 문장을 완성하시오.

보기	열심히 공부하면 한국어 실력이 <u>좋아집니다</u>. (좋다)

① 다음 달부터 과일 값이 _____. (비싸다)

② 여름 날씨가 점점 _____. (덥다)

③ 술을 많이 마시면 얼굴이 _____. (빨갛다)

④ 뱃살이 빠지니까 바지가 _____. (헐렁하다)

⑤ 한국어를 배우러 온 유학생이 더 _____. (많다)

1 놀부와 흥부의 부모님 연 생원은 어떤 사람인가요?

2 놀부의 성격에 대해 설명해 보시오.

3 흥부의 성격에 대해 설명해 보시오.

쉬어 가는 코너

⊙ 관용구(慣用句)가 뭘까요?

관습적으로 오랜 시간 쓰이어서 특별한 의미를 가지게 된 짧은 말을 의미해요.

⊙ 관용구를 배워 볼까요?

║" **귀가 얇다**

－다른 사람의 말을 쉽게 믿다.

║" **기(氣)가 막히다**

－신체의 원동력인 '기(氣)'가 막혀서 잠시 움직일 수 없는 상태를 이른다.

－실제로 몹시 좋은 것이나 어처구니없는 것을 보았을 때, 또는 그런 일을 당했을 때 쓰는 말이다.

① 어떤 일이 매우 놀랍고 황당하다.

② 매우 대단하다.

║" **귀에 못이 박히다**

－듣기 싫을 정도로 같은 말을 여러 번 듣다.

║" **가시 방석에 앉다**

－마음이 매우 힘들고 불편한 상황에 놓여 있다.

－바늘방석에 앉다.

║" **간이 콩알만 해지다**

－사람들이 갑자기 놀라운 일을 당하게 되면 매우 당혹한 느낌을 받게 되는데 너무도 뜻밖의 놀라운 일이므로 "간이 콩알만큼 작게 변한다"는 뜻으로 표현한다.

－매우 놀라서 간이 오그라들다.

－겁이 나서 몹시 두려워지거나 무서워지다.

➔ 지명 쓰기

• 각 도의 이름을 적어 보시오.

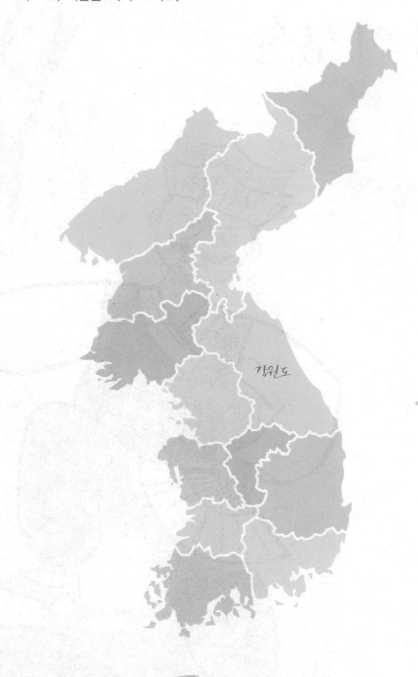

강원도

놀부의 심술

◉ 어휘 알아보기

마당쇠, 영감, 허둥대다, 담장, 오매, 벽장,
후딱, 아따, 헉헉대다, 물동이, 부산하다 등

◉ 문법과 표현 살펴보기

① [동사]-아/어/여다(가)
② (하마터면) [동사]-ㄹ/을 뻔하다

◉ 쉬어 가는 코너

관용구 눈이 높다, 눈에 익다,
내 코가 석자, 눈코 뜰 새 없다
고사성어 과유불급(過猶不及),
관포지교(管鮑之交), 괄목상대(刮目相對)

놀부와 흥부의 엄마가 세상을 떠난 지 벌써 삼 년이 지났습니다. 슬픔에만 빠져 있던 흥부도 차츰 안정을 되찾아갔습니다. 그런데 놀부의 심술은 날이 갈수록 심해졌습니다. 부모님이 돌아가시고 나자 착한 일은 전혀 하지 않고 못된 짓들만 찾아가며 하였습니다.

어느 날 마을에 큰 불이 났습니다.

"불이야, 불이야!"

다급한 목소리가 마을 안에 울려 퍼졌습니다.

그 소리는 놀부 집에까지 크게 들렸습니다.

"뭐? 부- 불이라고?"

낮잠을 자던 놀부가 깜짝 놀라 일어났습니다.

"마당쇠야, 무슨 불이 난 게냐?"

놀부가 큰 소리로 물었습니다.

"영감, 저기 불길 좀 보세요."

놀부 부인이 방으로 뛰어들며 소리쳤습니다.

"어디? 어디에 불이 난 게요?"

놀부가 허둥대며 마루로 나왔습니다.

담장 너머에서 불길이 활활 타오르고 있었습니다. "불이야-" 하는 소리가 더 크게 울려 퍼졌습니다.

"오매, 신 난 거. 빨리 불구경이나 가야겠구먼."

놀부가 신이나 손뼉까지 쳐가며 말했습니다.

"오매, 불구경 가면 나도 따라 갈래요. 영감 나도 데려가요."

놀부 부인이 말했습니다.

"가만! 가만있어 보더라고."

"왜요? 영감 무슨 일 있어요?"

"무슨 일이 있는 게 아니고, 그냥 구경만 하면 재미가 없잖아. 부채를 가져가서 불길이 사그라지면 재빨리 부채질을 해야지. 안 그런가?"

"맞아요! 그게 좋겠어요."

"그럼, 지난여름에 쓰던 부채들을 빨리 가져 오소! 부인, 빨리빨리 가져오라고."

"잠깐만 기다려 봐요. 내가 벽장 속에 챙겨 뒀으니 후딱 가져올 게요."

놀부 부인은 신이 나 방으로 달려 들어갔습니다.

"아따, 왜 이렇게 꾸물거려. 불 다 꺼져버리구만. 부채 안 가져 오는가?"

"여기요, 여기. 그 잠깐을 못 기다리고 소리치세요."

놀부 부인이 부채를 들고 나왔습니다.

부인의 손에서 부채를 낚아챈 놀부는 허둥대며 달렸습니다. 놀부가 얼마나 서둘 렀던지 신발도 제대로 꿰신지 못 한 채 달려갔습니다.

놀부는 불난 집 앞에 서서 헉헉대며 숨을 골랐습니다. 놀부보다 일찍 온 사람들이 물동이를 들고 불을 끄느라 부산하게 움직였습니다.

"물물을 빨리 더 가져와요."

다급한 목소리들이 들려왔습니다.

물동이를 든 사람들이 바쁘게 뛰어 다녔습니다. 동네 어른들 이 모두 모여 물을 떠 날랐지만 불길은 잡히지 않았습니다. 키 를 커다랗게 키우며 집을 통째로 삼킬 것처럼 불길이 커져만 갔 습니다. 곁에서 지켜만 보던 어린이들도 대야에 물을 떠서 나르 기 시작했습니다. 곧이어 어린 아이들도 대접에 물을 담아 와서 불을 끄기 시작했습니다. 그런데 놀부는 뒷짐을 지고서 불난 집 을 유심히 살피기만 했습니다.

"헉헉, 영감, 부채질은 안 하고 왜 그렇게 바라만 보고 있어요?"

뒤늦게 달려온 놀부 부인이 숨을 헐떡이며 말했습니다.

불을 끄고 있던 흥부가 형수의 소리를 듣고 깜짝 놀라 형 놀부 에게 다가갔습니다.

"형님, 지금 불난 집에 부채질하려고 손에 부채를 들고 온 거예 요?"

흥부가 놀부에게 소리쳤습니다.

"아이쿠 간이야! 이 못 된 놈 때문에 하마터면 간이 떨어질 뻔했네."

놀부가 흥부를 향해 버럭 화를 내더니 발길질을 하였습니다.

"영감, 당신 간이 떨어져 죽을 뻔했는데 가만 두면 안 되죠. 저기 저 몽둥이를 가져다가 때리세요."

놀부 부인이 곁에서 소리쳤습니다.

흥부는 기가 막혀 아무 말도 하지 못했습니다.

"형님, 제발 부채질만은 하지 마세요. 불난 집에 부채질하는 것은 아주 나쁜 짓이에요."

"이 녀석 좀 보소. 내가 언제 불난 집에 부채질을 한다더냐? 착한 나에게 억지소리를 하다니 이 고얀 놈! 이 부채는 불길 때문에 뜨거울 것 같아서 가져온 것인데 네놈이 불난 집에 부채질을 하고 싶으니까 착한 나한테 뒤집어씌우려고 그러지?"

놀부는 흥부에게 더 세게 발길질을 해댔습니다.

"형님, 그게 아니에요. 제가 잘못했어요."

흥부는 형 놀부에게 싹싹 빌었습니다.

"영감, 저런 놈은 가만두지 말고 흠씬 두들겨 패라니까요? 아니면 집에서 확 쫓아내 버리세요."

곁에서 지켜보던 놀부 부인이 더 크게 화를 냈습니다.

놀부의 심술은 날이 갈수록 점점 심해졌습니다. 아이들이 뛰어노는 마을 길에 허방을 놓고서 숨어 지켜보기도 했습니다. 마을길에서는 술래가 아이들을 잡기 위해 정신없이 달려 다녔습니다. 술래를 피해 앞서 달리던 아이가 허방에 빠져 넘어지면 뒤따라 달려오던 아이들도 우르르 넘어졌습니다. 몸을 숨기고 있던 놀부는 그 모습을 보고서 손뼉을 쳐대며 낄낄 웃어댔습니다.

"아저씨가 저곳에 허방을 파 놨죠?"

간혹 놀부에게 따져 묻는 아이들도 있었습니다.

"뭐라고? 어디서 어른을 똑바로 노려보고 헛소리를 하고 그래."

놀부는 발뺌을 해가며 아이 머리에 꿀밤을 세게 주었습니다.

"왜 때려요?"

"왜 때려? 어른한테 함부로 말하니까 그렇지 이놈아."

놀부는 곁에 놓인 나뭇가지를 집어 들고서 휘둘러대기도 했습니다.

아이들은 놀부가 휘두르는 나뭇가지에 맞지 않으려고 피해 달아났습니다.

"심술보 놀부, 메롱!"

"이 고약한 놈, 거기 서. 안 서!"

"날 잡아 봐요. 메롱!"

아이들은 놀부의 화를 바짝바짝 올렸습니다. 놀부는 아이들을 골탕 먹였다가 오히려 된통 당하기도 했습니다. 그 후로 놀부는 동네 아이들이 모여 있는 것을 보면 가만있지 않았습니다. 아이들이 모여 있는 곳에 물동이를 들고 와 쏟아 부었습니다. 그뿐만이 아니고 아이들 놀이터에 하인을 시켜 돼지 똥을 뿌리기도 했습니다.

놀부는 아이들뿐만 아니라 어른들에게도 심술을 부렸습니다. 초상집에 가서는 큰 소리로 노래를 불러대어 상주를 당황하게 만들었고, 서로 다투는 사람을 보면 옳거니 하고서 이간질을 시켜놓았습니다. 놀부는 사람의 도리를 몰랐습니다. 오직 제 욕심을 챙기는 것과 남에게 심술을 부리는 것밖에 모르는 사람이었습니다.

놀부 때문에 마을 사람들은 괴롭고 힘든 나날이 계속 됐습니다. 그러다 보니 놀부에 대한 마을 사람들의 원성은 점점 높아만 갔습니다. 지켜보다 못해 동네에서 제일 나이 많은 어른이 나서서 놀부에게 충고를 했습니다.

"이보게 놀부, 심보를 그렇게 고약하게 쓰면 안 되네. 앞으로는 마을 사람들이나 아이들에게 조심하게나. 그렇지 않으면 마을 사람들이 가만있지 않을 게야."

"가만있지 않으면 어쩔 건데요? 내 집에서 내가 사는데 나를 내 쫓아내기라도 하겠다는 거요? 자꾸 나한테 듣기 싫은 소리를 해대면 마을 사람들에게 준 소작을 다 빼앗아 버릴 테니 그렇게 아시오."

놀부는 반성은커녕 도리어 큰소리를 치며 으름장을 놓았습니다.

놀부네 땅을 빌려 소작을 짓는 사람들은 혹을 떼려다 오히려 혹을 붙이는 격이 되어 속을 태워야 했습니다. 소작인들은 혹시라도 소작이 떼일까 봐 놀부의 눈치를 살피기 시작했습니다.

놀부네 집안은 대대로 부자로 살아서 농토도 아주 많았습니다. 그러다 보니 마을 사람들 쯤은 전혀 개의치 않고 행동을 하였습니다. 놀부는 마을 어른에게 충고를 듣고 나더니 반성은커녕 오히려 더욱더 심하게 심술을 부렸습니다. 놀부를 본 사람들은 대부분 큰 골탕을 먹었습니다. 심지어는 어린아이들까지 놀부의 심술에 시달려야 했습니다.

아이들이 놀이를 하고 있으면 시끄럽다며 몽둥이를 들고 휘둘러댔습니다. 겁에 질린 아이들은 놀부에게 붙잡히지 않기 위해 줄행랑을 쳤습니다. 아이들 눈에 놀부는 심술쟁이나 괴물처럼 보였나 봅니다. 울면서 떼를 쓰던 아이들도 놀부 이름만 들려도 울음을 뚝 그쳤습니다. 사람들은 놀부를 보면 고개를 살래살래 흔들어대기 시작했습니다. 그뿐만이 아닙니다. 놀부가 나타나면 먼저 슬슬 피해갔습니다.

마당쇠	예전에 머슴이나 종 따위를 이르던 말. 예 놀부가 **마당쇠**를 불렀다.
영감(令監)	아내가 남편을 약간 높여 부르는 말. 예 이번에 우리 **영감**이 선물로 사준 반지야.
허둥대다	자꾸 갈팡질팡하며 정신없이 서두르다. 예 나는 어두워진 길을 따라 **허둥대며** 걷고 있었다.
담장(-墻)	집의 둘레나 일정한 공간을 둘러막기 위하여 흙, 돌, 벽돌 따위로 쌓아 올린 것. '담'의 비표준어. 예 친구가 **담장**을 넘어갔다.
오매	주로 문장 맨 앞에 쓰이어 깜짝 놀라거나 끔찍한 느낌이 들었을 때 내는 소리. 예 **오매**, 아이고, 나 죽겠소!
벽장(壁欌)	벽의 한쪽을 뚫어 문을 달고 물건을 넣게 만든 곳. 예 나는 슬그머니 **벽장**에서 코트를 꺼내 입어 보았다.
후딱	일이나 행동을 갑자기 힘차고 빠르게 하는 모양을 나타냄. 예 우리 둘이서 **후딱** 해치우고 튀는 게 어때?
아따	무엇이 몹시 심하거나 하여 못마땅해서 빈정거릴 때 가볍게 내는 소리. 감탄사. 예 **아따**, 사람 화나게 하는 소리 그만해요.
꿰신다/꿰신지	신 따위를 발에 꿰어서 신다. 예 동생은 신발을 **꿰신지** 못하고 맨발로 달려갔다.
헉헉대다/헉헉대며	지치고 힘이 들어서 숨을 가쁘게 내쉬다. 예 영희는 **헉헉대며** 계단을 올라왔다.
물동이	물을 길어 담는 데 쓰는 작고 동그란 독. 예 **물동이**를 이고 가는 새색시의 뒷모습이 아름다웠다.

부산하다/부산하게	어수선하고 바쁘다. 예 산같이 쌓인 모래 옆에서는 **부산하게** 벽돌을 찍어 내고 있었다.
나르다/날랐다	짐이나 사람을 다른 데로 옮기다. 운반하다. 예 친구의 이삿짐을 먼저 나르고 다음에 내 이삿짐을 **날랐다.**
대야	주로 세수할 때 물을 담아 쓰는 둥글고 넓적한 그릇. 예 그녀는 비누와 수건이 든 **대야**를 옆에 끼고 나왔다.
대접	주로 국이나 물을 담는 데 사용하는 그릇. 예 그는 두 개의 **대접**에다 막걸리를 따랐다.
뒷짐	두 손을 허리 뒤로 보내어 마주잡는 것. 예 노인은 **뒷짐**을 지고 걸어가고 있었다.
헐떡이다/헐떡이며	숨을 가쁘고 거칠게 쉬는 소리를 내다. 예 친구는 전화를 받는 즉시 **헐떡이며** 달려 왔다.
버럭	화가 나서 짧게 소리를 지르는 모양을 나타냄. 예 철수는 **버럭** 소리를 지르고 도망갔다.
몽둥이	남을 치고 때리는 데에 쓰이는 나무 막대기. 예 선생님은 학생을 **몽둥이**로 사정없이 때렸다.
흠씬	꽉 차고도 남을 만큼. 아주 넉넉하게. 예 맑은 공기를 **흠씬** 들여 마시기 위해 숲으로 갔다.
허방	땅바닥이 움푹 패여 발이 빠지기 쉬운 구덩이. 예 영희는 **허방**을 딛고 넘어졌다.
꿀밤	주먹 끝으로 가볍게 머리를 때리는 짓. 예 머리에 **꿀밤**을 맞다.
휘두르다/휘둘러	남을 공격하기 위하여 손에 잡은 무기나 물건 따위를 힘있게 흔들다. 예 나는 몽둥이를 **휘두르며** 동생을 뒤쫓아 나갔다.
된통	아주 심하게. 예 친구에게 속아서 **된통** 피해를 본 적도 있거든요.
상주(喪主)	죽은 사람의 맏아들이나 맏손자로 장례의 주인 노릇을 하는 사람. 예 친구는 아버지가 돌아가셔서 **상주** 노릇을 하였다.

이간질(離間-)	사람이나 국가의 사이를 갈라놓는 짓. 예 영수는 철수와 영희를 이간질하여 서로 싸우게 하였다.
누명(陋名)	사실이 아닌 일 때문에 억울하게 얻은 나쁜 평판. 예 그녀는 부잣집에 시집갔다가 제 남편을 죽였다는 누명을 쓰고 감옥 살이를 했다.
고약하다/고약하게	사납거나 못되다. 예 그녀는 마음씨가 고약하다.
소작(小作)	일정한 대가를 치르고 남의 땅을 빌려 농사를 짓는 일. 예 그는 논 여섯 마지기를 소작으로 부치고 있다.
졸이다	몹시 불안하거나 조마조마하여 애를 태우다. 예 나쁜 사람을 만날까 봐 마음을 졸였다.
개의(介意)하다	어떤 일에 크게 관심을 가지다. 예 내가 한 말에 친구는 조금도 개의치 않았다.
심술(心術)	별로 올바른 이유가 없이 고집을 부리는 마음. 예 시어머니는 며느리에게 심술을 부렸다.
골탕	한꺼번에 되게 당하는 손해나 곤란. 예 철수는 영희에게 골탕을 먹였다.
시달리다/시달려	무엇으로 인하여 괴로움을 당하다. 예 우리는 지상에서 소음 공해에 시달리고 있다.
줄행랑(-行廊)	'도망(逃亡)'을 속되게 이르는 말. 달아나는 것. 예 아이들이 도둑질을 하다가 들키자 줄행랑을 쳤다.
심술쟁이(心術-)	심술이 많은 사람. 예 동생은 심술쟁이가 되었어요.
떼	부당한 요구나 청을 들어 달라고 고집하는 짓. 예 동생은 형에게 장난감을 사 달라고 떼를 썼다.
헛소리	실속이 없고 미덥지 못한 말. 내용 없이 하는 말. 예 그녀가 가난하게 산다는 말은 모두 헛소리야.

문법과 표현 살펴보기

⊖ [동사]-아/어/여다(가)

- 어떤 장소에서 행동을 하고 난 뒤, 그 행동의 결과를 가지고 다른 장소에서 그 행동을 이어서 함을 나타낸다.

  - 은행에서 돈을 찾아다가 옷을 샀다.

  - 화원에서 꽃을 사다가 친구에게 주었다.

  - 과일을 따다가 시장에 팔았다.

  - 자판기에서 커피를 뽑아다가 교실에서 마셨다.

  - CD를 빌려다가 영화를 보았다.

⊖ (하마터면)[동사]-ㄹ/을 뻔하다

- 사실은 일어나지 않았지만 어떤 일이 거의 일어날 것 같았음을 나타낸다.

  - 빨리 오다가 (하마터면) 넘어질 뻔했다.

  - (하마터면) 약속 시간에 늦을 뻔했다.

  - (하마터면) 간이 떨어질 뻔했다.

  - 늦잠을 자서 (하마터면) 지각할 뻔했어요.

  - 서두르다가 (하마터면) 가방을 잃어버릴 뻔했어요.

1 왼쪽에 있는 말들의 의미를 오른쪽에서 찾아 연결하시오.

① 마당쇠 •   • ㉠ 주로 세수할 때 물을 담아 쓰는 둥글고 넓적한 그릇

② 영감 •   • ㉡ 남을 치고 때리는 데에 쓰이는 나무 막대기

③ 벽장 •   • ㉢ 사실이 아닌 일 때문에 억울하게 얻은 나쁜 평판

④ 물동이 •   • ㉣ 주로 국이나 물을 담는 데 사용하는 그릇

⑤ 대야 •   • ㉤ 땅바닥이 움푹 패여 발이 빠지기 쉬운 구덩이

⑥ 대접 •   • ㉥ 사람이나 국가의 사이를 갈라놓는 짓

⑦ 몽둥이 •   • ㉦ 일정한 대가를 치르고 남의 땅을 빌려 농사를 짓는 일

⑧ 누명 •   • ㉧ 주먹 끝으로 가볍게 머리를 때리는 짓

⑨ 허방 •   • ㉨ 예전에 머슴이나 종 따위를 이르던 말

⑩ 꿀밤 •   • ㉩ 물을 길어 담는 데 쓰는 작고 동그란 독

⑪ 이간질 •   • ㉪ 아내가 남편을 약간 높여 부르는 말

⑫ 소작 •   • ㉫ 벽의 한쪽을 뚫어 문을 달고 물건을 넣게 만든 곳

2 적당한 말을 보기에서 찾아서 _____에 알맞은 형태로 쓰시오.

보기	시달리다, 개의하다, 졸이다, 허둥대다, 휘두르다, 꿰신다, 부산하다, 헐떡이다, 나르다

① 동생은 신발을 _____ 못하고 맨발로 달려갔다.

② 산같이 쌓인 모래 옆에서는 _____ 벽돌을 찍어 내고 있었다.

③ 친구의 이삿짐을 먼저 _____ 다음에 내 이삿짐을 날랐다.

④ 친구는 전화를 받은 즉시 _____ 달려 왔다.

⑤ 나는 몽둥이를 _____ 동생을 뒤쫓아 나갔다.

⑥ 나쁜 사람을 만날까 봐 마음을 _____.

⑦ 내가 한 말에 친구는 조금도 _____ 않았다.

⑧ 우리는 날마다 소음 공해에 _____ 있다.

⑨ 나는 어두워진 길을 따라 _____ 걷고 있었다.

3 적당한 말을 보기에서 찾아서 _____에 쓰시오.

보기	어머, 담장, 떼, 심술쟁이, 상주, 골탕, 뒷짐

① 친구가 _____을/를 넘어갔다.

② _____, 몰라보게 예뻐졌네!

③ 노인은 _____을/를 지고 걸어가고 있었다.

④ 친구는 아버지가 돌아가셔서 _____ 노릇을 하였다.

⑤ 철수는 영희에게 _____을/를 먹였다.

⑥ 동생은 _____이/가 되었어요.

⑦ 동생은 형에게 장난감을 사 달라고 _____을/를 썼다.

4 보기와 같이 _____친 말을 뜻이 비슷한 다른 말로 바꾸어 쓰시오.

보기	우리 둘이서 <u>후딱</u> 해치우고 튀는 게 어때? ⋯▶ 우리 둘이서 **빨리** 해치우고 튀는 게 어때?

① 맑은 공기를 <u>흠씬</u> 들여 마시기 위해 숲으로 갔다.

　　⋯▶ 맑은 공기를 _____ 들여 마시기 위해 숲으로 갔다.

② 친구에게 속아서 <u>된통</u> 피해를 본 적도 있거든요.

⋯⋯➤ 친구에게 속아서 _____ 피해를 본 적도 있거든요.

③ 나는 어두워진 길을 따라 <u>허둥대며</u> 걷고 있었다.

⋯⋯➤ 나는 어두워진 길을 따라 _____ 걷고 있었다.

5 보기와 같이 −아/어/여다(가)를 사용하여 문장을 완성하시오.

| 보기 | 은행에서 돈을 <u>찾아다가</u> 옷을 샀다. (찾다) |

① 화원에서 꽃을 _____ 친구에게 주었다. (사다)

② 과일을 _____ 시장에 팔았다. (따다)

③ 자판기에서 커피를 _____ 교실에서 마셨다. (뽑다)

④ CD를 _____ 영화를 보았다. (빌리다)

6 보기와 같이 −ㄹ/을 뻔하다를 사용하여 문장을 완성하시오.

| 보기 | 빨리 오다가 (하마터면) <u>넘어질 뻔했다</u>. (넘어지다) |

① (하마터면) 약속 시간에 _____. (늦다)

② (하마터면) 간이 _____. (떨어지다)

③ 늦잠을 자서 (하마터면) _____. (지각하다)

④ 서두르다가 (하마터면) 가방을 _____. (잃어버리다)

쓰기 관련 문제

1 부모님이 돌아가신 뒤 놀부는 어떻게 변했나요?

2 놀부의 심술을 세 가지만 쓰시오.

3 마을 사람들은 놀부를 보면 어떻게 했나요?

⊖ 관용구

‖ 눈이 높다

　－정도 이상의 좋은 것만 찾는 버릇이 있다.

　－안목이 높다.

‖ 눈에 익다

　－여러 번 보아서 익숙하다.

‖ 내 코가 석자

　－오비삼척(吾鼻三尺).

　－내 일도 감당하기 어려워 남의 사정을 돌볼 여유가 없다.

‖ 눈코 뜰 새 없다

　－안비막개(眼鼻莫開).

　－정신 못 차리게 몹시 바쁘다.

⊖ 고사성어

‖ 과유불급(過猶不及, 지나칠 과. 같을 유. 아닐 불. 미칠 급)

　－정도가 지나친 것은 모자란 것과 다름이 없다.

‖ 관포지교(管鮑之交, 대롱 관. 절인 생선 포. 어조사 지. 사귈 교)

　－관중과 포숙아의 사귐과 같이 서로에 대한 믿음과 의리가 변치 않는 두터운
　　교우관계.

‖ 괄목상대(刮目相對, 비빌 괄. 눈 목. 서로 상. 대할 대)

　－눈을 비비고 상대를 다시 보다.

　－상대의 학식이나 재주가 전에 비하여 놀랍도록 늘었음을 일컫는 말.

착한 흥부

◉ 어휘 알아보기

모포, 쌀자루, 곳간, 곡식, 두둔,
제법, 말머리, 끼니, 세경, 재촉,
정중히, 대접, 안타깝다 등

◉ 문법과 표현 살펴보기

① -(으)ㄴ/는 척하다, ② -(으)ㄹ 것 같다

◉ 쉬어 가는 코너

관용구 눈에 불을 켜다, 눈이 빠지도록 기다리다,
눈도 깜짝 안 하다, 눈독을 들이다
고사성어 교언영색(巧言令色),
구사일생(九死一生), 군계일학(群鷄一鶴)

흥부는 어릴 때부터 착해서인지 어른이 된 후에도 마음이 착했습니다. 형 놀부와는 전혀 달랐습니다. 어릴 때부터 형 놀부에게 많은 것들을 양보하더니 어른이 돼서도 양보를 잘했습니다. 걸인들이 집에 구걸을 하러 오면 그냥 보낸 적이 없었습니다. 구박하지 않고 정성껏 대접을 하였습니다.

흥부는 어려움에 처한 사람들을 봐도 그냥 지나치지 않았습니다. 자신의 일도 뒤로 미룬 채 먼저 나서서 도와주었습니다. 겉으로만 도와주는 척하지 않고 진심을 다해 도와주었습니다. 그러다 보니 사람들 사이에 흥부 칭찬이 자자했습니다. 어린 아이들도 흥부를 아주 좋아하고 잘 따랐습니다.

햇볕이 솜이불처럼 따스하던 어느 봄날이었습니다. 형 놀부가 이른 새벽부터 고함을 쳤습니다.

"마당쇠야, 빨리 일어나서 쌀자루 챙기지 않고 여태 잠만 자고 있느냐?"

놀부 고함 소리에 온 가족들은 잠에서 깨어나야만 했습니다.

"아버지, 아직 밖이 캄캄한데 큰아버지는 어딜 가신데요?"

"글쎄다, 마당쇠더러 쌀자루를 챙기라는 것이 곳간에서 곡식을 내어다가 가난한 집에 가져다주려나 보다."

"설마요? 우리한테 밥도 조금밖에 못 먹게 하는데 남한테 곡식을 나눠 주겠어요?"

"큰애야, 큰아버지를 너무 나쁘게 말하지 마라. 큰아버지는 너희들이 밥을 귀하게 여기지 않으니까 교육시키려고 그러신 게야."

흥부는 형 놀부를 두둔하였습니다.

"아버지, 마을 안에 굶는 사람들이 제법 많은 것 같아요."

흥부의 큰아이가 말머리를 돌렸습니다.

"뭐? 마을 안에 굶는 사람들이 많다고? 네가 그걸 어떻게 아느냐?"

"어제 친구들과 노는데 애들이 뛰려고도 안 했어요."

"왜?"

"배가 고파서 뛸 힘이 없대요. 며칠 전부터 하루에 한 끼밖에 못 먹는다고 하던데요.”

“벌써 마을 사람들이 식량 문제로 힘들어 한단 말이지?”

“네!”

흥부의 큰아이가 큰 소리로 대답했습니다.

“아버지, 제 친구도 밥을 굶었다고 했어요.”

흥부의 작은 아이가 말했습니다.

“제 친구도요.”

흥부의 아이들이 여기저기서 말을 꺼냈습니다.

흥부는 형 놀부를 만나기 위해 방에서 나왔습니다. 그런데 형 놀부가 벌써 대문을 나서고 있었습니다.

“형님, 아직 깜깜한데 어디를 가세요? 저 좀 잠깐 보고 가세요.”

흥부가 달려가며 불렀습니다.

놀부는 못 들은 척했습니다.

“형님, 형님 잠깐만 기다려 보세요.”

“시끄러워! 나 지금 바쁘니까 이따 집에 오면 말 해!”

놀부가 버럭 화를 냈습니다.

“형님, 이 새벽에 어딜 그렇게 급히 가세요?”

“흥부 서방님, 말도 마세요. 저 산 너머 김 진사 댁에서 지난 가을에 못 받은 세경을 받으러 간다고 저러신데요.”

마당쇠가 흥부 곁으로 다가오더니 말했습니다.

“이놈아, 헛소리 말고 빨리 따라와. 서두르지 않으면 해 지기 전에는 못 돌아오니까.”

놀부가 못 마땅한지 눈을 부릅뜨고서 마당쇠를 재촉해댔습니다.

“마당쇠야, 형님이 지금 화가 나신 것 같아 보인다. 그러니 김 진사 댁에 가서 너무 각박하게 굴지 말고 네가 알아서 정중히 대접해라. 잘 알았지?”

흥부가 안타까운 표정으로 말했습니다.

아침을 먹고 난 흥부가 자식들을 불러 모았습니다.

"애들아, 너희 친구들 중에 오늘 아침 밥을 굶은 친구들이 있으면 우리 집에 와서 먹으라고 해라."

"왜요? 오늘 무슨 잔치해요?"

"잔치는 아니고, 너희 친구들이 굶고 있다니 같이 먹을까 해서 그런단다."

"우와! 애들이 엄청 좋아하겠다. 빨리 가서 말해야지."

"아버지, 친구들 부모님도 모셔 와도 돼요?"

"아-암! 되고말고."

"영감, 그러지 말고 동네잔치를 열지 그러세요?"

곁에서 지켜보던 흥부 부인이 말했습니다.

"형님이 안 계시는데 잔치는 할 수 없소. 그러니 동네 사람들과 밥을 같이 먹는 걸로 합시다. 당신은 어서 나가서 넉넉하게 밥을 지으시오."

"알겠어요. 삼월이 어멈을 시켜서 닭도 잡으라고 할게요. 괜찮죠?"

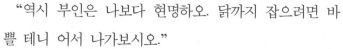

"역시 부인은 나보다 현명하오. 닭까지 잡으려면 바쁠 테니 어서 나가보시오."

"알겠어요."

흥부 부인은 신이 나서 부엌으로 나갔습니다.

흥부의 아이들도 좋아하며 노랫가락을 흥얼거렸습니다.

"흥부 서방님! 나 좀 잠깐 봅시다."

"형수님, 어쩐 일로 저를 직접 찾아오셨어요?"

흥부는 형수가 부르는 소리를 듣고 재빨리 밖으로 달려 나왔습니다.

"서방님이 곳간 문을 열어서 밥을 지으라고 하셨소?"

"네, 제가 동네 사람들과 같이 먹을 수 있게 넉넉하게 밥을 지으라고 했는데요."

"네? 뭣 때문에 우리가 동네 사람들한테 밥을 지어서 먹여요?"

"형수님, 어디 편찮으세요? 형수님은 편찮으시면 쉬고 계셔요. 저희 애 어멈이 알아서 할 겁니다."

"지금 그 소리가 아니잖아요? 곳간에 곡식을 함부로 막 꺼내서-."

"잠깐만요!"

흥부가 형수님의 말을 끊고 말했습니다.

"형수님, 제 말 먼저 들어보세요. 벌써 춘궁기에 접어들었는지 동네 사람들이 식량이 없어서 굶고 있대요. 요즘은 하루에 겨우 한 끼 먹는 게 고작이랍니다. 그런데 우리 집 곳간에는 쌀이 가득 쌓여 있잖아요. 그러니 우리가 쌀을 내어 밥 한 끼 대접해야 할 것 같아요. 그게 사람 도리잖아요. 안 그래요?"

"서방님은 무슨 뚱딴지같은 소리를 하고 그러세요?"

"네? 뚱딴지같은 소리라니요?"

"곳간에 있는 곡식이 도련님 혼자 거예요? 왜 혼자서 마음대로 하세요?"

놀부 부인은 얼굴이 벌게져서 소리를 쳤습니다.

"형수님, 어려운 사람들을 보고도 나 몰라라 하면 나중에 큰 벌을 받아요. 부모님이 살아 계셨을 때도 어려운 이웃을 자주 도와주셨잖아요. 그리고 곳간에 있는 쌀은 조상님께서 물려주신 농토에서 수확한 것이니 우리 가족 모두의 것이지 네 것 내 것이 어디 있어요?"

흥부도 절대 물러서지 않겠다는 각오로 형수님께 말했습니다.

놀부의 부인은 기가 막히는지 말도 못하고 씩씩 대기만 했습니다. 그런 형수님을 보고도 흥부는 애써 못 본 척하고 말했습니다.

"형수님, 허락해 주셔서 감사합니다! 사실은 저녁까지 대접하려고 했는데 형수님 말씀까지 들었으니 점심까지만 대접할게요."

"아이쿠, 머리야!"

놀부 부인은 머리에 손을 올리더니 휑하니 가버렸습니다.

흥부는 그런 형수님의 모습을 보고서 마음이 편하지만은 않았습니다.

놀부 부인 혼자서 방안에서 끙끙대고 있었습니다. 아이들이라 그런지 놀부 아이들도 사람들이 집안에 몰려들자 좋아하며 뛰어다녔습니다. 놀부네 집은 모처럼 웃음소리로 떠들썩했습니다. 하인들도 신이 나는지 입이 벙글어져 웃으면서 일을 하였습니다.

"역시, 우리 작은 서방님이 최고야. 어떻게 어려운 사람들 속사정을 이다지도 잘 아실까?"

"그러게 말이야. 매일 놀부 서방님이 집을 비우면 좋겠네. 그러면 우리들도 배불리 먹을 수 있을 텐데."

"맞아! 맞아! 오늘은 닭고기도 먹게 생겼잖아."

"하하하-, 호호호-"

웃음소리가 놀부네 집 담장을 넘어갔습니다. 동네에서 소식을 전해들은 아낙들은 일찍부터 와서 음식 준비하는 것을 거드느라 시끌벅적했습니다.

놀부 부인이 방안에서 끙끙대고 있을 때 집안에 웃음소리와 노랫소리가 울려 퍼졌습니다. 사람들은 한결같이 착한 흥부의 마음 씀씀이에 고마워했습니다.

"아-아닙니다. 이건 제가 대접한 게 아니라 저희 형님이 이렇게 하라고 시켜서 한 겁니다."

흥부는 자신의 공을 형에게 돌렸습니다.

"설마?"

사람들은 흥부의 말을 듣고도 믿지 않는 눈치였습니다.

그럴수록 흥부는 더더욱 형 놀부가 시킨 일이라며 형 칭찬을 늘어놓았습니다. 사람들은 신이나 웃고 즐기느라 시간 가는 줄을 몰랐습니다. 해가 어느새 서산에 뉘엿뉘엿 넘어가고 있었습니다.

"아니, 뭔 사람들이 이렇게 집안에 잔뜩 몰려와 있는 게야!"

집안에 들어서던 놀부가 큰 소리를 쳤습니다.

그 소리에 놀란 동네 사람들이 놀부를 피해 슬슬 줄행랑을 치기 시작했습니다.

"아이고- 영감- 흑흑흑"

놀부 부인이 어느새 놀부의 목소리를 듣고서 버선발로 달려 나왔습니다.

"아니, 부인 무슨 일로 그렇게 눈물까지 보이고 그러오?"

"마- 말도 마세요. 세상에 저 도둑놈들이 곳간에서 곡식을 다 퍼내서 먹어치웠다니까요?"

"뭐뭐- 라고?"

놀부의 눈이 황소 눈동자처럼 동그래졌습니다.

"귀먹었어요? 곳간에 있는 곡식을 다 퍼내 먹어치웠다니까요?"

"형수님, 다 퍼내다니요? 곳간에 쌓여 있는 식량은 우리 가족이 삼 년을 먹어도 다 못 먹을 정도잖아요. 그중에 겨우 쌀 한 가마 꺼낸 걸 가지고 다 먹었다니요?"

"뭐뭐라고? 쌀을 한 가마 씩이나 꺼내서 먹어버렸다고?"

"네 영감. 쌀뿐만이 아니에요. 닭도 여섯 마리나 잡아먹고 또 반찬도 싹 거덜을 냈다니까요."

"뭐뭐뭐뭐-"

놀부는 버럭버럭 화를 낼 것 같더니 뭐 소리만 계속 되뇌었습니다.

"영감, 왜 그래요? 정신 차리세요. 영감이 정신을 차려야 저 도둑놈을 쫓아낼 게 아니오."

놀부 부인이 놀라 놀부를 부축하여 방으로 데려갔습니다.

흥부는 형 놀부가 많이 아픈 것 같아 걱정이 되었습니다. 형수님을 도와 놀부를 부축하려 하자 놀부가 눈을 부릅뜨고서 소리쳤습니다.

"저리가! 너- 너, 이따 두고 보자."

"영감, 저놈을 집에서 당장 쫓아내 버리세요."

놀부 부인은 놀부를 따라 방으로 들어가면서 말했습니다.

어휘 알아보기

솜이불	안에 솜을 넣어 만든 이불. 예 아이는 **솜이불**을 덮고 어머니 옆에서 잠을 잤다.
쌀자루	쌀을 담는 주머니. 예 아저씨는 **쌀자루**를 들고 왔다.
곳간	곡식 따위를 넣어 두는 창고. 예 우리집 **곳간**에는 쌀이 가득 들어있다.
곡식	사람의 식량이 되는 쌀, 보리, 콩 따위의 먹거리. 예 사람들은 **곡식**으로 음식을 만들어 먹는다.
두둔	편들어 주거나 잘못을 감싸 주는 것. 예 친구가 잘못을 했는데도 나는 그를 **두둔**해 주었다.
제법	수준이나 솜씨가 어느 정도에 이르렀음을 나타내는 말. 예 음식 솜씨가 **제법**인걸!
말머리	이야기를 할 때에 끌고 가는 말의 방향. 예 친구는 갑자기 **말머리**를 돌려 이야기하기 시작했다.
끼니	아침, 점심, 저녁과 같이 날마다 일정한 시간에 먹는 밥. 예 나는 오늘 한 **끼니**도 못 먹었다.
세경	머슴에게 지급하는 일 년 동안의 봉급. 예 우리집 머슴은 **세경**도 못 받고 쫓겨났다.
재촉	어떤 일을 빨리 하도록 몰아치며 요구하는 것. 예 친구는 나에게 돈을 빌려달라고 **재촉**하였다.
정중히	예의를 갖추어 점잖게. 예 아버지는 할아버지께 인사를 **정중히** 하셨다.
대접	음식을 차려서 손님을 접대하는 것. 예 오늘은 제가 저녁 식사를 **대접**해 드릴게요.

안타깝다/안타까운	뜻대로 되지 않거나 보기에 딱하여 속이 타고 마음이 답답하다. 예 그는 그럴수록 자기의 마음을 몰라주는 그들이 **안타까웠다**.
어멈	어머니를 낮추어 이르는 말. 엄마. 예 영희 **어멈**이 마음을 잡았다니 다행이로군.
어쩐	알지 못하지만 알아야 할 것을 지정하여 가리키는 말. 예 **어쩐** 일로 여기까지 왔소?
춘궁기	먹을 곡식이 떨어져서 농민이 몹시 살기 어려운 봄철. 예 예전엔 **춘궁기**에 어린 자식을 잃는 경우가 많았다.
도리	사람이 마땅히 지켜야 할 바른 이치. 예 서로 충고하고 선을 행하도록 격려하는 것이 친구의 **도리**이다.
뚱딴지	아무런 관계가 없이 엉뚱하고 우둔한 것. 예 영희는 대답을 회피하고 **뚱딴지**같은 말만 했다.
벌게지다/벌게져서	벌겋게 되다. 예 술을 많이 마셨는지 얼굴이 **벌게진** 영수가 방으로 들어 왔다.
씩씩	숨을 매우 가쁘고 거칠게 쉬는 소리. 예 친구가 **씩씩** 가쁜 숨을 몰아쉬며 이마의 땀을 닦고 있었다.
휑하다/휑하니	아무 말이나 인사도 없이, 매우 빠르게. 예 그는 인사도 없이 **휑하니** 나가 버렸다.
끙끙대다/끙끙대고	일이 힘겹거나 아파서, '끙끙' 소리를 내다. 예 기철이는 무거운 짐을 들고 가면서 **끙끙댔다**.
모처럼	아주 오래간만에. 예 언니가 **모처럼** 내 생일에 케이크를 사왔다.
벙글거리다/벙글어져	입을 벌려 소리 없이 부드럽게 웃다. 예 민서는 하루 종일 입이 **벙글어져** 있다.
속사정(-事情)	겉으로 드러나지 아니한 일의 형편. 예 사람들은 대부분 **속사정**이 있다.
이다지(도)	이러한 정도로까지. 이렇게까지. 조사 '도'와 결합해서 쓰임. 예 인간이 **이다지도** 고독할 수가 있단 말인가!

아낙	'아낙네'의 준말. '남의 부녀자'를 통속적으로 이르는 말. 예 동네 **아낙**들은 음식을 나누어 먹었다.
거들다/거드느라	남이 하는 일을 함께 하면서 도와주다. 예 친구가 요리하는데 내가 **거들어** 주었다.
시끌벅적	많은 사람들이 어수선하게 움직이며 시끄럽게 떠드는 모양. 예 식당엔 늦은 시간인데도 손님이 북적거리며 **시끌벅적**했다.
씀씀이	돈이나 물건 혹은 마음 따위를 쓰는 형편. 예 친구는 돈 **씀씀이**가 크다.
공(功)	무엇을 하는 데 들인 힘이나 노력. 예 은서는 자기의 **공**을 친구에게 돌렸다.
돌리다/돌렸다	남에게 넘기거나 차지하게 하다. 예 우리는 그 책임을 누구에게 **돌릴** 필요가 없다.
서산	서쪽에 있는 산. 예 해가 **서산**에 떨어지면 어머니는 집으로 돌아와 저녁밥을 짓는다.
뉘엿뉘엿	해가 조금씩 지는 모양을 나타냄. 예 긴 하루해가 **뉘엿뉘엿** 저물어 가는구나!
겨우	기껏해야. 예 돈은 **겨우** 그녀의 옷 한 벌 값 정도밖에 되지 않았다.
거덜	아무 재산도 남은 것이 없게 된 것. 예 그가 돌아와 보니 저축은커녕 맡겨 놓고 갔던 그의 예금마저 **거덜**이 나 있는 상태였다.
부축하다/부축하여	몸을 움직일 때, 곁에서 붙잡아 도와주다. 예 나는 형을 **부축하여** 간신히 산을 내려왔다.

⊖ -(으)ㄴ/는 척하다

- 어떤 상태에 있지 않은데도 그런 것처럼 그럴듯하게 거짓으로 꾸밈을 나타낸다.

  - 나는 학교에 가기 싫어서 아픈 척했다.

  - 마이클은 대학생인 척하며 대학교 도서관을 출입한다.

  - 나는 기분이 나쁜데도 좋은 척하고 자리에 앉아 있었다.

  - 형은 케이크를 안 먹은 척 딴 곳만 바라보고 있었다.

  - 친구가 싫은데도 좋은 척하고 백화점에 함께 갔다.

⊖ -(으)ㄹ 것 같다

- 여러 상황으로 미루어 앞으로의 일이나 현재의 일, 과거의 일을 막연히 추측할 때 쓴다.

  - 오늘 오후에 비가 많이 올 것 같아요.

  - 다음 주말쯤 졸업 사진을 찍을 것 같아요.

  - 내일은 날씨가 따뜻할 것 같아요.

  - 할머니 집에 아무도 없을 것 같아요.

  - 지금쯤 집에 도착했을 것 같으니까 전화를 한번 해 보세요.

TIP 관용적으로 '죽을 것 같다'라는 표현을 써서 매우 힘들거나 고통스러운 상황을 나타내기도 한다.
  - 피곤해서 죽을 것 같아 / 일이 많아서 죽을 것 같아요

연습 문제

1 왼쪽에 있는 말들의 의미를 오른쪽에서 찾아 연결하시오.

① 솜이불 •　　　　　　• ㉠ 곡식 따위를 넣어 두는 창고

② 곳간 •　　　　　　　• ㉡ 날마다 일정한 시간에 먹는 밥

③ 곡식 •　　　　　　　• ㉢ 머슴에게 지급하는 일 년 동안의 봉급

④ 말머리 •　　　　　　• ㉣ 사람의 식량이 되는 쌀, 보리, 콩 따위의 먹거리

⑤ 끼니 •　　　　　　　• ㉤ 어떤 일을 빨리 하도록 몰아치며 요구하는 것

⑥ 세경 •　　　　　　　• ㉥ 이야기를 할 때에 끌고 가는 말의 방향

⑦ 재촉 •　　　　　　　• ㉦ 안에 솜을 넣어 만든 이불

2 아래 문장의 (　)에 있는 말들 중 적당한 것에 ○를 하시오.

① 음식 솜씨가 (제법 / 제발)인걸!

② 아버지는 할아버지께 인사를 (정중히 / 정확히) 하셨다.

③ (어언 / 어쩐) 일로 여기까지 왔소?

④ 돈은 (겨우 / 매우) 그녀의 옷 한 벌 값밖에 되지 않았다.

⑤ 그가 돌아와 보니 저축은커녕 맡겨 놓고 갔던 그의 예금마저 (거덜 / 거울)이 나 있는 상태였다.

3 적당한 말을 보기에서 찾아서 _____에 알맞은 형태로 쓰시오.

| 보기 | 대접하다, 돌리다, 부축하다, 쓸쓸이, 안타깝다 |

① 오늘은 제가 저녁 식사를 _____ 드릴게요.

② 그는 그럴수록 자기의 마음을 몰라주는 그들이 _____.

③ 친구는 돈 _____ 크다.

④ 우리는 그 책임을 누구에게 _____ 필요가 없다.

⑤ 나는 형을 _____ 간신히 산을 내려왔다.

4 보기와 같이 –(으)ㄴ/는 척하다를 사용하여 문장을 완성하시오.

보기	나는 학교에 가기 싫어서 <u>아픈 척했다</u>.(아프다)

① 마이클은 _____(대학생이다) 대학교 도서관을 출입한다.

② 나는 기분이 나쁜데도 _____(좋다) 자리에 앉아 있었다.

③ 형은 케이크를 _____(안 먹다) 딴 곳만 바라보고 있었다.

5 보기와 같이 –(으)ㄹ 것 같다를 주어진 상황에 대하여 표현해 보시오.

보기	[상황] 오후부터 하늘에 비구름이 많다. ⋯▶ 오후에 비가 올 것 같아요.

① [상황] 다음 주말쯤에 졸업 사진을 찍는다고 한다.

⋯▶ _____

② [상황] 내일은 기온이 영상 17도가 된다고 한다.

⋯▶ _____

③ [상황] 할머니 집 가족들이 모두 여행을 떠났다.

⋯▶ _____

④ [상황] 친구 집까지 30분정도 걸리는데 친구가 출발한 지 45분이 지났다.

⋯▶ _____

쓰기 관련 문제

1 사람들 사이에 왜 흥부 칭찬이 자자했나요?

2 놀부 부인은 왜 흥부를 찾아갔나요?

3 집에 돌아온 놀부는 왜 "뭐" 소리만 계속 되뇌었을까요?

⊖ 관용구

▮ 눈에 불을 켜다

  − 관심을 보이면서 매우 욕심을 내다.

  − 화가 나서 눈을 크게 뜨다.

▮ 눈이 빠지도록 기다리다

  − 매우 애타게 오랫동안 기다리다. (무척 간절히 기다렸다는 뜻)

▮ 눈도 깜짝 안 하다

  − 조금도 놀라거나 겁내지 않다.

▮ 눈독을 들이다

  − 욕심을 내어 주의 깊게 잘 살펴보다.

⊖ 고사성어

▮ 교언영색(巧言令色, 교묘할 교. 말씀 언. 하여금 령. 빛 색)

  − 남의 환심을 사려고 교묘한 말과 보기 좋게 꾸미는 얼굴빛.

▮ 구사일생(九死一生, 아홉 구. 죽을 사. 한 일. 살 생)

  − 아홉 번 죽을 고비에서 한 목숨 살다.

    죽을 고비를 여러 차례 겪고 겨우 살아난다는 뜻.

▮ 군계일학(群鷄一鶴, 무리 군. 닭 계. 한 일. 학 학)

  − 닭 무리 속에 끼어 있는 한 마리의 학.

    평범한 사람 가운데 뛰어난 사람을 이르는 말.

◉ 어휘 알아보기

화, 돋우다, 심지어, 볶다, 탄로,
헛기침, 버티다, 속히,
궁리, 구박, 방구석,
핑계거리, 서성거리다 등

◉ 문법과 표현 살펴보기

① -(으)ㄹ 모양이다
② [동사/형용사]-잖아요

◉ 쉬어 가는 코너

관용구
가슴이 찡하다, 가슴이 뜨끔하다,
마음을 먹다, 마음에 들다

고사성어
금의환향(錦衣還鄕), 낭중지추(囊中之錐),
다다익선(多多益善)

놀부가 흥부를 쫓아내다

놀부의 고민은 깊어졌습니다. 동생 흥부가 자꾸만 화를 돋웠기 때문입니다. 흥부는 틈만 나면 곡식을 꺼내 마을 사람들에게 나눠 주었습니다. 곡식만 주는 게 아닙니다. 심지어 이부자리까지 내어주었습니다. 여벌옷은 쌓아둘 수가 없었습니다. 흥부 눈에 띄기가 무섭게 들고나가 마을 사람들에게 나누어 줘버렸습니다.

놀부 부인은 매일 놀부를 달달 볶아댔습니다.

"제발 당신 동생 좀 집에서 쫓아내라니까요. 이제 더는 봐 줄 수가 없었어요. 속이 터질 것 같아 더 이상 같이 못 살겠어요."

"그래도 동생인데……."

"아이고! 내가 죽어. 동생인지 도둑놈인지 때문에 내가 내 명에 못 죽지."

"부인, 조금 만 더 두고 봅시다. 나도 다 생각이 있으니."

"무슨 생각이요?"

놀부 부인이 바짝 반기며 놀부 가까이 다가갔습니다.

"부인 귀 좀 가까이 해 보시오. 낮말은 쥐가 듣는다고 하질 않소."

"영감도, 낮말은 새가 듣고 밤 말은 쥐가 듣는다지요."

"허허 그게 뭐 그렇게 중요한 것은 아니잖소."

놀부는 무식이 탄로 난 게 쑥스러워 헛기침을 해 댔습니다.

"영감, 무슨 말인지 빨리 해 보세요. 궁금해서 속이 타네요."

"응, 그게 말이여. 흥부를 집에서 내 보내려면 핑계가 있어야 할 텐데 혹시 생각나는 게 있소?"

"무슨 핑계가 필요해요. 그냥 확 내 쫓아내면 되죠."

"아따 이사람 좀 보소. 핑계거리도 없이 무작정 내 쫓아냈다가는 마을 사람들한테 나만 고약한 사람으로 보여질 것 아닌가. 그리고 혹여 흥부 녀석이 못 나가겠다고 버티면 또 어쩌려고?"

"듣고 보니 그 말도 맞네요. 걸핏하면 조상님이 물려준 재산 타령인데 그럼 뭔가 좋은 구실이 필요하겠네요."

"맞소! 그래서 내가 부인한테 의논하는 것이니 궁리해 보시오. 가능하면 오늘 당장 쫓아내버리게. 알겠소?"

"좋아요! 좋고 말고요. 이제야 삼 년 먹은 체증이 확 내려갈 모양이네요. 호호호호"

놀부 부인 얼굴에 웃음꽃이 활짝 피어올랐습니다.

놀부는 히죽대며 웃고 있는 부인의 얼굴을 보고 있으려니 화가 치밀었습니다.

"웃지만 말고 빨리 궁리부터 하라니까."

놀부는 웃고 있는 부인을 구박하였습니다.

"알겠어요. 영감!"

놀부 부인은 터져 나오는 웃음을 억지로 참아가며 궁리를 하였습니다.

"방구석에만 처박혀 있으면 무슨 좋은 생각이 떠오르겠는가? 어서 가서 흥부 놈을 살펴 봐."

"영감 말이 맞겠네요. 그럼, 나는 그 도둑놈을 감시하러 갈게요."

놀부 부인이 터져 나오는 웃음을 참아가며 방을 나갔습니다.

"꼼짝 못할 핑계거리를 잡아오긴 잡아올 모양이군."

놀부는 부인이 나가는 것을 지켜보며 혼잣말을 하였습니다.

놀부 부인이 흥부 방 근처에서 서성거리고 있었습니다.

"형님, 여기서 뭐하세요? 무슨 볼일이라도 있으세요?"

흥부 부인이 놀부 부인을 발견하고 말했습니다.

"아- 아닐세."

놀부 부인은 말과 다르게 흥부의 방 쪽으로 눈길을 두었습니다.

"형님, 저희 아이들 아범한테 볼 일이 있으세요?"

흥부 부인이 무언가 이상한 눈치를 채고서 물었습니다.

"자네 서방님은 방에 계신가?"

"네, 오늘은 문밖출입을 안 하시려는지 애들과 함께 있어요."

"아버지, 제 옷이 벌써 작아졌어요."

그때 방 안에서 흥부 아이의 목소리가 새어나왔습니다.

"아버지, 제 옷은 여기에 구멍이 났어요."

"아버지, 저도요."

"알았다, 아버지가 너희 큰아버지한테 말해서 새 옷을 지어줄 테니. 기다려 봐라."

흥부가 문을 열고 방에서 나왔습니다.

"아버지, 큰아버지한테 가시면 오늘 저녁에 고기반찬 좀 해 달라고 말씀하세요. 고기가 먹고 싶어요."

"오냐- 오냐, 알았다."

놀부 부인은 이야기를 듣더니 씩씩댔습니다.

"또또또-"

놀부 부인은 얼굴이 파래지더니 말까지 더듬거렸습니다.

"형님, 갑자기 왜 그러세요?"

"저리 가!"

놀부 부인이 흥부 부인을 확 밀치더니 가버렸습니다.

흥부 부인은 뒤로 벌러덩 넘어지고 말았습니다.

"부인, 왜 그러시오?"

흥부가 놀라 뛰어왔습니다.

"형님 얼굴이 시퍼레지더니"

"형수님이 다녀가셨소?"

흥부 부인은 대답 대신 고개를 끄덕였습니다.

"그럼, 얼른 방으로 모시고 들어오지 그랬소."

흥부는 부인을 나무랐습니다.

흥부가 형님 방 앞에 도착했습니다. 방 안에서 숨이 넘어갈 듯한 형수님 목소리가 새어나왔습니다.

"이제 더 이상은 꼴 못 봐요!"

"알았소."

"확실히 해야 해요. 알았죠?"

"알았다니까. 걱정 마! 이제 꼼짝 못하게 할 구실이 생각났다니까."

흥부는 형님과 형수가 마치 자기 이야기를 하는 것 같아 꺼림칙했습니다. 그냥 돌아갈까 망설였습니다. 그런데 아이들의 옷이 떨어져 너덜너덜 한 게 떠올랐습니다. 흥부는 자식들이 헤진 옷을 입고 다니면 혹여 형님께 누가 될까 봐 형님을 만나기로 마음먹었습니다.

"형님, 형님 계세요?"

"흥부냐? 어서 들어오렴. 그렇지 않아도 널 부르려던 참이었다."

흥부는 바짝 반가웠습니다.

"형님, 무슨 좋은 일이 있으세요? 왜 저를 보려고 하셨어요?"

"흥부야, 거기 좀 앉아서 내 말 좀 잘 들어봐라."

"영감, 대충 말하지 말고 확실하게 못 박아서 말해요. 알았죠?"

"어허, 부인은 참견하지 말고 가만 좀 있으라니까. 형제가 이야기를 나누고 있잖소."

놀부가 목소리를 높여 말했습니다.

놀부 부인은 무언가 분위기가 심상치 않은 것을 느꼈는지 금세 조용해졌습니다.

"흥부야, 네 자식이 몇이지?"

"아홉입니다."

"아홉? 계속해서 낳더니 아홉이란 말이지. 그 아홉이 뉘 자식이지?"

"제 자식들입니다. 형님도 잘 아시면서 그건 왜 물으십니까?"

"그래?"

놀부는 잠시 말을 멈추고서 곰곰이 생각에 빠져들었습니다.

놀부 부인은 갑갑하다는 표정을 지으며 놀부 눈치를 살폈습니다. 금방이라도 끼어들고 싶어 하는 눈치였는데 그때마다 놀부가 눈을 부릅뜨고 노려봤습니다. 놀부부인은 비록 속은 끓어올랐지만 남편을 지켜보기로 마음먹었습니다. 침묵은 제법 길었습니다.

흥부는 형님이 갑자기 말이 없자 갑갑했습니다. 그래서 형님을 찾아온 이유를 꺼내기로 마음먹었습니다.

"형님, 제가 할 말이 있는데요. 먼저 해도 될까요?"

"무슨 말?"

"제 자식들 옷이 벌써 작아졌어요. 그리고 두 놈은 바지에 구멍까지 나서 도저히 입고 다닐 수가 없을 정도예요."

"그래서?"

"그러니, 형님께서 옷감을 내어 주시면 옷을 지어 입힐게요."

"알았다. 옷감 세필이면 되겠냐?"

"네? 세필을 주시게요? 세필이면 되고말고요."

흥부는 기분이 좋아 크게 말했습니다.

"부인, 어서 광에 가서 무명 옷감 세 필을 꺼내오시오."

"영감! 지금 미쳤어요?"

"허허! 당신이 쫓겨날 거요?"

놀부가 눈을 부릅뜨고서 소리쳤습니다.

놀부 부인은 겁에 질려 허겁지겁 광으로 달려갔습니다. 곧이어 놀부 부인이 방으로 돌아왔습니다. 눈에는 눈물이 그렁그렁 맺혀 있었습니다. 얼굴 표정은 오만인상을 다 쓰고서 가져온 옷감을 방바닥에 홱 던지면서 말했습니다.

"여기 가져 왔소!"

놀부 부인은 아직도 화가 안 풀리는지 등을 돌리고서 앉았습니다.

"흥부야, 이제부터 내 말을 잘 들어라. 알았냐?"

"네! 형님 말씀만 하세요."

"어서 그 옷감을 챙겨라. 그리고 네 아이들을 몽땅 데리고 지금 당장 집을 나가거라."

"혀혀형님!"

"왜?"

"지지지금 무슨 말씀을 하셨어요?"

"귀가 먹었어요? 자식새끼들을 다 데리고 지금 당장 집을 나가라잖아요."

놀부 부인이 큰소리로 말했습니다.

"형님, 갑자기 저더러 집을 나가라니요? 저는 갈 곳도 없어요."

"허허- 무슨 말이 그렇게 많냐? 너도 자식 아홉을 둔 아비이니 이제는 가족을 책임질 수 있는 책임감을 가져야 할 것 아니냐. 언제까지 이 형만 의존하며 살래? 혹여 내가 죽고 나면 그때는 어떻게 아홉씩이나 되는 자식들을 책임질 거냐?"

"형님, 하지만!"

"허허 무슨 핑계를 대려고? 네 책임감을 길러 주는 게 이 형이 할 도리야. 허구한 날 식구를 책임질 생각은 하질 않고 이 형한테 빌붙어서 얻어먹고 있으니 언제 제대로 가장 노릇을 하겠냐? 지금 저승에 계신 부모님이 너 때문에 펑펑 울고 계시는데 넌 알기나 하

냐? 자식 아홉을 거느린 가장이 가장 역할도 못하고 있으니, 불쌍한 우리 부모님은 너 때문에 죽어서도 못 죽고 있잖냐? 그러니 죽은 부모님께 이제라도 효도하려면 네가 스스로 독립해서 살아가는 것을 보여줘야지.”

홍부는 형님이 죽은 부모님 이야기까지 꺼내자 할 말이 없었습니다.

갑자기 밀물처럼 부모님의 생각이 밀려왔습니다. 살아생전에 좀 더 효도를 못 했던 것도 떠올랐습니다. 홍부는 눈물을 펑펑 흘렸습니다.

“홍부야, 울지만 말고 어서 가서 짐을 꾸려 살 곳을 찾아 가라니까!”

놀부가 짜증을 내었습니다.

“형님, 말이 안 들려요?”

놀부 부인은 홍이나 소리쳤습니다.

“내가 널 내 보내는 것은 네 식구들 때문에 식량이 많이 없어지고 옷감이 많이 들어서가 아니야. 이것은 네가 가장 역할을 할 기회를 주기 위한 거라는 것을 명심해라. 그리고 죽은 부모님께 효도하라고 기회를 주는 거다. 그러니 집을 나갈 때 절대로 많은 것을 챙겨 나갈 생각일랑은 아예 하질 마라. 잘 알았지?”

“알겠어요. 형님이 저를 위해서 그러신다는 데 형님 말씀을 따를게요. 대신 제가 자식들을 데리고 나가더라도 절대 슬퍼하지 마세요. 형님 말씀처럼 처자식을 책임지기 위해 빈손으로 나가서 가장으로서 책임감을 키울게요.”

“옳지! 그래야지. 역시 내 동생이라 똑똑해서 말귀도 잘 알아듣는구나. 그럼 꾸물거리지 말고 어서어서 새끼들 한 놈도 빠뜨리지 말고 전부 다 데리고 나가거라.”

놀부는 눈물을 흘리고 있는 홍부를 다그쳤습니다.

홍부는 방으로 돌아와 간단한 짐을 챙겼습니다. 그리고 가족들을 모두 데리고 형 놀부 부부에게 가서 작별인사를 하였습니다.

“형님! 형수님! 그동안 감사했습니다. 건강하시고 저희 걱정은 하지 마세요.”

“걱정은 티끌만큼도 안 할 테니. 너나 가장 노릇 잘 해라.”

놀부는 기분이 좋아 환하게 웃었습니다. 놀부 부인은 치마를 뒤집어쓴 채 키득거렸습니다.

화(火)	성이 나거나 노여워하는 감정. 예 나는 화가 나서 참을 수가 없었다.
돋우다/돋웠거든	의욕이나 감정을 부추기거나 일으키다. 예 동생은 형에게 화를 돋우고 있었다.
볶다/볶아대다	성가시게 재촉하다. 예 더 이상 달달 볶아대지 마십시오.
탄로(綻露)	비밀 따위가 드러나는 것. 예 민서는 자기의 거짓말이 탄로 난 줄도 모르고 있었다.
헛기침	인기척을 내거나 목청을 가다듬거나 하기 위하여 일부러 기침함. 예 그는 헛기침을 두어 번 하고는 방문을 열었다.
버티다/버티면	한 곳에 자리 잡고 누구에게 맞서듯이 움직이지 않다. 물러서지 않다. 예 문 밖에는 호랑이 같은 문지기가 버티고 있다.
속히(速-)	꽤 빠르게. 예 그대는 속히 대답하시오.
궁리(窮理)	마음속으로 이리저리 따져 깊이 생각함. 예 궁리 끝에 뛰어나게 좋은 생각이 떠올랐다.
방구석(房-)	방 또는 방안을 속되게 이르는 말. 예 그는 무엇을 찾는지 방구석을 찬찬히 살폈다.
핑계거리	어떤 일이나 생각의 구실로 삼기 위해 내세우는 것들. 예 용돈을 받으려면 적당한 핑계거리를 만들어야지.
서성거리다	한 곳에 있지 못하고 서서 왔다 갔다 하다. 예 민서는 그를 만나지 못해 여의도 광장에서 서성거리고 있었다.
구멍	뚫어지거나 파낸 자리. 예 내 양말에 구멍이 났어요.

더듬거리다	기억이 뚜렷하지 않은 일을 이리저리 생각해 보다. 예 말을 바삐 하다 보니 더 **더듬거린다.**
심지어(甚至於)	더욱 심하다 못하여 나중에는. 예 병원에 있는 친구가 나를 알아보지 못 했다. **심지어** 그의 부모님까지도 몰라봤다.
밀치다/밀치더니	힘껏 밀다. 예 뒷사람이 **밀쳐** 넘어졌다.
시퍼렇다/시퍼레지다	살갗이 춥거나 겁에 질려 매우 퍼렇다. 예 그녀는 **시퍼렇게** 질린 얼굴로 울먹거리더니 그대로 쓰러졌다.
나무라다	잘못을 가볍게 꾸짖어 알아듣도록 말하다. 예 선생님은 몹시 화가 나서 학생들을 **나무랐다.**
구실(口實)	핑계로 삼는 이유. 예 어떤 때는 출장을 **구실로** 집에 들어가지 않았다.
꺼림칙하다	마음에 썩 편안하지 못하다. 예 그녀는 밖으로 나가서 집으로 향했지만 마음속이 **꺼림칙하여** 견딜 수가 없었다.
헤지다/헤진	'헤어지다'의 준말. 뭉치거나 붙어있는 물체가 따로따로 흩어지거나 떨어지다. 예 어머니는 **헤진** 옷을 입고 모임에 나갔다.
누(累)	남에게 주는 물질적 또는 정신적 부담. 예 아이 때문에 선생님께 **누를** 끼쳐 죄송합니다.
금세	시간이 얼마 지나지 않아서. 지금 바로. '금시에'가 줄어든 말로 구어체에서 많이 사용된다. 부사. 예 택시는 **금세** 서울역에 도착했다.
곰곰이	여러모로 깊이 생각하는 모양. 예 나 자신을 **곰곰이** 돌이켜보니, 내가 이 세상에서 가장 행복한 사람이더군요.
갑갑하다	답답하게 꽉 막힌 느낌이 있다. 예 잠도 아니 오고 **갑갑해** 죽겠다.

침묵(沈默)	아무 말도 없이 잠잠히 있는 것. 예 오랜 **침묵**을 깨뜨리고 누군가가 노래를 불렀다.
도저히(到底-)	아무리 하여도 전혀. 예 너무도 급한 마음 때문에 **도저히** 침착할 수가 없었다.
광	세간이나 먹거리 따위의 집안 물건을 넣어 두는 방이나 집. 예 아버지는 내가 거짓말을 자주 하자, 나를 **광**에다 가두었다.
허겁지겁	조급한 마음에 정신없이 서두르는 모양을 나타내는 말. 예 우리는 **허겁지겁** 밥을 먹었다.
그렁그렁	눈에 눈물이 가득 괴는 모양을 나타냄. 예 그의 두 눈에는 눈물이 **그렁그렁** 맺혀 있었다.
오만인상/ 오만상(五萬相)	잔뜩 찌푸린 얼굴이나 그러한 표정. 예 형은 **오만상**을 찌푸리며 책상 앞에 앉아 있다.
몽땅	있는 대로 모조리. 한꺼번에 모두 다. 예 내 가방속의 물건들이 **몽땅** 없어졌다.
아비	'아버지'를 낮추어 부르는 말. 예 내 아이들에게 부끄럽지 않은 **아비** 노릇을 해 보고 싶소.
허구하다(許久-)/ 허구한	날이나 시간, 세월 따위가 매우 오래이다. 예 그는 살 궁리는 안 하고 **허구한** 날 술만 마시고 다녔다.
효도(孝道)	부모를 정성껏 잘 섬기는 일. 예 부모님께 **효도** 하자.
밀물	하루 두 번씩 일정한 때에 밀려들어오는 바닷물. 예 **밀물**이 밀려와 배를 띄울 수 있게 된 것은 오전 10시 경이었다.
꾸리다	짐 등을 싸서 묶다. 예 옷가지를 대충 **꾸려서** 봇짐을 만들었다.
역할(役割)	어떤 자격으로 또는 어떤 처지에서 하기로 되어 있는 일. 예 가정에서는 어머니의 **역할**이 무엇보다 중요하다.
빈손	돈이나 물건 등, 아무것도 가진 것이 없는 맨몸. 예 나는 **빈손**으로 사업을 시작했다.

문법과 표현 살펴보기

⊖ -(으)ㄹ 모양이다

• 여러 상황으로 미루어 어떤 일이 일어나거나 어떤 상태일 것이라고 추측함을 나타낸다.

  ▪ 마이클이 옷을 갈아입는 걸 보니 외출할 모양입니다.

  ▪ 하늘에 구름이 많은 걸 보니 비가 올 모양입니다.

  ▪ 아침밥은 안 먹더니 점심밥은 먹을 모양이야.

  ▪ 이번 기말시험은 쉽게 낼 모양이야.

  ▪ 다음 주말쯤 졸업 사진을 찍을 모양이야.

TIP '-(으)ㄹ 모양이다'는 주변 상황이나 분위기 등을 보고 그것을 통해 그럴 것이라고 짐작하는 경우에 쓴다. 그러므로 말하는 사람이 직접 경험한 사실을 가지고 단지 확신이나 자신감 없이 말할 때는 쓰지 않는다. 이때는 '-(으)ㄹ 것 같다'를 쓴다.
  ▪ 전쟁이 일어나 많은 사람이 죽을 모양이에요. (×)
  ▪ 전쟁이 일어나 많은 사람이 죽을 것 같아요. (○)

⊖ [동사/형용사]-잖아요

• 어떤 상황에 대해 말하는 사람이 상대방에게 확인하거나 말한 사실을 정정해 줄 때 사용한다.

  ▪ 어제 백화점에 가기로 약속 했잖아요.

  ▪ 사람들이 모두 기다리잖아요. 빨리 갑시다.

  ▪ 그는 몸이 아파서 출근을 못 했잖아요. 우리끼리 커피 마십시다.

1 왼쪽에 있는 말들의 의미를 오른쪽에서 찾아 연결하시오.

① 화   •

② 탄로   •

③ 헛기침   •

④ 구박   •

⑤ 핑계거리 •

⑥ 침묵   •

⑦ 광   •

• ㉠ 아무 말도 없이 잠잠히 있는 것

• ㉡ 세간이나 먹거리 따위의 집안 물건을 넣어 두는 방이나 집

• ㉢ 못 견디게 괴롭힘

• ㉣ 어떤 일이나 생각의 구실로 삼기 위해 내세우는 것들

• ㉤ 인기척을 내거나 목청을 가다듬거나 하기 위하여 일부러 기침함

• ㉥ 성이 나거나 노여워하는 감정

• ㉦ 비밀 따위가 드러나는 것

2 적당한 말을 보기에서 찾아서 _____에 알맞은 형태로 쓰시오.

보기 | 볶다, 돋우다, 갑갑하다, 버티다, 헤지다, 밀치다, 시퍼렇다, 꺼림칙하다

① 동생은 형에게 화를 _____ 있었다.

② 더 이상 달달 _____ 마십시오.

③ 문 밖에는 호랑이 같은 문지기가 _____ 있다.

④ 뒷사람이 _____ 넘어졌다.

⑤ 그녀는 _____ 질린 입술로 울먹거리더니 그대로 쓰러졌다.

⑥ 그녀는 밖으로 나가서 집으로 향했지만 마음속이 _____ 견딜 수가 없었다.

⑦ 어머니는 ＿＿＿＿＿＿＿ 옷을 입고 모임에 나갔다.

⑧ 잠도 아니 오고 ＿＿＿＿＿＿＿ 죽겠다.

3 적당한 말을 보기에서 찾아서 ＿＿＿＿에 쓰시오.

보기	곰곰이, 방구석, 누, 궁리, 구멍, 구실

① 그는 무엇을 찾는지 ＿＿＿＿＿＿＿을/를 찬찬히 살폈다.

② 내 양말에 ＿＿＿＿＿＿＿이/가 났어요.

③ 어떤 때는 출장을 ＿＿＿＿＿＿＿(으)로 집에 들어가지 않았다.

④ 아이 때문에 선생님께 ＿＿＿＿＿＿＿을/를 끼쳐 죄송합니다.

⑤ 나 자신을 ＿＿＿＿＿＿＿ 돌이켜보니, 내가 이 세상에서 가장 행복한 사람이더군요.

⑥ ＿＿＿＿＿＿＿ 끝에 뛰어나게 좋은 생각이 떠올랐다.

4 보기와 같이 ＿＿＿＿친 말을 뜻이 비슷한 다른 말로 바꾸어 쓰시오.

보기	병원에 있는 친구가 나를 알아보지 못 했다. <u>심지어</u> 그의 부모님까지도 몰라 봤다. ┈┈▶ 병원에 있는 친구가 나를 알아보지 못 했다. <u>심하다 못해 나중에는</u> 그의 부모님까지도 몰라 봤다.

① 그대는 <u>속히</u> 대답하시오.

┈┈▶ 그대는 ＿＿＿＿＿＿＿ 대답하시오.

② 택시는 <u>금세</u> 서울역에 도착했다.

┈┈▶ 택시는 ＿＿＿＿＿＿＿ 서울역에 도착했다.

③ 너무도 급한 마음 때문에 <u>도저히</u> 침착할 수가 없었다.

⋯⋯▶ 너무도 급한 마음 때문에 _____ 침착할 수가 없었다.

④ 선생님은 몹시 화가 나서 학생들을 <u>나무랐다</u>.

⋯⋯▶ 선생님은 몹시 화가 나서 학생들을 _____.

5 보기와 같이 -(으)ㄹ 모양이다를 사용하여 문장을 완성하시오.

| 보기 | 마이클이 옷을 갈아입는 걸 보니 <u>외출할 모양입니다.</u> (외출하다) |

① 하늘에 구름이 많은 걸 보니 비가 _____. (오다)

② 아침밥은 안 먹더니 점심밥은 _____. (먹다)

③ 이번 기말시험은 쉽게 _____. (내다)

④ 다음 주말쯤 졸업 사진을 _____. (찍다)

6 보기와 같이 -잖아요를 사용하여 문장을 완성하시오.

| 보기 | 어제 백화점에 가기로 <u>약속했잖아요.</u> (약속하다) |

① 사람들이 모두 _____ 빨리 갑시다. (기다리다)

② 수진 씨가 몸이 아파서 출근을 _____. 이따가 전화를 해 봅시다. (못하다)

③ 동생이 배가 _____. 병원에 빨리 갑시다. (아프다)

④ 친구가 내일 유럽으로 _____. 준비를 다 했는지 물어봅시다. (여행가다)

쓰기 관련 문제

1 놀부는 흥부의 어떠한 행동 때문에 고민이 깊어졌나요?

2 놀부는 무엇 때문에 흥부를 쫓아낼 핑계거리를 찾고 있나요?

3 놀부가 어떤 핑계를 대고서 흥부를 쫓아내었는지 써보시오.

⊖ 관용구

⫼ **가슴이 찡하다**

　－매우 감동하다.

　　가슴이 갈라지는 듯한 충격을 받을 정도로 감동을 받았다는 뜻

⫼ **가슴이 뜨끔하다**

　－자극을 받아 마음이 깜짝 놀라거나 미안함을 느끼다.

　－가슴이 찔리다 : 자기가 한 일에 어긋나서 뜨끔하다.

⫼ **마음을 먹다**

　－무엇을 하겠다는 생각을 하다.(결심을 하다)

⫼ **마음에 들다**

　－자신의 생각이나 느낌이 같아서 좋아하다.

⊖ 고사성어

⫼ **금의환향**(錦衣還鄕, 비단 금. 옷 의. 돌아갈 환. 고향 향)

　－비단 옷을 입고 고향으로 돌아가다.

　　입신출세하여 고향에 돌아간다는 말.

⫼ **낭중지추**(囊中之錐, 주머니 낭. 가운데 중. 어조사 지. 송곳 추)

　－주머니 속의 송곳.

　　재능이 뛰어난 사람은 언젠가 드러나게 마련이다.

⫼ **다다익선**(多多益善, 많을 다. 많을 다. 더할 익. 좋을 선)

　－많으면 많을수록 좋다.

제5과

할아버지 제삿날

흥부는 자식들을 데리고 멀리멀리 갔습니다. 형님 말씀처럼 이제부터 가장 역할을 제대로 해 보고 싶었습니다. 혹시 형님 집과 가까운 곳에 새로운 터전을 마련하면 의지하고 싶은 마음이 생길까 봐 걷고 또 걸었습니다.

"아버지, 어디까지 가세요? 다리 아파요?"

"아주 좋은 데 가니까 조금만 더 가자."

"언제까지 조금만 더 조금만 더 갈 거예요. 이제 더 이상 못 걷겠어요. 이렇게 무턱대고 멀리 갔다가 집에는 어떻게 되돌아가려고 그러세요?"

흥부 부인이 더 이상 참지 못하겠는지 투덜거렸습니다.

"부인, 잘 들으시오. 오늘부터 형님 집에서 나와 우리의 새집을 마련하여 살아갈 것이오."

"아버지, 진짜요? 우리만 새집에서 살아요?"

"아암!"

"야호 신난다!"

흥부아이들은 기뻐하며 손뼉까지 쳤습니다.

"저 몰래 언제 새집까지 마련해 놓으셨어요?"

흥부 부인도 감격해 하며 말했습니다.

"새집을 미리 마련해 놓은 게 아니고 이렇게 가다가 빈집이 있으면 그곳에 머물면서 궁리를 해볼까 한다오."

"네? 지금 제 정신으로 하시는 말씀이세요? 당신은 아무런 대책도 없이 무작정 자식들을 데리고 나왔단 말이에요? 왜 우리가 멀쩡한 집을 놔두고 나와서 남의 빈집에서 생활을 해요?"

흥부 부인은 어처구니가 없다는 표정을 지으며 화를 냈습니다.

"부인 내 말 좀 잘 들어보시오. 이제 나도 한 집안의 가장이니 가족들을 내 힘으로 먹여 살려야 할 것 아니오. 언제까지 형님한테 얹혀서 살 수는 없지 않겠소. 그래서 오늘 독립을 한 것이오. 그러니 부인이 나를 좀 이해하고 도와줘야 할 것 같소."

흥부는 부인을 설득하고 나섰습니다.

흥부 부인은 마음에 내키지는 않았지만 어쩔 수 없어 남편의 말을 따랐습니다. 남편의 말을 따르는 게 부인의 도리라 여겼으니까요. 하지만 아무리 남편의 말을 따라야 한다지만 속이 상하는 것은 어쩔 수 없었습니다. 흥부 부인은 못마땅한 표정을 하고서 흥부 뒤를 따라갔습니다.

흥부가 온 가족들을 데리고 순순히 집을 떠나자 놀부 부부는 방안에서 덩실덩실 춤까지 추었습니다.

"영감, 잘했어요. 잘했어!"

"아이고 앓던 이를 빼낸 기분이네. 이제야 두 다리 쭉 펴고 잘 수 있겠네. 그동안 철없는 흥부 녀석 때문에 얼마나 마음을 졸였던지 생머리까지 빠졌다니까."

"누가 아니래요. 영감, 그 도둑 같은 놈들이 다시 찾아오더라도 절대로 집안에 들여 놓으면 안 돼요! 아무리 동생이라고 하더라도 마음이 약해지면 안 된다고요! 알았죠?"

"걱정 마! 내가 누군가. 다시 찾아온다고 호락호락 대문 안에 발을 들여놓게 할 줄 안가? 그런 걱정일랑 꽉 붙들어 매더라고."

"호호호— 역시 우리 영감이에요."

모처럼 놀부와 놀부 부인 얼굴에 함박 웃음꽃이 피어올랐습니다.

흥부를 쫓아낸 뒤 놀부는 재물에 부쩍 욕심을 내었습니다. 조상들로부터 물려받은 많은 재산을 쌓아두고도 남의 것까지 탐을 내었습니다. 그러다 보니 하루가 다르게 욕심이 커져갔습니다.

놀부는 소작으로 준 농토에서 지난해보다 올려서 새경을 받아냈습니다. 하인들에게 주는 녹봉은 절반이나 깎아내려 주었습니다. 소작인들과 하인들이 불만을 터트리자 놀부가 엄포를 놓았습니다.

"새경을 못 올리겠으면 내년에는 짓지 말고 땅을 내 놔."

소작인들은 억울했지만 참아야만 했습니다.

소작을 떼이고 나면 살아갈 방법이 막막하기만 했습니다. 하인들도 마찬가지였습니다. 불만이 있으면 당장 나가라는 소리에 입을 꼭 다물어야만 했습니다. 소작인들과 하인들은 불만이 많은데도 놀부 앞에서는 입도 뻥긋 못했습니다. 벙어리 냉가슴 앓듯이 끙끙대야만 했습니다.

놀부 할아버지 제삿날이었습니다.

"영감, 오늘 저녁이 할아버지 제삿날인데 떡을 한 되만 할까요?"

놀부 부인이 귀찮은 듯 말했습니다.

"떡은 뭔 떡이여? 아무짝에도 쓸데없으니까 하지 마."

놀부가 엄청 강하게 나오자 놀부 부인은 깜짝 놀랐습니다.

"오매, 제사상에 떡 쪼가리라도 올려야 할 것 아니오?"

"나한테 다 생각이 있으니 당신은 굿이나 보소."

"영감, 무슨 좋은 방법이 있어요?"

놀부 부인은 궁금함을 참지 못하고 놀부에게 물었습니다.

놀부는 듣는 척도 안 하고서 곳간 열쇠를 챙겨 집 밖으로 나가 버렸습니다.

"아니, 저 영감이 노망이 들었다냐? 자기 할아버지 제사상에 뭘 올리라고 곳간 열쇠까지 챙겨 나가버린다냐?"

놀부 부인은 이유를 몰라 멍하게 바라보며 투덜댔습니다.

"마님! 제사 음식 준비해야 하니 빨리 곳간 문 좀 열어주세요. 오늘이 제삿날인 것을 잊어버리셨어요?"

부엌일을 하는 어멈이 놀부 부인을 찾아와 말했습니다.

"잊어먹기는 누가 잊어먹었다고 그래? 나도 알고 있네."

"그런데 제사음식 준비할 생각도 안 하시

고 뭐 하고 계세요?"

"영감이 방안에서 꼼짝 말고 있으라고 해서 지금 가만있는 거네."

놀부 네 집 하인들은 무슨 이유인지 몰라 멍하고 말았습니다.

해가 서산에 뉘엿뉘엿 넘어가자 놀부가 집으로 돌아왔습니다.

"영감, 제사는 어쩌려고 빈손으로 들어오세요?"

놀부 부인이 놀라 물었습니다.

"내가 다 알아서 할 테니까 신경 쓰지 말라고 했잖은가. 어서 저녁밥이나 챙겨와."

놀부가 버럭 화를 냈습니다.

"형님! 형님!"

"엉? 이게 뭔 소리여?"

놀부가 깜짝 놀라 대문 쪽을 바라봤습니다.

"영감 나리 홍부 서방님이 오늘 제삿날이라고 오셨구먼요."

마당쇠가 반가운 마음에 소리쳤습니다.

"댁이 뉘신데 남의 집을 함부로 들어오고 그러시오?"

"형님, 저 홍부구만요. 형님 동생 홍부예요."

"나는 삼대독자요. 독자한테 동생이 있을 리가 없지 않소? 그리고 홍부가 누군지 난 듣도 보도 못 했소."

놀부가 냉랭한 목소리로 말했습니다.

"저 거렁뱅이가 지금 미쳤나 봐요. 어서 쫓아내 버리세요."

놀부 부인이 곁에 서서 말했습니다.

"마당쇠야, 뭐하고 서 있기만 하냐? 저 거렁뱅이를 빨리 쫓아내 버리지 않고?"

"영감님, 홍부 서방님이 맞구먼요. 집을 나가시더니 온갖 고생만 하셨는지 빼빼 야위어서 하나뿐인 동생 얼굴도 몰라보시나요?"

"저 놈이 귀가 먹었다냐? 난 삼대독자라니까. 빨리 못 쫓아내?"

놀부가 곁에 있던 지팡이를 들고서 마당쇠를 때리려고 했습니다.

"아이고— 흥부 서방님 빨리 피하세요."

마당쇠가 깜짝 놀라 흥부 손을 잡아끌었습니다.

"형님, 오늘이 할아버지 제삿날이라 제사상에 술이나 올리고 가려고 왔구먼요."

"이 집과 아무 상관도 없는 거렁뱅이가 남의 집 제사상에 왜 술을 올려. 그리고 오늘이 제삿날 아니니 그리 알고 썩 꺼져!"

"그 그래요? 제가 제삿날을 잘 못 알았나요?"

흥부는 말끝을 흐렸습니다.

제삿날이면 음식 냄새도 날 텐데 집에서 별다른 낌새가 안 보였습니다. 집안은 평상시와 다를 게 없었습니다. 흥부는 자신이 날짜를 잘 못 안 것 같아 겸연쩍었습니다.

"죄송해요 형님, 요즘은 워낙 먹고 살기가 힘들다 보니 제가 할아버지 제삿날을 잘못 알았나 봐요. 그럼 내일이 제삿날인가요? 내일은 제사 음식 만드는 것을 도울 수 있게 가족들도 데려올게요."

"올 것 없다! 부인 빨리 소금 가져다 뿌리지 않고 뭐하고 서 있어?"

"아알았어요!"

놀부 부인은 허겁지겁 부엌으로 뛰어 들어갔습니다.

"마당쇠 네놈은 어서 대문을 굳게 걸어 잠그고."

놀부는 버럭버럭 화를 냈습니다.

저녁 밥상을 물린 후 놀부는 제사를 지내기 시작했습니다. 먼저 상을 차리게 하고 제기들을 제사상 위에 올려놓으라고 시켰습니다.

"마님, 제사 음식도 없는데 빈 그릇은 왜 올려놓으라 한데요?"

부엌 어멈이 궁금함을 참지 못하고 놀부 부인에게 물었습니다.

"내가 그걸 어떻게 알아."

놀부 부인은 짜증이 가득한 목소리로 툭 쏘아붙였습니다.

제사상에 빈 제기만 놓았습니다. 잠시 후 놀부가 엽전 꾸러미를 꺼내더니 제기 안에 한 닢 씩 넣기 시작했습니다.

"영감, 엽전들은 왜 제기 속에 넣고 그러세요?"

"음식들을 준비하려면 돈이 들잖아? 그래서 음식
값을 넣는 것이여. 이렇게 음식 값을 넣어 놓으면
음식을 한 것과 다를 것이 없으니까. 안 그런가?"

"맞아요! 맞아! 역시나 우리 영감님이네요."

놀부 부인은 이제야 알았다는 듯 얼굴에 환한 웃
음꽃이 피어올랐습니다.

제사가 끝나자 놀부는 그릇 속에 넣어 두었던 엽전들을 하나도
빼지 않고 챙겼습니다. 놀부가 흡족한 미소를 지으며 말했습니다.

"부인, 어떻소?"

"영감, 어쩌면 이렇게 똑똑하세요? 이렇게 좋은 방법이 있는데
그동안 멍청하게 식량은 식량대로 축내가며 생고생까지 했으니 말이에요. 이렇게
하니까 돈 안 들어, 고생 안 해. 세상 좋은 것을 호호호."

놀부는 부인의 칭찬을 듣기가 민망했던지 서둘러 사랑방으로 가버렸습니다. 놀부
부인도 생글거리며 놀부 뒤를 따라갔습니다.

"세상에 무슨 이런 법이 있어?"

마당쇠가 말문이 막히는지 뒷말을 잇지 못했습니다.

"누가 아니래요? 앞으로는 제삿날도 떡 고물은커녕 고기국물 냄새도 못 맡아보게
생겼네요."

놀부네 하인들은 힘이 팔리는지 어깨까지 축 늘어뜨렸습니다.

집으로 돌아온 흥부를 아이들이 반갑게 맞이했습니다.

"아버지, 제사 지내러 가셔놓고 왜 빈손으로 오세요?"

아이들이 실망 섞인 목소리로 말했습니다.

"오늘이 아니고 내일인 것을 내가 날짜를 착각했지 뭐냐?"

"오늘이 스무닷새, 할아버지 제삿날이 맞는데요?"

흥부 부인이 고개를 갸웃거리며 말했습니다.

"그럼, 오늘이 스무나흘인가 보제. 우리가 먹고 살기가 힘들어서 하루를 더 빨리 세고 있었던가 보네. 아니면 할아버지 제사가 스무엿새던가. 그러니 내일은 아침 일찍부터 형님 집에 가서 음식 만드는 것도 거들고 하더라고."

"아버지, 우리도 데려갈 거죠?"

곁에서 듣고 있던 흥부 아이들이 좋아하며 반겼습니다.

"그러자꾸나."

"아버지, 난 이 집이 싫어요. 다시 우리 집으로 가서 예전처럼 살아요."

흥부 둘째 아이가 흥부에게 다가와 보챘습니다.

"나도 그래요."

흥부 아이들은 여기저기서 옳거니 하고서 불만을 털어놓았습니다.

흥부는 아이들에게 다시 말을 하였습니다.

"애들아, 잘 들어라. 내가 너희들을 데리고 이 집에서 사는 이유는 가장 역할을 제대로 하기 위해서란다."

"아버지, 꼭 이렇게 해야 되는 거예요?"

"아암! 이렇게 독립해서 살아가야만 돌아가신 너희 할아버지와 할머니가 마음을 놓으신단다. 그렇지 않고 큰댁에 계속해서 얹혀살면 너희 할아버지 할머니가 저 세상에서 슬퍼하며 눈물만 흘리실 게야. 너희들은 내가 불효를 하면 좋겠냐?"

"아무리 효도도 좋지만 죽은 사람보다는 산 사람을 먼저 챙겨야 할 것 아니겠소."

흥부 부인이 서운한 마음을 감추지 못하고 말했습니다.

"허허, 부인, 오늘따라 왜 그러시오? 우리 가족이 비록 물질은 풍족하지 못하지만 이렇게 단란하게 사니 얼마나 기쁘오. 안 그렇소. 허허허."

흥부는 헛웃음을 지어 보였습니다.

"맞아요! 아버지. 우리끼리 사니까 좋기는 해요. 우리 마음껏 웃을 수도 있고 나쁜 것만 있는 것은 아니에요."

흥부의 큰아이가 흥부를 두둔하고 나섰습니다.

터전	생활의 근거지가 되는 곳. 예 나는 미국에 들어가 **터전**을 마련할 것이다.
마련	필요한 것을 미리 준비하여 두는 것. 예 내 형편에 수학여행 경비 **마련**도 쉬운 일이 아니다.
투덜거리다	불평하는 말을 자꾸 중얼거리다. 예 등 뒤에서 누군가가 **투덜거리는** 소리가 들렸다.
대책(對策)	어떤 어려운 상황을 막든가 이겨 낼 수 있는 알맞은 계획. 예 나는 아무런 **대책**도 세울 수 없는 암담한 현실에 처해 있다.
어처구니없다	일이 너무 뜻밖이어서 기가 막히는 듯하다. 예 나는 오늘 **어처구니없는** 일을 당했다.
독립(獨立)	남이나 외부의 세력에 의지하거나 매어 있지 않는 것. 예 나는 대학생 때 **독립**하여 혼자 생활했다.
설득하다(說得-)	상대방을 잘 타이르거나 어떤 일을 잘 설명해서 동의하도록 하다. 예 아저씨, 저를 **설득하려고** 하지 마세요.
순순히(順順-)	성질이나 태도가 매우 고분고분하고 온순하게. 예 우리는 그의 의견에 **순순히** 따르기로 했다.
호락호락	일이나 사람이 만만하여 다루기 쉬운 모양. 예 내가 그렇게 **호락호락** 넘어갈 것 같으냐?
탐(貪)	무엇을 가지거나 차지하고 싶은 욕심. 예 그는 부귀영화가 **탐**이 났다.
엄포	실속 없는 큰소리로 남을 호령하거나 위협하는 것. 예 내가 그따위 **엄포**에 겁먹을 사람으로 보여?
떼이다	남에게 빌린 땅을 더 이상 사용하지 못하게 되다. 예 소작하는 땅을 **떼여** 서울에 가서 장사를 해야 한다.

제삿날(祭祀-)	제사를 지내는 날. 예 오늘은 할머니 제삿날이라 일가친척이 다 모였다.
쪼가리	작은 조각. 예 나는 오늘 빵 쪼가리만 먹었다.
굿	귀신을 쫓거나 복을 빌기 위해 무당이 벌이는 의식. 예 점도 쳐보고 굿도 벌여 보았지만 병은 낫지를 않았다.
캐내다/캐내려고	잘 알려지지 않은 사항을 따져서 알아내다. 예 남의 비밀을 캐내어 소문내는 사람도 있다.
노망(老妄)	늙어서 정신이 흐려지고 말이나 행동이 비정상적으로 되는 것. 예 할머니는 나이가 많아서 거의 노망이 들었다.
서방님	'결혼한 시동생'을 높여 부르는 말. 예 큰집 서방님은 언제 오시나요?
거렁뱅이	빌어먹고 다니는 사람. (거지의 사투리) 예 주식 투자로 돈을 잃어버린 사람은 그야말로 동전 한 푼 없는 거렁뱅이 신세가 된다.
야위다	살이 빠지다. 예 그는 몸이 야위고 날로 쇠약해졌다.
썩	지체 없이 빨리. 예 내 앞에서 그 말을 하려면 썩 나가!
낌새	어떤 일이 되어 가는 분위기나 느낌. 예 방 안의 질서가 그런 대로 잡히고 분위기가 가라앉는 낌새가 보이자 경찰이 밖으로 나갔다.
평상시	특별한 일이 없는 보통 때. 예 나는 평상시와 똑같이 외출을 하였다.
겸연쩍다	쑥스럽고 부끄럽다. 예 그 사람의 얼굴을 쳐다보기가 겸연쩍어서 눈을 돌렸다.
민망하다(憫憫-)	답답하고 딱하여 안타깝다. 예 나는 그냥 빈둥빈둥 밥이나 축내고 지내기가 민망하여 일자리를 찾아 나섰다.

물리다/물린	일정한 대상이나 범위 밖으로 내어놓다. 예 밥상을 물리다.
쏘아붙이다	상대방의 기분을 상하게 할 만큼 날카롭게 말하다. 예 조카에게 말 한 마디 따끔하게 쏘아붙이지도 못해요?
엽전	옛날에 놋쇠로 만들고 가운데 네모난 구멍이 있는 돈. 예 요즘에는 엽전 보기가 힘들어요.
꾸러미	한데 동여매어 뭉치거나 싼 물건. 예 동전 꾸러미를 가지고 은행에 갔다.
흡족하다	모자람이 없이 만족스러울 만큼 아주 넉넉하다. 예 그는 여러 개의 통장을 바라보면서 흡족하게 웃고 있었다.
축내다	일정한 양이나 수를 줄어들거나 없어지게 하다. 예 일도 하지 않고 밥이나 축내고 있는 자신이 한심스럽게 여겨졌다.
생고생(生苦生)	하지 않아도 되는데도 일부러 하는 고생. 예 시장에 나갔다가 물건도 사지 못한 채 생고생만 하고 돌아왔다.
생글거리다	눈과 입을 살며시 움직이며 소리 없이 정답게 자꾸 웃다. 예 언니는 생글거리며 내 옆에 앉았다.
착각하다(錯覺-)	어떤 사물이나 사실을 실제와 다르게 지각하거나 생각하다. 예 그는 수요일을 화요일로 착각하여 약속을 어겼다.
거들다/거들고	남이 하는 일을 함께 하면서 도와 주다. 예 나는 형의 농사일을 거들었다.
보채다	무엇을 요구하며 성가시게 조르다. 예 동생은 게임기를 사달라고 엄마를 보챘다.
얹혀살다	남에게 의지하여 붙어살다. 예 집이 워낙 가난해서 나는 어릴 때부터 삼촌에게 얹혀살았다.
감추다/감추지	어떤 사실이나 감정 따위를 남이 모르게 하다. 예 친구에게 내 마음을 감추고 말하지 않았다.
단란하다(團欒-)	한 가족의 생활이 원만하고 즐겁다. 예 가족과 단란했던 시간이 그립다.

문법과 표현 살펴보기

➜ 아무리-아/어/여도

- 앞선 행위나 상태와 관계없이 꼭 뒤의 일이 있음을 나타낸다.

  ■ 아무리 비싸도 필요한 책은 꼭 사야 해요.

  ■ 아무리 어려워도 이 일을 반드시 끝내야 해요.

  ■ 아무리 찾아도 내 안경이 안 보이네요.

  ■ 아무리 먹기 싫어도 음식을 버리면 어떻게 해요?

  ■ 이 책은 아무리 읽어도 이해가 잘 안 돼요.

➜ -더라도

- 부정적이거나 극단적인 상황 혹은 뒤의 내용을 보장하기 어려운 경우를 가정할 때 쓴
  다. (앞 문장은 단순히 가정한 내용이 오기도 하고 현재 상황을 인정하는 내용이 오기
  도 함.)

  ■ 마이클, 피곤하더라도 네 할 일은 제대로 해라.

  ■ 영수는 뭘 하더라도 열심히 하는 성격이다.

  ■ 비가 내리더라도 걱정하지 마라.

  ■ 내가 당신이더라도 그렇게 했을 겁니다.

  ■ 그 사람은 어떤 음식을 먹더라도 맛있게 먹는다.

1 왼쪽에 있는 말들의 의미를 오른쪽에서 찾아 연결하시오.

① 터전 •　　　　　　• ㉠ '결혼한 시동생'을 높여 부르는 말

② 마련 •　　　　　　• ㉡ 가운데 네모난 구멍이 있는 옛날 돈

③ 대책 •　　　　　　• ㉢ 귀신을 쫓거나 복을 빌기 위한 무당의 의식

④ 탐 •　　　　　　• ㉣ 무엇을 가지거나 차지하고 싶은 욕심

⑤ 엄포 •　　　　　　• ㉤ 생활의 근거지가 되는 곳

⑥ 쪼가리 •　　　　　• ㉥ 실속 없는 큰소리로 남을 위협하는 것

⑦ 굿 •　　　　　　• ㉦ 어떤 어려운 상황을 이겨 낼 알맞은 계획

⑧ 서방님 •　　　　　• ㉧ 작은 조각

⑨ 엽전 •　　　　　　• ㉨ 필요한 것을 미리 준비하여 두는 것

⑩ 꾸러미 •　　　　　• ㉩ 한데 동여매어 뭉치거나 싼 물건

2 적당한 말을 보기에서 찾아서 _____에 알맞은 형태로 쓰시오.

보기	겸연쩍다, 떼이다, 물리다, 설득하다, 쏘아붙이다, 야위다, 어처구니없다, 졸이다, 축내다, 캐내다, 투덜거리다, 흡족하다

① 나는 오늘 _____ 일을 당했다.

② 등 뒤에서 누군가가 _____ 소리가 들렸다.

③ 아저씨, 저를 _____ 하지 마세요.

④ 친구에게서 아무런 소식이 없어 사고라도 일어나지 않았나 하는 생각에 마음을

_____.

⑤ 소작하는 땅을 _____ 서울에 가서 장사를 해야 한다.

⑥ 남의 비밀을 _____ 소문내는 사람도 있다.

⑦ 그는 몸이 _____ 날로 쇠약해졌다.

⑧ 그 사람의 얼굴을 쳐다보기가 _____ 눈을 돌렸다.

⑨ 밥상을 _____.

⑩ 조카에게 말 한 마디 따끔하게 _____ 못해요?

⑪ 그는 여러 개의 통장을 바라보면서 _____ 웃고 있었다.

⑫ 일도 하지 않고 밥이나 _____ 있는 자신이 한심스럽게 여겨졌다.

3 아래 문장의 (   )에 있는 말들 중 적당한 것에 ○를 하시오.

① 우리는 그의 의견에 (순순히 / 절대로) 따르기로 했다.

② 내가 그렇게 (호락호락 / 포동포동) 넘어갈 것 같으냐?

③ 내 앞에서 그 말을 하려면 (푹 / 썩) 나가!

④ 방 안의 질서가 그런 대로 잡히고 분위기가 가라앉는 (틈새 / 낌새)가 보이자, 경찰이 밖으로 나갔다.

⑤ 나는 그냥 빈둥빈둥 밥이나 축내고 지내기가 (민망하여 / 민첩하여) 일자리를 찾아 나섰다.

⑥ 언니는 (빈둥거리며 / 생글거리며) 내 옆에 앉았다.

⑦ 그는 수요일을 화요일로 (착각하여 / 기억하여) 약속을 어겼다.

⑧ 나는 형의 농사일을 (거들었다 / 흔들었다).

⑨ 동생은 게임기를 사달라고 엄마를 (보냈다 / 보챘다).

4 보기와 같이 -아/어/여도를 사용하여 문장을 완성하시오.

> 보기 | 아무리 <u>비싸도</u>(비싸다) 필요한 책은 꼭 사야 해요.

① 아무리 _____(어렵다) 이 일을 반드시 끝내야 해요.

② 아무리 _____(찾다) 내 안경이 안 보이네요.

③ 아무리 _____(먹기 싫었다) 음식을 버리면 어떻게 해요?

④ 이 책은 아무리 _____(읽다) 이해가 잘 안 돼요.

5 보기와 같이 -더라도를 사용하여 두 문장을 연결하시오.

> 보기 | 피곤하다. / 할 일은 제대로 하다.
> ⋯⋯▶ 피곤하더라도 할 일은 제대로 한다.

① 영수가 무엇을 한다. / 열심히 하는 성격이다.

⋯⋯▶ _____

② 비가 내리다. / 걱정하지 마라.

⋯⋯▶ _____

③ 내가 당신이다. / 그렇게 했을 것이다.

⋯⋯▶ _____

④ 그 사람이 어떤 음식을 먹는다. / 맛있게 먹는다.

⋯⋯▶ _____

쓰기 관련 문제

1 흥부는 왜 가족들을 데리고 형님 집에서 먼 곳으로 떠났는지 그 이유를 쓰시오.

2 할아버지 제삿날 찾아온 흥부를 놀부는 무슨 핑계를 대고서 쫓아냈나요?

3 흥부 아이들이 예전처럼 놀부네 집에 가서 살자고 하자 흥부가 어떤 핑계를 댔는지 써보시오.

➔ 관용구

❚❙▪ **입이 무겁다**

  −비밀을 잘 지키다.

   어떤 비밀스런 말을 들었을 때 다른 사람에게 옮기지 않는다는 뜻.

❚❙▪ **입에 맞다**

  −어떤 하는 일이나 음식이 마음에 들다.

❚❙▪ **입이 짧다**

  −싫어하거나 먹지 않는 음식이 많다.

❚❙▪ **입에 침이 마르다**

  −입에 침이 마를 정도로 계속해서 말하다.

➔ 고사성어

❚❙▪ **대기만성**(大器晩成, 큰 대. 그릇 기. 늦을 만. 이룰 성)

  −큰 그릇은 늦게 만들어진다.

   크게 될 사람은 늦게 이루어진다는 말.

❚❙▪ **동병상련**(同病相憐, 같을 동. 병들 병. 서로 상. 불쌍히 여길 련)

  −같은 병을 앓는 사람끼리 서로 불쌍하게 여긴다.

   어려운 처지에 있는 사람끼리 동정하고 돕는다는 말.

❚❙▪ **마이동풍**(馬耳東風, 말 마. 귀 이. 동녘 동. 바람 풍)

  −말의 귀를 스치는 동쪽 바람.

   다른 사람의 의견이나 충고 등을 귀담아 듣지 아니하고 곧 흘려버림.

제6과

구박받는 흥부

◉ 어휘 알아보기

떼거리, 성나다, 원망, 함부로, 설치다, 냉랭하다,
애, 겁먹다, 서두르다, 실없이, 곁, 서운하다 등

◉ 문법과 표현 살펴보기

① -게 되다, ② [동사]-느라고

◉ 쉬어 가는 코너

관용구 발이 넓다, 발을 끊다, 발이 묶이다, 발목을 잡다
고사성어 망양지탄(望洋之嘆), 면목(面目), 명경지수(明鏡止水)

다음날 아침 흥부는 가족들을 데리고 형님 댁으로 갔습니다. 이른 아침에 도착해
서인지 대문은 굳게 닫혀 있었습니다.

"형님! 형님! 아직 주무세요?"

흥부가 대문을 두드리며 큰소리로 형님을 불렀습니다.

"큰아버지! 큰아버지!"

흥부 아이들도 따라서 소리쳤습니다.

밖에서 부르는 소리를 방안에 있던 놀부 부인이 듣게 되었습니다. 놀부 부인은 놀
부에게 소리쳤습니다.

"영감, 어서 나가서 쫓아버리고 와요. 오늘은 아침부터 떼거리로 몰려왔나 봐요."

"걱정 마! 내가 집 안에는 한걸음도 못 들어오게 할 테니."

"영감만 믿어요."

놀부는 벌컥 방문을 열고 나갔습니다.

"형님, 형님!"

"큰아버지, 큰아버지 우리가 왔어요. 빨리 대문 좀 열어 주세요."

"이 목소리는 우리 흥부 서방님 목소리 아닌가요?"

놀부보다 먼저 마당쇠가 대문 쪽으로 달려갔습니다.

"마당쇠구나! 어서 대문부터 열어라."

흥부가 반가운 마음에 소리쳤습니다.

"예, 알았구먼요! 잠깐만 기다리세요."

마당쇠는 기쁜 마음에 대문을 열려고 하였습니다.

그때였습니다.

"네-이-놈!"

마당쇠 뒤쪽에서 놀부의 성난 목소리가 울려 퍼졌습니다.

"아이고 깜짝이야, 간 떨어질 뻔 했잖아요."

마당쇠가 원망 섞인 목소리로 말했습니다.

"아버지, 큰아버지 화났어요? 무서워요."

대문 밖에서 흥부 아이들이 눈치를 살피며 흥부에게 물었습니다.

"글쎄다. 나도 잘 모르겠구나."

굳게 닫힌 대문 안 일을 알지 못한 흥부가 갑갑한 표정으로 말했습니다.

"왜 함부로 대문을 열려고 설치냐?"

"영감님 못 들으셨어요? 지금 대문 밖에 흥부 서방님이 와 계시구먼요."

"맞아요! 형님, 저 흥부가 왔어요."

흥부는 반가운 마음에 다시 소리쳤습니다.

"난 흥부가 누군지 몰라."

대문 안 쪽에서 놀부의 냉랭한 목소리가 울려 퍼졌습니다.

"형님, 형님 동생 흥부구먼요."

흥부는 애를 태우며 말했습니다.

"허허 난 삼대독자야. 독자한테 무슨 동생이 있다고 그래?"

놀부가 버럭 화까지 내어가며 말했습니다.

"아버지, 큰아버지가 왜 저래요?"

흥부의 아이들이 겁먹은 목소리로 물었습니다.

"나도 잘 모르겠다. 조금만 더 기다려 보려무나."

흥부의 말을 대문 안 쪽에서 놀부가 듣게 되었습니다.

"오늘 하루 종일 기다려도 이 대문은 안 열릴 테니까 그리 알고 빨리 가!"

"형님, 오늘이 할아버지 제삿날이라 음식 만드는 걸 도와주려고 아침부터 서둘러서 왔어요."

"제사는 어젯밤에 벌써 지냈는데 무슨 헛소리를 하냐."

"네? 제가 어제 왔을 때 오늘이 제삿날이라고 하셨잖아요?"

"내가 언제? 난 너를 본 적도 없다."

"형님, 왜 자꾸 이러세요? 이제 장난 그만 하시고 문 좀 빨리 열어주세요."

"이놈! 내가 이른 아침부터 실없이 장난이나 하는 걸로 보이냐?"

놀부가 성난 목소리로 고함을 쳤습니다.

"형님이 자꾸 헛소리만 하시니까 그러지요."

"뭐? 헛소리? 방금 헛소리라고 했냐?"

"서방님, 제사는 어젯밤에 지냈다고 하니 우린 그만 집으로 돌아갑시다."

곁에서 지켜보던 흥부 부인이 흥부 팔을 잡아당기며 말했습니다.

"엄마!"

흥부 아이들이 그냥 가자는 말이 서운한지 흥부 부인 얼굴을 올려다봤습니다.

"부인, 기왕 왔으니 제삿밥이나 얻어먹고 갑시다. 형님이 제사 음식은 넉넉하게 준비했을 게요. 미처 다 못 먹어 상하기라도 하면 준비하느라 애쓴 사람들의 노고가 헛수고가 될 게 아니오."

"그래요. 엄마! 오랜만에 고깃국에 밥 좀 먹어보고 싶어요."

"맞아맞아!"

흥부의 어린 아이들이 좋아하며 맞장구를 쳤습니다.

"뭐? 고깃국, 너희 같은 떼거지들한테는 고깃국은커녕 밥 한 톨도 줄 것 없으니 어서 꺼져! 그리고 마당쇠 너는 얼른 가서 물 한 대야 가져와. 저 녀석들이 순순히 안 가는 게 물벼락을 맞고 싶은가 보다."

"영감님, 진짜 아침부터 왜 이러세요. 흥부 서방님이 찾아오셨는데 따뜻한 밥을 대접해야지 물벼락이라니 말이나 돼요?"

"뭐? 이놈이 지금 상전을 가르치고 있네. 네 이놈!"

"아이고 아야. 아이고-"

마당쇠의 숨넘어가는 소리가 대문 밖으로 울려 퍼졌습니다.

"아버지, 큰아버지가 마당쇠한테 발길질을 해요."

흥부의 큰아이가 대문 틈새로 엿보더니 겁먹은 얼굴로 말했습니다.

"아버지, 무서워요!"

"앙앙!"

흥부의 어린 아이들이 울음까지 터트렸습니다.

"서방님, 더 험한 꼴을 당하기 전에 그만 가요."

흥부 부인이 말했습니다.

흥부는 부인과 자식 앞에서 체면이 깎이게 되었습니다. 그래서 어떻게든 형님 집 안에 들어가려 했지만 대문 안에서는 고함 소리가 끊이질 않았습니다.

쫄쫄 굶고 집으로 돌아온 흥부는 부인에게 타박을 듣게 되었습니다.

"이제 다시는 형님 이야기는 입 밖으로 꺼내지도 마세요."

"맞아요. 큰아버지는 우리를 거지보다 더 못하게 생각하나 봐요."

"아니야-, 그렇지 않아."

흥부는 형 놀부를 변명하느라고 횡설수설까지 하게 되었습니다.

"부인 너무 서운하게 생각지 마시오. 그리고 애들아, 너희 큰아버지는 절대로 나쁜 사람이 아니야. 오늘은 아마도 말 못할 사정이 있었을 거야."

흥부는 놀부를 두둔하느라 애를 태웠습니다.

그동안 흥부는 식량 걱정은 하지 않았습니다. 식량이 떨어지기 전에 마당쇠가 알아서 가져다주었습니다. 그런데 어떻게 된 일인지 한동안 마당쇠가 나타나질 않았습니다. 며칠 전부터는 흥부 부인이 흥부 앞에서 식량이 바닥을 보인다며 푸념을 늘어놓았습니다. 흥부는 그 소리가 무엇을 의미하는지 잘 알았습니다. 하지만 모른 척 며칠을 버텼습니다.

흥부는 형님이 겉으로는 엄하고 정이 없어 보이지만 속마음은 그렇지 않다는 것을 알고 있었습니다. 형님이야말로 마음이 비단결처럼 부드럽고 정이 많아 동생을 아끼고 사랑한다고 믿었습니다. 마당쇠가 식량을 가져오는 것도 다 형님이 보내 준 거라고 생각하고 있었습니다. 그런데 마당쇠가 오질 않자 흥부는 슬슬 걱정이 되기 시작했습니다.

'혹시, 형님이 큰 병에 걸려 자리에 누워 계신가?'

흥부는 갑자기 불안해졌습니다.

형님 걱정 때문에 도저히 마음의 안정을 찾을 수가 없었습니다. 흥부는 오늘까지만 더 기다려보기로 마음을 먹었습니다. 만약에 해가 서산으로 넘어갈 때까지도 마당쇠가 오지 않으면 내일은 직접 형님 댁에 가 볼 생각이었습니다.

하루해가 지고 둥근 달이 떠오르는데도 마당쇠는 소식도 없었습니다. 흥부의 불안감은 부쩍 커졌습니다. 당장 형님 댁으로 달려가고 싶었지만 흥부는 참았습니다. 가족들이 눈치 채면 안 되기에 내일 슬쩍 다녀올 생각이었습니다. 흥부 아이들은 저녁밥을 먹으면서 다툼을 벌였습니다. 흥부의 부인은 아이들을 혼내면서 놀부까지 욕을 하였습니다.

"허허 부인, 형님께 무슨 소리를 그렇게 험하게 하시오."

"지금 우리가 굶어죽게 생겼는데 뭔 소리를 못 하겠어요."

흥부 부인도 이번만큼은 물러서지 않겠다는 각오로 대들 듯이 말했습니다.

부인의 마음을 벌써 눈치 챈 흥부는 입을 꾹 다물었습니다. 대신 듣기 싫어도 부인의 잔소리를 밤새도록 들어야만 했습니다. 흥부는 부인의 잔소리를 듣느라 골머리까지 앓았습니다.

다음날 아침 흥부는 아침도 굶은 채 집을 나왔습니다. 식량이 부족하니 자식들이라도 넉넉히 먹으라고 일찍 집을 나선 것이었습니다. 부인과 아이들에게는 먼 곳에 사는 친구 집에 다녀오겠다는 핑계를 댔습니다. 흥부는 곧바로 형 놀부 집으로 가지 않고 에돌아갔습니다. 형님 가족이 아침밥을 다 먹고 난 뒤에 갈 생각이었습니다.

흥부는 옆 동네를 한 바퀴 돌아보고 논두렁 밭두렁 길을 따라 형님 집으로 갔습니다. 어느덧 해가 하늘 높이 떠올랐습니다. 이쯤이면 아침 식사 시간은 한참이 지나보였습니다.

흥부가 형님 집 앞에 도착해 보니 대문이 활짝 열려 있었습니다. 대문에 들어서면서 마당쇠를 불러보았지만 조용했습니다. 흥부는 형님이 기거하는 사랑채 쪽으로 갔습니다. 그런데 부엌 쪽에서 구수한 밥 냄새가 술술 풍겨왔습니다. 갑자기 흥부 뱃속에서 꼬르륵하는 소리가 새어나왔습니다. 흥부는 얼굴이 붉어져 얼른 주변을 둘러보았습니다. 다행히 아무도 없었습니다.

흥부는 다시 발걸음을 사랑채 쪽으로 옮기려고 하였습니다. 그런데 흥부 뱃속에서 꼬르륵꼬르륵 하는 소리가 계속해서 새 어나왔습니다. 흥부는 부쩍 배가 고픈 것을 느꼈습니다. 생각해 보니 어젯밤에 밥 한 숟 가락 먹은 게 전부였습니다. 흥부는 배고픔 을 참지 못하고 부엌 쪽으로 다가갔습니다.

"앗 뜨거워!"

부엌 안에서 놀부 부인이 소리쳤습니다.

"형수님, 어디 다치신 데는 없으세요?"

흥부가 형수님 고함소리에 놀라 후다닥 부엌 안으로 뛰어 들어갔습니다.

"아이고 깜짝이야?"

놀부 부인이 주걱으로 밥을 푸다말고 소리쳤습니다.

"형수님, 저 흥부예요?"

"뭐? 흐흐흥부? 난 그 사람이 누구인지 모르니 빨리 나가!"

놀부 부인이 들고 있던 밥주걱으로 흥부의 뺨을 찰싹 때렸습니다.

깜짝 놀란 흥부가 얼른 손을 뺨에 가져다 댔습니다. 뺨은 아프고 따끈했습니다. 그런데 손에 찰진 밥 알갱이가 만져졌습니다. 흥부는 얼른 밥 알갱이를 떼어 먹기 시작했습니다. 입안에서 고소한 쌀밥 맛이 느껴졌습니다. 정말 오랜만에 맛본 맛이 었습니다. 형님 집에서 독립하고 난 뒤로 흰쌀밥은 처음 먹어본 것 같았습니다. 흥 부는 감격하여 주르륵 눈물까지 흘렸습니다.

"형수님, 그 주걱으로 이쪽 뺨도 한 대 더 때려 주세요."

흥부는 반대쪽 뺨을 내 보였습니다.

"때리라면 내가 못 때릴 줄 알고, 이번에는 제대로 뜨끔한 맛을 보여주겠어."

놀부 부인이 소리쳤습니다.

흥부는 고개를 쳐들고서 눈을 찔끔 감았습니다. 순간의 아픔을 참아내면 고소한 쌀밥을 더 먹을 수 있을 테니 두 손을 꼭 쥐었습니다. 어서 빨리 밥 알갱이가 듬뿍 묻은 밥주걱으로 때려주기만을 기다렸습니다.

'철썩' 소리와 함께 흥부의 눈앞에 불길이 치솟았습니다.

"아이고!"

흥부는 뺨을 잡고서 그 자리에 털썩 주저앉고 말았습니다.

"흥, 내가 또 실수를 할 줄 알았지? 하하하"

놀부 부인이 배꼽까지 잡아가며 웃기 시작했습니다.

흥부가 눈을 뜨고 보니 손에는 밥풀 하나 묻어나지 않았습니다. 대신 뺨은 얼얼하고 떨어져 나갈 듯이 화끈거렸습니다.

"아까운 밥을 내가 또 줄줄 알았소!"

놀부 부인이 차가운 목소리로 말했습니다.

흥부는 형수에게 마음을 들킨 것 같아 부끄러웠습니다. 어쩔 수 없어 흥부는 고개를 푹 숙이고서 형님의 안부를 물었습니다.

"혹시 형님이 큰 병이라도 걸리신 것은 아닌가 걱정이 돼서 찾아왔습니다."

"그런 것은 걱정도 말고 어서 가시오. 우리 집 영감은 일 년 내내 고뿔 한번 안 걸리는 걸 몰라서 그런 소리를 하시오."

놀부 부인이 톡 쏘아붙였습니다.

"그렇다면 천만다행이네요. 그럼, 이왕 왔으니 형님 얼굴이나 잠깐 뵙고 갈게요."

"무슨 일로 부엌이 이렇게 소란스러워!"

놀부 목소리가 들렸습니다.

흥부는 반가운 마음에 부엌 밖으로 달려 나갔습니다.

"아이고 형님!"

흥부는 울먹이기까지 하였습니다.

"네가 무슨 일로 부엌에서 나온다냐?"

"아이고, 형님- 말도 마세요. 흑흑흑"

흥부는 갑자기 서러움이 밀려와 눈물을 흘리고 말았습니다.

"시끄러워!"

놀부가 화를 참아내지 못하고 버럭 소리쳤습니다.

떼거리	어떤 일 때문에 한 장소에 모인 여러 사람. (속된 말) 예 나는 떼거리들에게 지갑을 빼앗겼다.
성나다/성난	몹시 노엽거나 화가 나다. 예 친구는 성난 얼굴로 나를 쳐다봤다.
원망(怨望)	억울하게 여기어 탓하거나 불만을 품고 야속하게 여기는 것. 예 그녀의 표정은 원망과 분노로 굳어져 있었다.
함부로	조심하거나 깊이 생각하지 않고 마음 내키는 대로 마구. 예 그런 말은 함부로 하지 마라.
설치다	몹시 날뛰고 급히 서두르며 마구 덤비다. 예 민서는 여행을 간다고 아침 일찍부터 설치고 있었다.
냉랭(冷冷)하다/냉랭한	태도 따위가 몹시 쌀쌀하다. 예 민서는 냉랭한 목소리로 나에게 말했다.
애	'창자'를 뜻하는 옛말로, '애를 태우다'와 같은 관용표현에 쓰임. 예 아저씨는 애를 태우며 말씀하셨다.
겁먹다(怯-)	무서워하는 마음을 가지거나 무서워하는 빛을 보이다. 예 아내가 겁먹은 얼굴로 바라보았다.
서두르다/서둘러서	일을 빨리 처리하려고 급하고 조급하게 부지런히 움직이다. 예 아버지는 출근 준비를 서둘렀다.
실없이(實-)	말이나 행동이 미덥지 못하게. 예 언니가 방에서 실없이 웃고 있다.
곁	어떤 것에서 옆쪽으로 아주 가까운 곳. 예 내 곁에 있어 주세요.
서운하다	마음에 차지 않아 아쉽거나 섭섭한 느낌이 있다. 예 우리는 그대로 헤어지기가 서운해서 찻집으로 들어갔다.

기왕(旣往)	이미 지나간 이전. **예** **기왕** 써 놓았던 이력서니까 한번 내 보기나 하죠.
상하다(傷-)	음식이 썩다. 나쁘게 변질되다. **예** 어제 지어 놓은 밥이 벌써 **상했는지** 냄새가 났다.
애쓰다	마음과 힘을 다하여 무엇을 이루려고 노력하다. **예** 취직을 하려고 일 년 동안 **애써** 공부했다.
노고(勞苦)	중요한 일을 하느라고 힘들이고 애쓰는 것. **예** 이 모든 일이 이루어지기까지는 회장의 **노고**가 컸다.
오랜만	'오래간만'의 준말. 어떤 일이 있은 때로부터 긴 시간이 지난 뒤. **예** 언니가 이렇게 활짝 웃을 수 있었던 것도 정말 **오랜만**이었다.
맞장구	남의 말에 덩달아 호응하거나 동의하는 일. **예** 두 여자는 까르륵대며 **맞장구**를 쳤다.
물벼락	갑자기 세차게 쏟아지는 물. **예** 도둑들은 **물벼락**을 맞고 도망갔다.
상전(上典)	옛날에 종이나 하인의 주인을 이르던 말. **예** 이 녀석이 **상전** 앞에서 못하는 말이 없네.
발길질	발로 걷어차는 짓. **예** 주먹을 휘두르고 **발길질**을 해 대던 남자들이 제일 먼저 도망갔다.
틈새	벌어져 난 틈의 사이. 아주 좁은 틈. **예** 천막 **틈새**로 달빛이 새어들고 있었다.
험하다(險-)/험한	매우 비참하다. **예** 그 사람은 **험한** 꼴을 당하고도 웃고 있었다.
타박	남의 허물이나 결함을 잡아 핀잔하거나 나무라는 것. **예** 그 까다로운 시어머니는 음식에 대해서도 쓰다, 달다, 짜다 하며 늘 **타박**을 했다.
아마도	'아마'를 강조하여 이르는 말. (단정할 수는 없지만 미루어 짐작하거나 생각하여 볼 때 그럴 가능성이 크다는 뜻을 나타내는 말). **예** 이 이야기는 정확하지는 않지만 **아마도** 지어낸 말일 것이다.

변명하다(辨明-)	자기의 잘못이나 실수를 남이 이해하든가 용서하도록 그 이유나 구실을 말하다. 예 그는 허허 웃으며 어젯밤에는 술에 취해 있었다고 **변명하는** 목소리로 말했다.
횡설수설(橫說竪說)	말을 조리 없이 아무렇게나 지껄이는 것. 예 숙제를 안 해 온 철수가 선생님 앞에서 **횡설수설**했다.
사정(事情)	일의 형편이나 까닭. 예 그녀는 여행을 못 간 **사정**이 있었을 거야.
식량(食糧)	사람이 살아가기 위해 필요한 먹거리. 예 아프리카에서는 **식량**이 부족하여 굶어 죽는 사람도 있다.
푸념	마음속에 있는 불만을 드러내어 말하는 것. 예 김 과장은 담배를 피우며 **푸념**부터 늘어놓는다.
비단결	명주실로 촘촘히 짠 옷감처럼 곱고 부드러운 것. 예 언니는 마음씨가 **비단결**같이 고왔다.
눈치	어떤 숨은 내용을 짐작하게 하는 겉으로 드러나는 태도. 예 나는 거짓말을 했지만 형은 **눈치**를 채지 못했다.
슬쩍	남이 모르는 사이에 가만히. 예 나는 집에서 **슬쩍** 빠져나와 백화점에 갔다.
다투다/다툼	서로 잘잘못을 따지며 말로 싸우다. 예 그들은 성격이 다르지만 성격 차이로 **다투는** 일은 거의 없다.
대들다	맞서서 달려들거나 반항하다. 예 부모님께 **대들고** 싶었으나 마음을 진정시켰다.
다물다	윗입술과 아랫입술을 마주 대다. 입을 조금도 벌리지 않다. 예 나는 종일 말 한마디 하지 않고 입을 꼭 **다물고** 있었다.
잔소리	귀찮게 늘어놓는 자질구레한 말. 예 귀가 시간이 늦어지면서 마누라의 **잔소리**도 늘어났다.
골머리	'머릿골'을 속되게 이르는 말. 예 그 집 부모는 노처녀 딸 때문에 **골머리**를 앓고 있어요.

넉넉히	모자라지 않게. 예 어머니는 과일을 넉넉히 사가지고 왔다.
에돌다/에돌아가다	바로 가지 않고 멀리 돌다. 예 나는 돌담을 따라서 빙 에돌아서 학교까지 갔다.
한참	시간이 꽤 지나는 동안. 예 나는 두 손으로 귀를 막은 채 한참이나 엎드려 있었다.
기거(起居)	일정한 곳에서 먹고 자고 하는 따위의 일상적인 생활을 하는 것. 예 내 동생이 어떤 환경에서 기거를 하는지 꼭 한번 보고 싶다.
후다닥	빠르고 날쌔게 움직이거나 뛰어나가는 모양을 나타냄. 예 갑자기 현관 밖이 시끌벅적하더니 남편이 후다닥 뛰어 들어왔다.
주걱	밥을 푸는 데 사용하는 주방용품. 예 그는 밥을 푸다가 주걱을 떨어뜨렸다.
푸다	어떤 것의 속에서 물이나 곡식, 가루 따위를 떠내다. 예 밥을 푸다가 밥그릇을 깨뜨렸다.
찰지다/찰진	'차지다'의 방언. (퍼석거리지 않고 끈기가 많다) 예 찰진 오곡밥은 대보름에 먹는다.
감격하다(感激-)	깊고 세게 감동하다. 예 철수는 영수와의 재회에 감격해서 눈물이 솟았다.
찔끔	단번에 눈을 세게 감거나 입을 단단히 다무는 모양을 나타냄. 예 그는 환상을 지워버리려는 듯이 찔끔 두 눈을 감으며 세차게 고개를 가로 저었다.
얼얼하다	강한 자극으로 아리고 쓰린 느낌이 있다. 예 그는 맞아서 얼얼한 뺨을 두 손으로 감싸며 울고 있었다.
천만다행(千萬多幸)	더할 나위 없이 다행함. 예 더 크게 다치지 않은 게 천만다행이다.
울먹이다	금방이라도 울 듯한 태도를 보이다. 예 동생은 지갑을 잃어버려서 울먹이고 있었다.

⊖ -게 되다

- [동사에 붙어] 주어의 의지나 바람과는 달리 다른 사람의 행위나 어떤 외부적인 조건에 의해 어떤 상황에 이르게 되었음을 나타낸다.
- [형용사에 붙어] 어떤 상황에서 다른 상황으로 변화하였음을 나타낸다.

  - 다이어트를 열심히 해서 날씬하게 되었어요.

  - 청소를 했더니 방이 깨끗하게 되었어요.

  - 수술을 하고 난 뒤 다행히 건강하게 되었어요.

  - 내년에 남편 직장 때문에 외국에 나가게 되었어요.

  - 고향에서 부모님과 함께 살았는데 한국에 와서 혼자 살게 되었어요.

⊖ -느라고

- [동사에 붙어] 이유나 원인을 나타낸다. 주로 어떤 일을 하지 못했거나 부정적인 결과가 나왔을 때 그 핑계나 이유를 대는 데 쓰인다.

  - 늦잠을 자느라고 아침밥도 못 먹고 학교에 왔어요.

  - 친구와 밤새 게임을 하느라고 숙제를 못 했어요.

  - 요즘 논문을 쓰느라고 정신이 없어요.

  - 청소를 하느라고 전화 오는 소리도 못 들었어요.

연습 문제

1 왼쪽에 있는 말들의 의미를 오른쪽에서 찾아 연결하시오.

① 떼거리 •　　　　　　• ㉠ 더할 나위 없이 다행함

② 애 •　　　　　　• ㉡ 밥을 푸는 데 사용하는 주방용품

③ 노고 •　　　　　　• ㉢ 남의 말에 덩달아 호응하거나 동의하는 일

④ 맞장구 •　　　　　　• ㉣ 중요한 일을 하느라고 힘들이고 애쓰는 것

⑤ 상전 •　　　　　　• ㉤ 말을 조리 없이 아무렇게나 지껄이는 것

⑥ 틈새 •　　　　　　• ㉥ 사람이 살아가기 위해 필요한 먹거리

⑦ 횡설수설 •　　　　• ㉦ 옛날에 종이나 하인의 주인을 이르던 말

⑧ 식량 •　　　　　　• ㉧ 벌어져 난 틈의 사이, 아주 좁은 틈

⑨ 비단결 •　　　　　　• ㉨ 시간이 꽤 지나는 동안

⑩ 잔소리 •　　　　　　• ㉩ 어떤 일 때문에 한 장소에 모인 여러 사람(속된 말)

⑪ 한참 •　　　　　　• ㉪ 명주실로 촘촘히 짠 비싼 천처럼 곱고 부드러운 것

⑫ 주걱 •　　　　　　• ㉫ '창자'를 뜻하는 옛말로, '애를 태우다'와 같은 관
　　　　　　　　　　　　　　　용표현에 쓰임

⑬ 천만다행 •　　　　• ㉬ 귀찮게 늘어놓는 자질구레한 말

2 적당한 말을 보기에서 찾아서 _____에 알맞은 형태로 쓰시오.

보기	울먹이다, 찰지다, 험하다, 설치다, 성나다, 변명하다, 서운하다, 겁먹다

① 친구는 _____ 얼굴로 나를 쳐다봤다.

② 민서는 여행을 간다고 아침 일찍부터 _____ 있었다.

③ 아내가 _____ 얼굴로 바라보았다.

④ 우리는 그대로 헤어지기가 _____ 찻집으로 들어갔다.

⑤ 그 사람은 _____ 꼴을 당하고도 웃고 있었다.

⑥ 그는 허허 웃으며 어젯밤에는 술에 취해 있었다고 _____ 목소리로
말했다.

⑦ _____ 오곡밥은 대보름에 먹는다.

⑧ 동생은 지갑을 잃어버려서 _____ 있었다.

3 적당한 말을 보기에서 찾아서 _____에 쓰시오.

| 보기 | 오랜만, 곁, 눈치, 물벼락, 푸념, 골머리, 기거, 사정, 발길질, 타박 |

① 내 _____에 있어 주세요.

② 언니가 이렇게 활짝 웃을 수 있었던 것도 정말 _____이었다.

③ 도둑들은 _____을/를 맞고 도망갔다.

④ 주먹을 휘두르고 _____을/를 해 대던 남자들이 제일 먼저 도망갔다.

⑤ 그 까다로운 시어머니는 음식에 대해서도 쓰다, 달다, 짜다 하며 늘 _____
을/를 했다.

⑥ 그녀는 여행을 못 간 _____이/가 있었을 거야.

⑦ 김 과장은 담배를 피우며 _____부터 늘어놓는다.

⑧ 나는 거짓말을 했지만 형은 _____을/를 채지 못했다.

⑨ 그 집 부모는 노처녀 딸 때문에 _____을/를 앓고 있어요.

⑩ 내 동생이 어떤 환경에서 _____을/를 하는지 꼭 한번 보고 싶다.

4 보기와 같이 _____친 말을 뜻이 비슷한 다른 말로 바꾸어 쓰시오.

> 보기 <u>기왕</u> 써 놓았던 이력서니까 한번 내 보기나 하죠.
> ···▶ <u>이미</u> 써 놓았던 이력서니까 한번 내 보기나 하죠.

① 나는 집에서 <u>슬쩍</u> 빠져나와 백화점에 갔다.

　···▶ 나는 집에서 _____ 빠져나와 백화점에 갔다.

② 어머니는 과일을 <u>넉넉히</u> 사가지고 왔다.

　···▶ 어머니는 과일을 _____ 사가지고 왔다.

③ 갑자기 현관 밖이 시끌벅적하더니 남편이 <u>후다닥</u> 뛰어 들어왔다.

　···▶ 갑자기 현관 밖이 시끌벅적하더니 남편이 _____ 뛰어 들어왔다.

④ 그런 말은 <u>함부로</u> 하지 마라.

　···▶ 그런 말은 _____ 하지 마라.

5 아래 문장의 (　)에 있는 말들 중 적당한 것에 O를 하시오.

① 민서는 (냉랭한 / 냉냉한) 목소리로 나에게 말했다.

② 언니가 방에서 (실속없이 / 실없이) 웃고 있다.

③ 이 이야기는 정확하지는 않지만 (혹시나 / 아마도) 지어낸 말일 것이다.

④ 아버지는 출근 준비를 (서둘렀다 / 서툴렀다).

⑤ 밥을 (푸다 / 풀다)가 밥그릇을 깨뜨렸다.

⑥ 그는 (조금 / 찔끔) 두 눈을 감으며 세차게 고개를 가로 저었다.

6 보기와 같이 -게 되다를 사용하여 문장을 완성하시오.

| 보기 | 다이어트를 열심히 해서 <u>날씬하게 되었어요</u>. (날씬하다) |

① 청소를 했더니 방이 _____. (깨끗하다)

② 수술을 하고 난 뒤 다행히 _____. (건강하다)

③ 내년에 남편 직장 때문에 외국에 _____. (나가다)

④ 고향에서 부모님과 함께 살았는데 한국에 와서 혼자 _____.
   (살다)

7 보기와 같이 -느라고를 사용하여 문장을 완성하시오.

| 보기 | 늦잠을 <u>자느라고</u> 아침밥도 못 먹고 학교에 왔어요. (자다) |

① 친구와 밤새 게임을 _____ 숙제를 못 했어요. (하다)

② 요즘 논문을 _____ 정신이 없어요. (쓰다)

③ 청소를 _____ 전화 오는 소리도 못 들었어요. (하다)

④ 그는 평소보다 늦게 일어났는데도 아침밥을 _____ 버스를 놓치고 말
   았다. (먹다)

⑤ 현우는 여자친구를 _____ 강의를 빼먹었다. (만나다)

⑥ 송희는 화장품을 _____ 용돈을 다 써버렸다. (사다)

쓰기 관련 문제

1 흥부는 형님 집에 찾아갔다가 왜 체면이 깎이게 되었는지 그 이유를 쓰시오.

2 흥부는 무슨 이유 때문에 놀부 집에 다시 찾아갔나요?

3 흥부는 왜 형수님한테 주걱으로 뺨을 맞고서 반대쪽 뺨을 한 번 더 때려주라고 하였나요?

쉬어 가는 코너

⊝ 관용구

‖ 발이 넓다

−많은 사람을 알고 지내다.

　사귀어 아는 사람이 많아 활동하는 범위가 넓다는 뜻.

‖ 발을 끊다

−사람과 서로 오고 가지 않거나 관계를 끊다.

‖ 발이 묶이다

−몸을 움직일 수 없거나 활동할 수 없는 형편이 되다.

‖ 발목을 잡다

−어떤 일에 꽉 잡혀서 머물러 있게 하다.

⊝ 고사성어

‖ 망양지탄(望洋之歎, 바라볼 망. 큰바다 양. 어조사 지. 탄식할 탄)

−넓은 바다를 바라보며 하는 한탄.

　어떤 일에 자신의 힘이 미치지 못할 때에 하는 탄식을 이르는 말.

‖ 면목(面目, 얼굴 면. 눈 목)

−남을 대하는 낯. 체면(體面).

　부끄러워 얼굴을 들 수 없다는 말.

　면목이 없다, 면목이 서지 않는다 등으로 쓰임.

‖ 명경지수(明鏡止水, 밝을 명. 거울 경. 그칠 지. 물 수)

−밝은 거울, 움직임 없이 고요히 머물러 있는 물.

　흔들림 없이 맑고 고요한 심정을 말함.

흥부 내외는 무척 힘든 생활을 했습니다. 많은 자식들을 먹여 살리기 위해 밤낮을 가리지 않고 일을 해야 했습니다. 돈이 되는 일이라면 온갖 궂은일도 마다하지 않았습니다. 흥부는 농번기 철에는 모내기와 김매기를 했습니다. 농한기 철에는 새끼 꼬기, 새 각시 가마메기, 초상난 집에 부고 돌리기를 하느라 쉬는 날이 없었습니다.

흥부 부인도 마찬가지였습니다. 오뉴월 땡볕에 나가서 밭매기와 논의 피를 뽑았습니다. 김장철이 되면 돌아다니면서 김장하는 일을 거들었고 틈틈이 시간을 내어 방아 찧기, 베 짜기, 장 담그기, 헌옷 깁기와 빨래를 해 주느라 허리 한 번 제대로 펴보지를 못했습니다. 하루도 쉬지 않고 살고 있는 동네를 비롯해 이웃 동네까지 온갖 진일까지 찾아 다녔습니다.

이처럼 부부가 피땀을 흘려가며 일을 하는데도 벌이는 시원찮았습니다. 아이들 끼니는 항상 밥이 부족해서 멀건 죽을 쑤어 물배를 채워야 했습니다. 자식들이 많다 보니 멀건 죽이라도 먹는 날이면 그나마 다행이었습니다. 그도 없어서 쫄쫄 굶는 날도 있었습니다. 먹을 것을 제대로 못 먹이다 보니 옷을 새로 해 입힌다는 것은 생각도 할 수 없었습니다. 그래서 한 여름에는 흥부의 어린 아이들은 옷도 없이 벌거숭이로 지냈습니다. 큰 아이들도 속옷만 입고 있어 바깥에 놀러를 갈 수가 없는 상황이었습니다. 어쩔 수 없어 밖에 나가야 할 때면 한 벌 뿐인 옷을 걸치고 잠깐 다녀왔습니다.

옷 한 벌로 생활하려니 여간 불편한 게 아니었습니다. 가을이 찾아와 찬바람이 불자 흥부 아이들은 옷 투정을 하였습니다. 흥부와 흥부 부인은 고심 끝에 기발한 생각을 해 냈습니다. 헌 베를 구해와 아이들 수만큼 구멍을 뚫었습니다. 한 명씩 구멍에 고개를 내밀게 하여 옷처럼 입혔습니다. 그러다 보니 흥부 아이들은 하나로 된 천을 둘러쓴 채 떼거리로 뭉쳐 다녔습니다.

어느 날 흥부 부인은 자식들이 헐벗고 굶주린 모습을 보다 못해 신세타령을 늘어놓았습니다.

"가난아, 가난아, 서러운 가난아! 우리 서방님은 언제나 우리를 배불리 먹여 주고, 따뜻한 옷을 해 줄거나. 아이고, 아이고- 내 팔자야-"

일을 마치고 돌아오던 흥부가 부인의 한탄소리를 들었습니다.

흥부는 부인의 마음은 잘 알지만 막상 신세타령을 듣고 나니 기분이 언짢았습니다.

"무슨 놈의 여편네가 신세타령이야. 그러니 들어오려던 복도 달아나지."

기분이 상한 흥부가 버럭 화를 냈습니다.

이번에는 흥부 부인도 쉽게 물러서지 않았습니다. 곁에 앉아 있던 아이들을 방에서 내보냈습니다. 아이들이 나가고 나자 흥부 부인이 다그치기 시작했습니다.

"이게 사람 사는 꼴이요? 거지도 이렇게는 안 살아요. 지금 너무 배가 고파서 죽게 생겼단 말이오. 당장 가서 식량을 구해오던지 아니면 배곯아 죽은 시체를 치워야 할 게요."

흥부 부인이 버럭 소리를 질렀습니다.

흥부는 괜히 화를 냈다가 도리어 크게 당하고 말았습니다.

"알았소, 내 당장 관아에 가서 먹을 식량을 구해 올 테니 내 갓하고 도포나 챙겨

주시오."

"관아에 가면 아무한테나 식량을 막 내어 준다던가요? 그리고 당신한테 갓이 어디 있고, 도포는 어딨다고 챙기라 마라 하세요?"

흥부 부인은 톡 쏘아붙이고서 꼼짝하지 않고 앉아 있었습니다.

흥부는 또다시 벌컥 화를 낼 뻔 했지만 간신히 참아냈습니다. 부인이 잔뜩 화가 나있는데 다시 화를 냈다가는 불난 집에 기름을 끼얹는 꼴이 될 것 같았기 때문입니다. 흥부는 큰딸을 불러 갓과 도포를 찾아오게 하였습니다.

한참 만에 큰딸이 너덜너덜 해진 헌 갓을 들고 왔습니다.

"도포는 어디 두고 갓만 가져왔냐?"

"도포는 도저히 입을 수 없어요. 완전 거지 누더기예요."

큰딸이 말했습니다.

흥부는 자존심이 상했지만 큰딸을 달래가며 도포를 챙겨오게 했습니다. 큰딸은 마음이 여려 아버지의 부탁을 거절 못하고 도포를 가져다주었습니다.

흥부는 낡은 헌 갓을 쓰고 더덕더덕 기워놓은 도포 차림으로 관아로 갔습니다. 운이 좋았던지 예전에 알고 지내던 호방을 만날 수 있었습니다. 흥부는 반가워 얼른 다가가 호방의 손을 잡고서 부탁을 했습니다.

"호방 나으리, 제 새끼들이 배를 곯아 숨이 끊어지게 생겼으니 나라 곡식 좀 꾸어주세요."

호방은 흥부의 옷차림을 머리부터 발끝까지 살피더니 눈살을 찌푸렸습니다.

"호방 나리 제 자식들이 하도 굶어서 숨이 넘어가고 있어요. 제발 제 자식들 좀 살려주십시오. 부탁합니다."

"박 생원, 당신 형편이 딱한 것은 나도 잘 알겠소. 마음 같아서야 식량을 그냥이라도 주고 싶소만 나라 곡식을 함부로 주는 것이 아니니 어쩌겠소. 나는 나라의 녹을 먹는 사람이오. 곡식이 내 것이 아니니 내 맘대로 줄 수는 없다오."

"호방 나으리 어떻게 한 번 만 부탁드립니다!"

홍부는 호방을 붙잡고 통사정을 하였습니다.

호방은 끈질기게 달라붙어 사정하는 홍부가 귀찮았습니다. 어떻게든 떼어 버려야겠는데 마땅한 생각이 떠오르지 않아 고역이었습니다. 호방은 이런저런 핑계로 홍부를 떼어 내려고 애를 썼습니다. 그런데 좀처럼 떨어지지 않았습니다.

"맞다! 박 생원 돈을 벌 수 있는 방법이 하나 있기는 있는데 궁하면 그거라도 해 볼 텐가?"

"네! 하고말고요. 돈만 벌 수 있는 방법이라면 뭐든 다 할게요."

홍부는 귀가 번쩍 띄어 고개까지 끄덕였습니다.

"우리 고을에 박 좌수가 나라의 재물을 훔쳐 쓴 죄로 옥에 갇혀 있는데 곤장 열 대를 맞아야 한다오. 박 좌수가 맞아야 할 곤장을 대신 맞아 주면 매 값으로 한 대에 세 냥씩 준다고 하던데. 열 대면 서른 냥이 되는데 어찌 그거라도 해서 돈을 벌어보겠소?"

호방은 홍부의 눈치를 살피며 떠보듯이 물었습니다.

"매 열대만 맞으면 돈 서른 냥을 받을 수 있단 말이지요? 그런 거라면 열 번이라도 맞을 게요."

홍부는 당장이라도 곤장을 맞겠다며 조바심을 내었습니다.

"이 사람 성질 급한 것 좀 보소. 일에도 다 순서가 있는 거네. 내가 미리 손을 써 놓을 테니 내일 새벽에 감옥 앞으로 오소. 그리고 먼저 세 냥을 줄 테니 내일 오는 길에 달구지라도 빌려오소."

"달구지는 어디에 쓰게요?"

"곤장 열 대를 맞고 나면 아마도 걸어서 집에까지 가기가 힘들 걸세."

"그런 거라면 걱정도 마세요."

홍부는 곤장 열 대 맞았다고 못 걸어갈까 생각하고서 호방의 말을 귓등으로 흘렸습니다. 홍부는 혹시라도 호방의 마음이 바뀔까 봐 몇 차례 더 당부의 말을 하고 난 뒤 호방과 헤어졌습니다.

흥부는 집으로 오는 길에 미리 받은 돈으로 식량을 샀습니다. 식량은 식구들이 한 끼는 배불리 먹을 수 있어 보였습니다. 기분이 좋아진 흥부는 약주까지 한잔 사서 마신 뒤 집으로 돌아왔습니다.

"여보, 부인! 내가 식량을 가져 왔으니 어서 밥을 지으시오. 오늘 저녁은 배불리 먹어봅시다."

"아버지! 그게 진짜 식량이에요?"

허기져서 방안에 누워만 있던 아이들이 좋아하며 반겼습니다.

"그런데 서방님, 어디서 그 많은 식량을 구해 오셨어요? 관아에서 빌려주진 않았을 테고, 혹시 형님 댁에 들렀다 왔나요?"

흥부 부인이 물었습니다.

"이 사람아, 내 스스로 벌어온 거네. 쓸데없는 소리 말고 어서 밥이나 짓게."

"엄마, 배고파요. 빨리 밥해 주세요."

굶주리고 있었던 아이들이 엄마를 졸라댔습니다.

흥부 부인은 아이들의 성화에 못 이겨 밥을 짓기 시작했습니다. 모락모락 피어오르는 김과 밥이 뜸 드는 냄새를 맡으며 아이들은 꼴깍꼴깍 군침을 삼켰습니다. 밥이

다 된 뒤 상을 차려가자 흥부 아이들은 게눈 감추듯이 밥그릇을 비웠습니다. 모처럼 흥부네 가족은 배부르게 밥을 먹을 수 있었습니다. 아이들은 밥상을 물리자마자 곧바로 새근새근 잠을 잤습니다.

오랜만에 흥부와 흥부 부인은 오붓한 시간을 가졌습니다. 나란히 자리에 누워 앞으로 살아갈 일에 대해 이야기를 나누었습니다. 오순도순 이야기꽃이 구수하게 피어올랐습니다.

"그런데 서방님, 어디서 식량을 그렇게 많이 구해왔나요?"

흥부 부인이 궁금함을 참지 못하고 물었습니다.

"그거, 아주 쉽게 번 거라오. 내일 새벽에 감옥에 가서 죄인 박 좌수 대신 곤장 열대를 맞으면 스물일곱 냥을 더 받아올 거요."

흥부는 의기양양하게 말했습니다.

"네? 죄인 곤장을 대신 맡기로 했다고요?"

"아, 이 사람아, 목소리 좀 낮춰. 누가 듣고 탐을 내면 어쩌려고 그래?"

"이 밤중에 듣기는 누가 듣는다고 그러세요?"

"이 사람 좀 보소. 낮말은 새가 듣고 밤말은 쥐가 듣는다는 말도 모르는가?"

"쓸데없는 소리 집어 치우시고요. 곤장 맞는 것은 절대로 안 돼요!"

"허허— 조용히 하라는데도 뭐가 이리 시끄러워!"

흥부는 부인에게 목소리를 낮추도록 계속 말했습니다.

하지만 흥부 부인은 말을 듣지 않았습니다. 오히려 더 크게 말을 했습니다.

다음 날 이른 새벽 가족들이 잠자리에서 깨어나기 전에 흥부는 집을 나섰습니다. 특히 부인이 깨어나면 일이 망칠까 봐 서둘렀습니다. 흥부가 감옥 앞에 도착하니 다행히 문이 열려 있었습니다. 흥부는 보초를 서고 있는 병사에게 다가가 호방을 찾았습니다.

잠시 후 호방이 나타났습니다.

"호방 나으리 어제 한 약속 지키려고 왔습니다. 너무 빨리 온 것은 아니지요? 어디서 곤장을 맞으면 되나요?"

"아— 이 사람아, 지금 무슨 소리를 하고 있는가?"

"약속한 곤장을 맞겠다는데 무슨 소리라니요?"

"곤장은 벌써 맞고 돈을 받아갔으니까 그러지."

"네? 누가요?"

"자네 옆집에 사는 꾀쇠 애비가 찾아와서 자네가 갑자기 병이 나서 곤장 못 맞게 됐다면서 자기를 대신 보냈다던데."

"네? 우리 옆집 꾀쇠 애비가 찾아와서 저 대신 맞고 갔다고요?"

"그렇다니까. 못 믿겠으면 여기 있는 병사에게 물어보소."

흥부는 하마터면 기절을 할 뻔했습니다.

다행히 곁에 있는 벽을 짚어서 뒤로 넘어지는 것은 피할 수 있었습니다. 흥부는 모처럼 쉽게 돈을 벌 줄 알았는데 모든 게 수포로 돌아가자 한숨만 내쉬었습니다. 흥부는 집으로 돌아갈 생각도 하지 않고 기운이 쭉 빠져 있었습니다. 집에 돌아가면 부인에게 뭐라고 말을 해야 할지 난감하기까지 했습니다.

꾀쇠 애비가 한 일을 생각하니 너무 속이 상하고 분이 치밀어 올랐습니다. 흥부는 어깨를 축 늘어뜨리고서 집으로 갔습니다. 그 모습을 본 흥부 부인이 흥부를 보더니 달려 나와 물었습니다.

"서방님, 어찌 되셨어요?"

"부-인- 미안하."

흥부는 코끝이 찡해 와 말끝을 맺지를 못했습니다.

눈물을 보이고 싶지 않아 고개를 들고서 하늘을 올려다보았습니다.

"아이고 다행이네요. 저는 서방님이 곤장을 맞고 오실까 봐 얼마나 애를 태웠는지 모른답니다. 이렇게 건강하게 돌아오시니 이보다 기쁜 일이 어딨어요. 이제부터 식량 타령은 절대 안 할게요. 설마 산 입에 거미줄이야 치겠어요?"

흥부는 부인의 마음 씀씀이에 감탄하여 주르르 눈물을 흘리고 말았습니다.

내외(內外)	아내와 남편. 예 내가 살고 있는 주인집 내외는 금슬(琴瑟)이 아주 좋다.
궂다/궂은	힘들고 어렵거나 나쁘다. 예 그녀는 집안의 궂은일을 거의 다 하면서 살았다.
농번기(農繁期)	모내기, 추수 따위의 농사일이 많아 한창 바쁜 시기. 예 나는 농번기 때 시골 할머니 댁에 가서 일을 했다.
모내기	볏모를 못자리에서 논으로 옮겨 심는 일. 예 길 옆 논에서는 모내기가 한창이다.
김매기	논이나 밭의 잡초(雜草)를 뽑는 일. 예 어머니는 김매기를 하러 아침 일찍 나가셨다.
농한기(農閒期)	한 해 중에 농사일이 바쁘지 않은 시기. 예 어머니는 농한기 때 여행을 가셨다.
새끼	짚을 꼬아 줄처럼 만든 것. 예 아저씨는 새끼를 꼬아서 빨랫줄을 만들었다.
초상(初喪)	사람이 죽어서 장사를 치를 때까지의 일. 예 초상을 치르는 동안 막내딸이 제일 서럽게 울었다.
부고(訃告)	사람의 죽음을 알리는 글. 예 박 선생이 돌아가셨다는 부고가 학교에서 왔다.
오뉴월	오월과 유월. 예 작년 오뉴월쯤 포도밭에 놀러갔던 기억이 난다.
밭매기	밭의 잡초를 뽑는 일. 밭의 김을 매는 일. 예 농번기 때 할머니 댁에 가서 밭매기를 하였다.
피	벼가 자라는 논에 나는 잡풀. 예 김 씨 논에는 피가 많아서 벼 수확을 조금밖에 하지 못했다.
피땀	온갖 힘과 정성을 다 들이는 노력과 수고. 예 그것은 국민의 피땀으로 거둬들인 세금이 아닐까?

시원찮다/시원찮아	마음에 흡족하지 않다. 예 아버지는 벌이가 **시원찮아서** 내 옷도 못 사준다.
멀겋다/멀건	매우 묽다. 예 할머니는 좁쌀을 사가지고 와서 **멀겋게** 미음을 끓였다.
벌거숭이	벌거벗은 알몸뚱이. 예 아저씨가 **벌거숭이로** 길가에 뛰쳐나왔다.
걸치다/걸치고	겉옷을 제대로 입지 않고 헐렁하게 입다. 예 그는 헐렁한 바지에 후줄근한 웃옷을 **걸치고** 있었다.
여간(如干)	그 상태가 보통으로 보아 넘길 만한 것. 웬만한 정도로. 주로 부정하는 말과 어울려 쓰임. 예 오늘은 **여간** 추운 날씨가 아니다.
투정	무엇이 마음에 차지 않아 불평을 말하거나 떼를 쓰는 것. 예 일꾼들은 음식이 부실하다고 **투정**을 부렸다.
고심(苦心)	어떤 어려운 일을 해결하려고 몹시 애를 쓰는 것. 예 두 여자는 **고심** 끝에 결정을 내렸다.
기발하다/기발한	매우 놀랍게 재치가 있고 뛰어나다. 예 때로는 나 자신도 깜짝 놀랄 만큼 **기발한** 생각을 할 때가 있다.
헌	오래된. 낡은. 예 **헌** 집을 뜯어내고 새 집을 지었다.
베	삼나무 껍질의 올실로 짠 천. 예 어머니는 헌 **베**를 가져와 옷을 만들었다.
헐벗다/헐벗고	가난하여 해진 누더기를 입고 있다. 예 흉년이 들어서 백성들은 **헐벗고** 굶주렸다.
신세타령(身世-)	자신의 불행한 신세를 넋두리하듯이 늘어놓는 일. 예 나는 일이 잘 되지 않아 친구에게 **신세타령**을 했다.
한탄(恨歎)	뉘우쳐지거나 원통하여 한숨을 짓는 것. 예 방에서 어머니의 **한탄**소리를 들었다.
언짢다	마음에 들지 않아 심기가 불편하다. 예 친구가 한 말이 **언짢았지만** 참을 수밖에 없었다.
배곯다	먹는 것이 적어서 배가 차지 아니하다. 예 아프리카에서는 **배곯아서** 죽는 사람들이 많다.

관아(官衙)	옛날에 관리들이 사무를 보던 관청. 예 관아에 가서 식량을 구해오다.
갓	옛날에 말총으로 만들어 어른 남자가 머리에 쓰던 테가 넓고 둥근 모자. 예 할아버지가 갓을 쓰고 거리를 거닐고 있었다.
간신히(艱辛-)	매우 힘겹게 겨우. 예 시험에 간신히 통과하다.
누더기	더럽고 해진 옷이나 천. 예 사업에 실패한 사람이 누더기를 입고 길거리를 헤매고 있다.
더덕더덕	보기 흉할 만큼 지저분하게 여기저기 기운 모양을 나타냄. 예 더덕더덕 기운 옷을 입고 시장에 갔다.
꾸다/꾸어주다	나중에 갚기로 하고 남의 돈이나 물건을 빌리다. 예 영희야 나에게 돈 좀 꾸어주라.
눈살	두 눈썹 사이에 있는 주름. 예 나는 눈살 한 번 찌푸리지 않았다.
찌푸리다	얼굴이나 눈살을 몹시 찡그리다. 예 그는 고함을 지르다 상처가 아파서 얼굴을 찌푸렸다.
딱하다/딱한	사정이나 처지가 동정심이 생길 만큼 어렵다. 예 그녀의 딱한 처지를 누구보다도 내가 잘 알고 있다.
녹(祿)	나라에서 관리들에게 봉급으로 주던 곡식. 예 공무원들은 나라의 녹을 받아먹고 산다.
고역(苦役)	몹시 힘들고 괴로운 일. 예 한약 먹기는 정말 고역이다.
뜨다/뜨여	들리는 말에 선뜻 마음이 끌리다. 예 어머니가 용돈을 준다는 소리에 귀가 번쩍 뜨였다.
옥(獄)	감옥. 예 사람을 죽인 죄로 옥에 갇혔다.
곤장(棍杖)	옛날에 버드나무를 길고 넓적하게 깎아 만들어 죄를 진 사람의 볼기를 때리던 형벌 도구. 예 얼마나 곤장을 맞았으면 사람이 이 지경이 되었을까?
떠보다	남의 마음을 넌지시 알아보다. 예 나는 문득 친구의 마음을 떠보고 싶었다.

조바심	조마조마하여 마음을 졸이는 것. 예 은희는 **조바심**이 나서 어쩔 줄 몰랐다.
달구지	소나 말이 끄는 짐수레. 예 빈 **달구지** 한 대가 털털거리며 비탈을 내려가고 있다.
귓등	귓바퀴의 바깥쪽. 예 오빠는 수건으로 **귓등**에 흘러내린 땀을 닦았다.
약주(藥酒)	주로 쌀로 만든, 막걸리를 가라앉혀 웃물을 떠서 만든 맑은 한국 고유의 술. 예 아버지는 식사 때 마다 **약주**를 한 잔씩 하셨다.
허기(虛飢)	아주 심한 배고픔. 예 온종일 굶었더니 허기가 져서 꼼짝도 못하겠다.
쓸데없다/쓸데없는	소용이 없다. 아무 값어치가 없다. 예 순이는 **쓸데없는** 말을 많이 하는 편이지만 진실한 내 친구다.
조르다/졸라대다	무엇을 해달라고 끈덕지게 요구하다. 예 아이들이 피자를 사달라고 엄마를 **졸라댔다**.
성화(成火)	자꾸 재촉하여 몹시 성가시게 구는 일. 예 어머니는 아이들이 놀이공원에 가자고 어찌나 **성화**를 대든지 견딜 수가 없었다.
뜸	음식 재료를 찌거나 삶고 나서 불을 끈 뒤에 한참 그대로 두어 푹 익게 하는 일. 예 밥을 **뜸**만 들이면 먹을 수가 있다.
군침	무엇이 먹고 싶거나 긴장하여 입안에 생기는 침. 예 먹음직스러운 음식을 보면 **군침**이 돈다.
모처럼	아주 오래간만에. 예 오빠가 **모처럼** 내게 찾아와서 영화구경을 시켜 주었다.
오붓하다/오붓한	적은 수의 사람들끼리 서로 가깝고 정답다. 예 모처럼 엄마와 아빠가 **오붓한** 시간을 보냈다.
수포(水泡)	공들인 일이 헛되게 되다. 아버지의 그 뜻은 수포로 돌아갔다.
도포	옛날에 남자가 통상 예복으로 입던 소매가 아주 넓고 옷의 길이가 길며 뒤쪽의 가운데가 트이고, 그 위에 한 폭의 헝겊이 덧붙은 옷. 예 눈부시게 하얀 **도포**가 그를 근엄하게 보이게 했다.

⊖ -아/어/여 있다

- 어떤 일이 끝난 뒤의 결과나 상태가 계속되는 것을 나타낸다. (타동사와 함께 쓸 수 없음)

  - 동생이 공원에서 의자에 앉아 있어요.

  - 눈이 나뭇가지에 소복하게 쌓여 있어요.

  - 탁자 위에 찻잔이 놓여 있어요.

  - 나현 씨의 방에 그림이 걸려 있어요.

  - 강의실 창문이 열려 있어서 찬바람이 들어와요.

⊖ -(으)ㄹ 뻔하다

- 어떤 일이 거의 일어날 것 같았는데 일어나지 않음을 나타낸다.

  - 설거지를 하다가 접시를 떨어뜨릴 뻔했어요.

  - 길을 걷다가 나뭇가지에 걸려서 넘어질 뻔했어요.

  - 어제 남자 친구와 싸워서 헤어질 뻔했어요.

  - 조금만 더 잘했으면 우리 팀이 우승할 뻔했어요.

  - 일찍 출발하지 않았으면 비행기 표를 예매하지 못 할 뻔했어요.

  - 해수욕장에서 구명조끼가 없었으면 바닷물에 빠질 뻔했어요.

연습 문제

1 왼쪽에 있는 말들의 의미를 오른쪽에서 찾아 연결하시오.

① 내외 •　　　• ㉠ 논이나 밭의 잡초를 뽑는 일

② 농번기 •　　　• ㉡ 농사일이 많아 한창 바쁜 시기

③ 모내기 •　　　• ㉢ 더럽고 해진 옷이나 천

④ 김매기 •　　　• ㉣ 한 해 중에 농사일이 바쁘지 않은 시기

⑤ 농한기 •　　　• ㉤ 밭의 잡초를 뽑는 일, 밭의 김을 매는 일

⑥ 새끼 •　　　• ㉥ 벌거벗은 알몸뚱이

⑦ 초상 •　　　• ㉦ 벼와 비슷한 잡초의 하나

⑧ 부고 •　　　• ㉧ 볏모를 못자리에서 논으로 옮겨 심는 일

⑨ 밭매기 •　　　• ㉨ 사람의 죽음을 알리는 글

⑩ 피 •　　　• ㉩ 사람이 죽어서 장사를 치를 때까지의 일

⑪ 피땀 •　　　• ㉪ 아내와 남편

⑫ 벌거숭이 •　　　• ㉫ 어려운 일을 해결하려고 몹시 애를 쓰는 것

⑬ 고심 •　　　• ㉬ 온갖 힘과 정성을 다 들이는 노력과 수고

⑭ 누더기 •　　　• ㉭ 짚을 꼬아 줄처럼 만든 것

2 적당한 말을 보기에서 찾아서 _____에 알맞은 형태로 쓰시오.

보기 | 걸치다, 궂다, 기발하다, 꾸다, 멀쩡다, 배곯다, 시원찮다, 언짢다, 헐벗다

① 그녀는 집안의 _____ 일을 거의 다하면서 살았다.

② 아버지는 벌이가 _____ 내 옷도 못 사준다.

③ 할머니는 좁쌀을 사가지고 와서 _____ 미음을 끓였다.

④ 그는 헐렁한 바지에 후줄근한 웃옷을 _____ 있었다.

⑤ 때로는 나 자신도 깜짝 놀랄 만큼 _____ 생각을 할 때가 있다.

⑥ 흉년이 들어서 백성들은 _____ 굶주렸다.

⑦ 친구가 한 말이 _____ 참을 수밖에 없었다.

⑧ 아프리카에서는 _____ 죽는 사람들이 많다.

⑨ 영희야 나에게 돈 좀 _____.

3 적당한 말을 보기에서 찾아서 _____에 쓰시오.

보기	갓, 고역, 곤장, 관아, 녹, 도포, 베, 성화, 수포, 신세타령, 약주, 옥, 한탄, 허기

① 어머니는 헌 _____을/를 가져와 옷을 만들었다.

② 나는 일이 잘 되지 않아 친구에게 _____을/를 했다.

③ 방에서 어머니의 _____ 소리를 들었다.

④ _____에 가서 식량을 구해오다.

⑤ 할아버지가 _____을/를 쓰고 거리를 거닐고 있었다.

⑥ 눈부시게 하얀 _____이/가 그를 근엄하게 보이게 했다.

⑦ 공무원들은 나라의 _____을/를 받아먹고 산다.

⑧ 한약 먹기는 정말 _____이다.

⑨ 사람을 죽인 죄로 _____에 갇혔다.

⑩ 얼마나 _____을/를 맞았으면 사람이 이 지경이 되었을까?

⑪ 아버지는 식사 때 마다 _____을/를 한 잔씩 하셨다.

⑫ 온종일 굶었더니 _____이/가 져서 꼼짝도 못하겠다.

⑬ 어머니는 아이들이 놀이공원에 가자고 어찌나 _____을/를 대든지 견딜 수가 없었다.

⑭ 아버지의 그 뜻은 _____로 돌아갔다.

4 보기와 같이 _____친 말을 뜻이 비슷한 다른 말로 바꾸어 쓰시오.

| 보기 | 오늘은 <u>여간</u> 추운 날씨가 아니다.
⋯➡ 오늘은 <u>보통으로</u> 추운 날씨가 아니다. |

① <u>헌</u> 집을 뜯어내고 새 집을 지었다.

⋯➡ _____ 집을 뜯어내고 새 집을 지었다.

② 시험에 <u>간신히</u> 통과하다.

⋯➡ 시험에 _____ 통과하다.

③ 오빠가 <u>모처럼</u> 내게 찾아와서 영화구경을 시켜 주었다.

⋯➡ 오빠가 _____ 내게 찾아와서 영화구경을 시켜 주었다.

④ 순이는 <u>쓸데없는</u> 말을 많이 하는 편이지만 진실한 내 친구다.

⋯➡ 순이는 _____ 말을 많이 하는 편이지만 진실한 내 친구다.

⑤ 아이들이 피자를 사달라고 엄마를 <u>졸라댔다</u>.

⋯➡ 아이들이 피자를 사달라고 엄마를 _____.

5 아래 문장의 ( )에 있는 말들 중 적당한 것에 ○를 하시오.

① (덜컹덜컹 / 너덜너덜) 해진 옷은 몸을 가리지 못했다.

② 나는 (눈살 / 눈썹) 한 번 찌푸리지 않았다.

③ 그는 고함을 지르다 상처가 아파서 얼굴을 (오무렸다 / 찌푸렸다).

④ 그녀의 (딱 맞는 / 딱한) 처지를 누구보다도 내가 잘 알고 있다.

⑤ 나는 문득 친구를 (떠보고 / 떠나고) 싶었다.

⑥ 은희는 (조바심 / 자존심)이 나서 어쩔 줄 몰랐다.

⑦ 먹음직스러운 음식을 보면 (하품 / 군침)이 돈다.

6 보기와 같이 −아/어/여 있다를 사용하여 문장을 완성하시오.

보기	동생이 공원에서 의자에 <u>앉아 있어요</u>. (앉다)

① 눈이 나뭇가지에 소복하게 _____. (쌓다)

② 탁자 위에 찻잔이 _____. (놓다)

③ 나현 씨의 방에 그림이 _____. (걸다)

④ 강의실 창문이 _____ (열다) 찬바람이 들어와요.

7 보기와 같이 −(으)ㄹ 뻔하다를 사용하여 문장을 완성하시오.

보기	설거지를 하다가 접시를 <u>떨어뜨릴 뻔했어요</u>. (떨어뜨리다)

① 길을 걷다가 나뭇가지에 걸려서 _____. (넘어지다)

② 어제 남자 친구와 싸워서 _____. (헤어지다)

③ 조금만 더 잘했으면 우리 팀이 _____. (우승하다)

④ 일찍 출발하지 않았으면 비행기 표를 예매하지 _____. (못하다)

⑤ 해수욕장에서 구명조끼가 없었으면 바닷물에 _____. (빠지다)

쓰기 관련 문제

1 흥부는 어떤 일들을 하면서 돈을 벌었는지 써보시오.

2 호방은 흥부에게 어떤 일자리를 알려주었나요?

3 다음 날 죄인 대신 매를 맞으러 간 흥부는 어떻게 되었나요?

쉬어 가는 코너

⊙ 관용구

▮ 애를 먹다

　－고생을 많이 하다. (애 : 초조하고 걱정이 많은 마음속. '창자(腸)'의 옛말.)

▮ 애를 쓰다

　－마음과 힘을 다하여 힘쓰다.

▮ 애가 타다

　－걱정하고 안타까워서 몹시 애태우다.

▮ 얼굴이 두껍다 ('얼굴에 철판을 깔다'와 비슷한 말이다.)

　－창피하거나 부끄러운 것을 모르다.

⊙ 고사성어

▮ 무릉도원(武陵桃源, 굳셀 무. 언덕 릉. 복숭아 도. 근원 원)

　－이 세상과 따로 떨어진 별천지.

　이상향, 즉 유토피아를 비유적으로 이르는 말로 도연명의 <도화원기>에 나오

　는 말.

▮ 무용지용(無用之用, 없을 무. 쓸 용. 어조사 지. 쓸 용)

　－쓸모없는 것의 쓸모 있음.

　언뜻 보기에 쓸모없는 것이 오히려 큰 구실을 함을 이르는 말.

▮ 무위이화(無爲而化, 없을 무. 할 위. 말이을 이. 될 화)

　－힘들이지 않아도 저절로 변하여 잘 이루어진다.

　통치자의 덕이 크면 클수록 백성들이 스스로 따라와서 잘 감화된다는 의미이다.

흥부 집에 제비가 찾아오다

⊙ 어휘 알아보기

풍족, 종종, 호통, 으름장, 오곡,
무르익다, 풍성하다, 까치, 잔칫집,
초대, 양껏, 스치다 등

⊙ 문법과 표현 살펴보기

① -(으)면서
② -아무 [명사]도

⊙ 쉬어 가는 코너

관용구
손이 크다
손발이 맞다
손을 쓰다
손을 씻다
고사성어
배수진(背水陣)
백발백중(百發百中)
백안시(白眼視)

흥부네 가족의 어려움은 계속됐습니다. 먹을 것이 부족하여 끼니를 굶는 날이 더 자주 늘어났습니다. 그런데도 가족들은 서로를 원망하거나 탓하는 일은 없었습니다. 오히려 풍족하게 생활을 할 때보다 서로를 더 아끼며 배려면서 생활을 하였습니다.

하지만 놀부는 흥부의 어려움을 알면서도 전혀 모른 척하였습니다. 종종 주변 사람들이 흥부의 이야기를 들려주곤 하였습니다. 그때마다 놀부는 큰 호통을 쳤습니다. 흥부는 자신과 아무런 상관이 없는 사람이니 앞으로는 절대로 흥부 이름도 꺼내지 말라며 으름장까지 놓았습니다. 그러다 보니 놀부 앞에서는 흥부의 이름조차 꺼낼 수도 없었습니다.

쨍쨍 내리쬐던 불볕더위가 물러가려는지 아침저녁으로 불어오는 바람이 제법 선선하게 느껴지기 시작했습니다. 사람들은 시원한 바람을 몹시 반겼습니다. 가을 기운이 찾아들던 어느 날이었습니다. 흥부네 집에 이른 아침부터 까치가 찾아와 노래를 하였습니다.

"저건 까치 소리 아니오?"

잠에서 깨어난 흥부가 말했습니다.

"맞아요. 까치 소리네요. 이른 아침부터 까치가 찾아와 짖는 것이 오늘은 잔칫집에 초대받아 가려나 봐요."

흥부 부인이 맞장구를 쳤습니다.

"엄마, 오늘 잔칫집에 가요? 잔칫집에 가면 저도 따라가서 양껏 먹을래요."

"나도! 나도!"

흥부 아이들이 잠에서 깨어나며 맞장구를 쳤습니다.

흥부는 아이들 앞에서 더 이상 할 말이 없어 서둘러 밖으로 나왔습니다. 마당에 서 있는 감나무에 까치 한 마리가 앉아 있었습니다. 까치는 흥부를 보더니 더 크게 짖어댔습니다. 흥부는 까치를 보면서 마음속으로 생각했습니다.

'당장 아침 끼니를 때울 것도 없는 집에 무슨 좋은 소식이 생기려나?'

흥부는 까치가 자신의 처지를 알지도 못하면서 찾아온 것 같아 서운한 생각까지 들었습니다. 그리고 마음 한편에서 '형님이나 찾아와 어려운 상황을 알아주면 좋을 텐데' 하는 생각이 스쳐갔습니다. 흥부는 생각을 하다말고 재빨리 고개를 흔들었습니다. 아무 노력도 하지 않고서 형님에게 기대려고 한 것 같아 부끄러운 마음이 들었습니다.

까치는 한참 동안 짖어댔습니다. 흥부는 오늘은 어디에 가서 일을 해주고 식량을 마련해 올지를 떠올려 봤습니다. 아직은 본격적인 농번기 철이 아니라 일자리 찾기가 막연했습니다. 그러다 보니 흥부 입에서 저절로 한숨소리가 새어나왔습니다. 흥부가 심란해 하고 있는데 사립문 쪽에서 목탁 두드리는 소리가 들렸습니다.

흥부는 재빨리 그쪽으로 고개를 돌렸습니다.

"나무아미타불 관세음보살, 이 댁에 동냥을 왔으니 한 끼 먹을 것을 시주 좀 하십시오. 나무아미타불 관세음보살"

스님은 목탁을 두드리며 공손하게 고개를 숙여 인사를 하였습니다.

흥부는 어이가 없어 스님을 멍하니 바라만 봤습니다. 그러자 스님이 계속해서 목탁을 두드리며 염불을 외웠습니다. 스님의 염불소리를 듣고서 흥부의 아내가 방문을 열고 나왔습니다.

"나무아미타불 관세음보살, 소승에게 먹을 것을 시주 좀 해 주십시오. 나무아미타불 관세음보살."

스님은 흥부의 부인에게 다시 고개를 숙여가며 정중하게 말했습니다.

"스님! 어서 오세요. 하지만 지금 저희 집에는 시주할 만한 것이 냉수 말고는 아무것도 없답니다. 당장 먹을 아침 식량도 없어서 저희들도 굶어야 할 상황이랍니다."

흥부 부인이 아주 죄송스러워하며 공손하게 말했습니다.

"맞아요! 스님, 우린 어제 밤부터 굶고 있어요."

흥부의 큰아이가 방에서 나오면서 말을 하였습니다.

"나무아미타불 관세음보살!"

스님은 한동안 계속해서 염불을 드렸습니다.

흥부와 흥부 부인 그리고 흥부의 아이들은 스님 앞에 서서 염불에 맞춰 예불을 드릴 때처럼 인사를 하였습니다. 한참이 지난 후 스님이 염불을 멈추고서 말을 하였습니다.

"내 이 집을 살펴보니 이 집은 터가 안 좋은 것 같소. 집터가 운이 없다 보니 살고 있는 사람들이 굶주릴 정도로 가난에 찌들어 사는 게요. 내가 좋은 집터를 잡아 줄 테니 나를 믿고 따라오겠소?"

흥부는 스님의 말을 듣고 기뻐하며 말했습니다.

"스님, 감사합니다! 당장 따라가고말고요. 좋은 집터 자리를 잡아 주신다니 이 보다 감사할 일이 어딨겠어요?"

"스님! 정말 감사합니다."

흥부 부인도 감격하여 눈물까지 흘려 가며 인사를 하였습니다.

흥부는 스님의 뒤를 따라나섰습니다. 스님은 흥부를 데리고 산을 넘고 들판을 지나 계속 걸어갔습니다. 흥부가 잘 따라오고 있는지는 확인도 하지 않은 채 앞만 보고서 걷고 또 걸어갔습니다. 흥부네 집을 나선 후부터는 염불도 더 이상 외우지 않았습니다. 마치 꿀 먹은 벙어리마냥 묵묵히 걷기만 하였습니다.

스님의 뒤를 따라가던 흥부는 갑갑하였습니다. 마음 같아서는 이것저것 묻고 싶은 것들이 많았지만 아무 말도 꺼낼 수가 없었습니다. 흥부는 벙어리 냉가슴 앓듯이 말도 못하고 마음속으로만 애를 태웠습니다.

해가 머리 위로 높이 떠올라 갈증이 느껴지기 시작했습니다. 흥부는 물이라도 실컷 마셨으면 좋겠다고 생각하며 스님 뒤를 따라갔습니다.

"따라오느라 힘들었지요? 내가 말하던 집터가 바로 저기라오."

흥부는 반갑기도 하여 눈을 크게 뜨고서 스님이 손가락으로 가리키는 곳을 바라봤습니다.

스님이 가리킨 집터 뒤쪽으로 낮은 산이 병풍처럼 둘러져 있었습니다. 앞 쪽으로는 멀지 않은 곳에 냇물이 흘러가는 것도 보였습니다. 풍수에 대해서는 아무것도 모르는 일자무식이나 다름없는 흥부가 보기에도 제법 좋아 보였습니다. 흥부는 기분이 좋아 빙그레 미소를 지었습니다.

"바로 저곳은 주인 없는 땅이니 저곳에 집을 짓고 살면 먹을거리 걱정은 없이 살거요. 그리고 저 집에 살면서 마음씨를 곱게 쓰면 큰 부자도 될 수 있는 터이니 앞으로 살아가면서 어떻게 되느냐는 사는 사람에게 달려 있소."

스님이 목탁을 두드리며 말했습니다.

"스님, 정말 감사합니다. 저 터에 집을 짓고 살면서 복을 짓도록 노력하겠습니다."

흥부가 감격하여 말했습니다.

스님은 흥부에게 집터를 알려 준 뒤 아무 말도 없이 홀연히 멀어져갔습니다.

"스님, 어느 절에 계시는지를 좀 알려주세요. 제가 집을 옮기고 난 뒤에 한번 찾아 뵐 게요."

흥부가 멀어져가는 스님을 향해 소리쳤습니다.

스님은 흥부의 말을 듣고서도 뒤도 돌아보지 않았습니다. 흥부가 계속 따라가며 소리치자 오지 말라는 의미로 손을 들어 흔들어 보일 뿐 뒤는 절대 돌아보지 않았습니다. 흥부는 스님의 마음을 조금은 알 것 같아 뒤쫓던 걸음을 멈추었습니다. 마음속으로만 감사의 인사를 드리고 더 이상 뒤를 따라가지 않았습니다.

흥부네 가족은 스님이 잡아 준 터에 집을 짓고 이사를 하였습니다. 그런데 참으로 이상했습니다. 새 집으로 이사를 하고 난 뒤부터는 식량 걱정은 없이 지낼 수 있었습니다. 한겨울이 닥쳐 눈이 쌓여 있는데도 흥부와 흥부 부인에게 좋은 일거리가 생겨났습니다. 흥부는 부인과 함께 부지런히 일을 하여 곡식을 조금씩 비축까지 하게 되었습니다.

어느덧 따스한 봄이 다가왔습니다. 들판에 파릇파릇 새싹이 돋아나더니 새들의 지저귀는 소리도 높아갔습니다. 추위 때문에 방안에서 웅크리고 있던 아이들도 밖으로 뛰어다니며 봄을 즐겼습니다. 먹을 것이 풍족해진 흥부 집에는 온종일 웃음꽃이 넘쳐나 따스한 봄기운이 몽글몽글 피어올랐습니다.

완연한 봄이 되자 제비들이 찾아와 여기저기에 집을 짓기 시작하였습니다. 흥부네 집에도 제비 한 쌍이 찾아와 집을 지었습니다. 흥부네 가족들은 제비를 크게 반겨주었습니다. 흥부네 제비들은 아주 부지런했습니다. 집도 금세 완성하더니 흥부가족이 모여 있으면 노래를 불러주었습니다. 흥부네 가족들은 제비 덕분에 기쁨이 한층 더해 갔습니다. 제비를 보며 쉴 새 없이 이야기꽃을 피웠습니다.

어느새 제비들이 알을 낳아 품기 시작했습니다. 흥부는 어서 빨리 제비 새끼들이 알에서 깨어나길 고대했습니다. 물론 흥부의 자식들도 조바심을 내며 제비 알이 깨

어나길 기다렸습니다. 얼마 지나지 않아 제비 알에서 새끼들이 깨어났습니다. 새끼들이 깨어나자 어미 제비들은 먹이를 찾아 부산하게 움직였습니다.

어느 날 흥부가 일을 마치고 집으로 돌아오는 길이었습니다. 대문에 가까워지자 제비 지저귀는 소리가 요란했습니다. 제비 소리는 다른 날과는 사뭇 달랐습니다. 흥

부는 불길한 생각이 들어 걸음을 재촉하였습니다. 흥부가 마당에 들어서자 커다란 구렁이가 제비 집으로 가기 위해 기둥을 올라가고 있었습니다. 어미 제비는 구렁이를 막기 위해 날개를 퍼덕이며 요란하게 짖어대고 있었습니다. 구렁이가 멈추지 않고 계속 둥지로 다가가자 다급해진 어미 제비가 구렁이를 쪼기 시작했습니다. 그런데도 구렁이는 아랑곳하지 않고 제비집으로 돌진해 갔습니다.

　그 모습을 본 흥부는 가슴이 철렁 내려앉는 것 같았습니다. 너무 놀라 그 자리에 얼어붙고 말았습니다. 한참 만에 흥부는 정신을 차리고서 재빨리 주변을 살펴보았습니다. 다행히 작대기가 눈에 띄었습니다. 흥부는 작대기를 들고 달려가 구렁이를 마구 후려쳤습니다. 그런데도 구렁이는 계속해서 혀를 날름대며 제비 둥지 쪽에서 물러나질 않았습니다.

　흥부는 한껏 힘을 모아 구렁이를 쳐댔습니다. 구렁이가 흥부의 작대기를 맞고서 이리저리 몸을 뒤틀어대기 시작했습니다. 하지만 제비집에서는 여전히 멀어지지 않았습니다. 곧 제비집에 닿을 것 같았습니다. 어미 제비도 불안한 날갯짓을 해가며 구렁이를 쫓아내기 위해 안간힘을 써댔습니다.

　구렁이가 커다란 입을 쩍 벌렸습니다. 금방이라도 앞에 있는 어린 제비를 삼켜버릴 것만 같았습니다. 깜짝 놀란 흥부는 들고 있던 작대기를 휘둘렀습니다. 구렁이가 이리저리 몸을 뒤틀어댔습니다. 금방이라도 흥부에게 덮쳐들 것 같았습니다. 흥부는 덜컥 겁이 났지만 더 많은 힘을 주어 작대기를 마구 휘둘러댔습니다.

　구렁이는 더 거칠게 몸을 흔들어댔습니다. 그때였습니다. 제비 한 마리가 구렁이 몸에 부딪쳐 땅으로 떨어지고 말았습니다. 흥부는 구렁이 때문에 땅에 떨어진 제비에게 신경을 쓸 수가 없었습니다. 어떻게든 구렁이를 쫓아내는 게 먼저인 것 같아 젖 먹던 힘까지 내어 구렁이를 때렸습니다. 한참이 지난 후에야 구렁이가 스르르 도망을 치기 시작했습니다.

　뒤늦게야 흥부는 바르르 떨면서 땅에 떨어진 제비를 살펴보았습니다. 제비는 날개만 퍼덕일 뿐 날아가질 못했습니다. 흥부는 제비를 손에 올려놓고 살펴보았습니다. 제비는 바들바들 떨었습니다. 흥부가 놀란 가슴을 진정시키며 자세히 살펴보니 제비 다리가 부러져 있었습니다.

　흥부는 제비 다리를 옷고름을 떼어 내어 칭칭 감아 주었습니다. 제비는 여전히 날 갯짓만 하였습니다. 흥부는 아이들을 시켜서 제비 먹이를 구해 오게 하였습니다. 흥부네 아이들은 메뚜기, 파리, 방아깨비들을 잡아다가 제비에게 먹이로 주었습니다. 흥부네 가족들의 보살핌을 받은 제비는 다시 날 수 있게 되었습니다.

　어느새 찬바람이 불기 시작하자 제비들이 먼 길을 떠날 준비를 하였습니다. 흥부 집에서 새롭게 깨어난 제비 새끼 다섯 마리까지 모두 일곱 마리의 제비들이 아침부터 집안을 낮게 날기 시작하였습니다. 흥부는 제비를 보고서 오늘은 먼 길을 떠날 거라는 것을 예감하였습니다.

　"애들아, 모두 나와서 제비에게 작별 인사를 하려무나."

　흥부의 소리를 듣고 가족들이 모두 마당에 모였습니다.

　제비 가족도 흥부 가족들에게 작별 인사를 하는지 지지배배 하고서 노래를 하였습니다.

　"올해는 너희들이 우리 집에서 살아 무척 행복했단다. 무사히 강남으로 갔다가 내년 봄이 되면 다시 찾아오려무나."

　흥부가 제비 가족에게 작별인사를 하였습니다.

　제비 가족들은 마치 흥부의 말을 알아듣기라도 한 듯 지지배배 하고서 몇 차례 답을 하였습니다.

　"내년에 꼭 다시 와야 해!"

　흥부 아이들도 인사를 하였습니다.

　제비 가족들이 흥부네 가족의 머리 위를 한참 동안 낮게 날았습니다. 얼마 후 집 전체를 두 바퀴 돌더니 멀리멀리 날아가기 시작했습니다. 흥부와 가족들은 제비의 모습이 눈에 보이지 않을 때까지 손을 흔들었습니다.

풍족(豊足)	매우 넉넉하여 모자람이 없음. 예 우리 가족은 풍족하게 살아서 행복하다.
종종(種種)	가끔. 또는 때때로. 이따금. 예 요즘 그녀의 소식을 종종 듣고 있다.
호통	매우 화가 나서 매우 큰 소리로 꾸짖는 것. 예 할아버지는 아버지에게 호통을 치셨다.
으름장	말이나 행동으로 위협하는 짓. 예 으름장을 놓는다고 눈썹 하나 까딱할 줄 아시오?
오곡(五穀)	모든 종류의 곡식. 예 태양은 오곡을 무르익게 한다.
무르익다/무르익어	과일이나 곡식 따위가 충분히 익다. 예 과수원의 사과가 무르익었다.
풍성하다(豊盛-)	아주 넉넉하고 많다. 예 햇과일과 햇곡식이 풍성한 추석에는 집집마다 음식 장만하는 냄새가 진하게 난다.
잔칫집	잔치를 벌이는 집. 예 어머니는 잔칫집에 가셨다.
초대(招待)	사람을 불러 대접함. 예 그 선배님의 댁에는 우리들만 초대를 받은 것이 아니었다.
양껏(量-)	할 수 있는 양의 한도까지. 하고 싶은 만큼 다. 예 음식은 얼마든지 있으니 양껏 드세요. 　점심을 양껏 먹고 나자 갑자기 잠이 비오듯 쏟아졌다.
스치다/스쳐	어떤 느낌, 생각, 표정 따위가 퍼뜩 떠올랐다가 이내 사라지다. 예 옛 친구의 생각이 스치고 지나갔다.

기대다/기대려고	남의 힘에 의지하다. 예 누군가에게 기대고 싶다는 생각이 풍선처럼 부풀어 올랐다.
까치	까마귓과의 새. 머리에서 등까지는 검고 윤이 나며 어깨와 배는 희다. 이 새가 울면 반가운 손님이 온다 하여 길조(吉鳥)로 여겨졌으나, 최근에는 개체 수가 증가하여 과실나무 농가에 피해를 주기도 한다. 예 아침에 까치가 울고 지나갔다.
심란하다(心亂-)	마음이 어지럽다. 마음이 뒤숭숭하다. 예 그는 심란한 표정으로 나를 쳐다보고 있었다.
목탁(木鐸)	불교의 의식에서 쓰이는 둥글게 다듬은 나무토막의 속을 파서 방울처럼 만들어 조그만 나무 막대로 두드리면 소리가 나도록 만든 물건. 예 스님은 불공을 드릴 때 목탁을 두드린다.
어이	주로 '어이가 없다'의 꼴로 쓰여, 어처구니. 예 헛소문을 들은 그는 어이가 없는 표정을 지었다.
멍하니	아무런 생각도 없이 한참 동안. 예 그는 어이없다는 표정으로 멍하니 나를 바라보았다.
염불(念佛)	불교에서 불경 따위를 외는 것. 예 스님이 목탁을 치면서 염불을 시작하였다.
소승(小僧)	승려가 자기를 낮추어 이르는 일인칭 대명사. 예 소승은 선암사에서 수행하고 있사옵니다.
상황(狀況)	일이 되어가는 형편이나 모양. 예 학생들의 교육환경과 그들이 처한 상황을 점차적으로 개선시켜야 한다.
예불(禮佛)	부처에게 예배하는 것. 예 오늘은 예불을 드리지 않습니다.
찌들다/찌들어	사람이 어려운 일을 겪느라고 몹시 시달리다. 예 그는 세상살이에 찌들어 얼굴이 주름살투성이이었다.
묵묵히(黙黙-)	주위의 일에는 관심을 보이지 않은 채 아무 말 없이 한 가지 일에 충실하여. 아무 말도 하지 않고. 예 그는 아이가 하는 행동을 묵묵히 지켜보았다.

갈증(渴症)	무엇을 애타게 원하는 마음. 예 아무리 배워도 내 욕망의 갈증은 해소되지 않았다.
두르다/둘러져	한 곳의 가장자리를 빙 둘러 무엇을 짓든가 설치하다. 예 그들은 집 주변에 나무 울타리를 두르고 있었다.
일자무식(一字無識)	어떤 분야에 대하여 아는 바가 하나도 없음을 비유적으로 이르는 말. 예 나는 컴퓨터에 대해 일자무식이다.
빙그레	입을 조금 벌리고 소리 없이 웃는 모양을 나타냄. 예 선생님은 나를 보더니 빙그레 웃으셨다.
홀연히(忽然-)	뜻하지 않게 갑자기. 예 그는 온다간다 인사도 없이 홀연히 떠났다.
내색(-色)	감정이나 속마음을 겉으로 드러내는 것. 예 영희는 아무에게도 가난을 내색하지 않았다.
닥치다/닥쳐	어떤 일이나 대상 따위가 가까이 다다르다. 예 가난한 사람들에게 시련이 닥쳐왔다.
비축(備蓄)	미리 모아 두는 것. 예 할머니는 겨울 동안 먹을 식량을 비축해 두었다.
몽글몽글	덩이진 물건이 겉으로 무르고 매끄러운 느낌. 예 물안개가 강가에서 몽글몽글 피어올랐다.
요란하다(搖亂-)	소리가 몹시 크고 시끄럽다. 예 자동차 소리가 요란하여 잠자던 아이가 일어났다.
사뭇	아주 딴판으로. 예 그는 선배님 앞에서 술을 마시는 모습이 다른 날과 사뭇 달랐다.
퍼덕이다/퍼덕이며	새나 물고기 등이 날개나 꼬리 등을 세차게 쳐서 큰 소리를 내다. 예 날아가던 새가 총에 맞고 퍼덕이며 떨어졌다.
둥지	풀이나 나뭇잎, 나뭇가지, 흙 따위로 지은 새의 보금자리. 예 우리 집 앞 나무 위에는 까치둥지가 있다.
다급하다/다급해진	몹시 급하다. 예 일이 다급해진 친구가 나에게 부탁했다.

아랑곳하다	남의 일에 나서서 알려고 들거나 참견하거나 마음에 두고 생각하다. 예 그는 그녀의 기분 따위에는 **아랑곳하지** 않은 채 마주 앉았다.
돌진하다(突進-)	빠르고 세차게 곧장 앞으로 나아가다. 예 버스가 인도로 **돌진하여** 많은 사상자를 내었다.
철렁	무엇에 크게 놀란 모양을 나타냄. 예 나는 가슴이 **철렁** 내려앉는 것 같았다.
후려치다	주먹이나 채찍 따위를 휘둘러 힘껏 때리다. 예 나는 친구의 따귀를 힘껏 **후려쳤다**.
날름대다/날름대며	혀를 내밀었다가 들여 넣었다가 하는 동작을 반복하다. ('날름거리다'와 같은 말) 예 세 마리의 뱀들이 몸을 꿈틀거리며 긴 혀를 **날름댔다**.
한껏	할 수 있는 데까지. 예 친구는 멋을 **한껏** 부리고 모임에 나왔다.
안간힘	매우 애쓰는 힘. 또는 있는 힘을 다하는 노력. 예 그녀는 **안간힘**을 다하여 정신을 가다듬어 보았다.
덜컥	몹시 놀라거나 무서울 때 가슴에 갑자기 느끼는 충격을 나타냄. 예 나는 겁이 **덜컥** 나서 입을 반쯤 벌린 채로 얼어붙었다.
자취	어떤 곳에 드러난 모습. 예 산모퉁이에 사람의 **자취**가 보이는가 싶더니 금방 사라졌다.
바들바들	몸을 자꾸 작게 바르르 떠는 모양. 예 둥지 안에 있는 새들이 **바들바들** 떨고 있었다.
지지배배	제비 따위의 새가 지저귀는 소리. 예 봄이면 처마 밑에 제비가 **지지배배** 노래 부른다.
무사히(無事-)	걱정할 만한 일이 없이 편안히. 아무 탈이 없이. 예 부모님은 여행에서 **무사히** 돌아오셨다.
병풍(屛風)	집 안에서 장식을 겸하여 무엇을 가리거나 바람을 막거나 하기 위해, 수를 놓거나 그림을 그려 세우는 물건. 예 나는 내 방 창가에 **병풍**을 쳐 놓았다.

⊖ –(으)면서

- 앞의 행동이나 상태, 심리가 뒤의 것과 반대임을 나타낼 때 사용한다.
- 동시동작을 나타낼 때도 사용한다. 앞 문장과 뒷문장의 주어가 같아야 한다.

  ■ 미영이는 매일 놀면서 열심히 공부한다고 해요.

  ■ 저 집은 음식 값은 비싸면서 맛이 없어요.

  ■ 나는 청소를 하면서 전화를 받아요.

  ■ 나현이는 밥을 먹으면서 텔레비전을 봐요.

  ■ 은지는 얼굴이 예쁘면서 왜 성형을 하려고 해요?

⊖ –아무 N도

- 아무 N도 +부정, 전부를 부정할 때 사용한다.

  ■ 민서는 아무 노력도 하지 않아요.

  ■ 은지는 아파서 아무 것도 먹을 수 없어요.

  ■ 더는 아무 데도 가면 안 돼!

  ■ 나는 아무 내색도 하지 않고 책을 보고 있었어요.

  ■ 친구는 아무 말도 없이 학교에 나오지 않았어요.

연습 문제

1 왼쪽에 있는 말들의 의미를 오른쪽에서 찾아 연결하시오.

① 풍족 •		• ㉠	어떤 분야에 대하여 아는 바가 하나도 없음을 비유적으로 이르는 말
② 으름장 •		• ㉡	모든 종류의 곡식
③ 오곡 •		• ㉢	말이나 행동으로 위협하는 짓
④ 초대 •		• ㉣	불교에서 불경 따위를 외는 것
⑤ 염불 •		• ㉤	일이 되어가는 형편이나 모양
⑥ 상황 •		• ㉥	매우 넉넉하여 모자람이 없음
⑦ 일자무식 •		• ㉦	사람을 불러 대접함
⑧ 내색 •		• ㉧	어떤 곳에 드러난 모습
⑨ 둥지 •		• ㉨	감정이나 속마음을 겉으로 드러내는 것
⑩ 안간힘 •		• ㉩	풀이나 나뭇잎, 나뭇가지, 흙 따위로 지은 새의 보금자리
⑪ 자취 •		• ㉪	매우 애쓰는 힘, 또는 있는 힘을 다하는 노력

2 적당한 말을 보기에서 찾아서 _____에 알맞은 형태로 쓰시오.

> **보기** 돌진하다, 풍성하다, 다급하다, 스치다, 기대다, 정중하다, 심란하다, 찌들다, 요란하다, 퍼덕이다, 두르다

① 햇과일과 햇곡식이 _____ 추석에는 집집마다 음식 장만하는 냄새가 진하게 난다.

② 옛 친구의 생각이 _____ 지나갔다.

③ 누군가에게 _____ 싶다는 생각이 풍선처럼 부풀어 올랐다.

④ 그는 _____ 표정으로 나를 쳐다보고 있었다.

⑤ 나는 선배님에게 _____ 인사했다.

⑥ 그는 세상살이에 _____ 얼굴에 주름살투성이였다.

⑦ 그들은 집 주변에 나무 울타리를 _____ 있었다.

⑧ 자동차 소리가 _____ 잠자던 아이가 일어났다.

⑨ 날아가던 새가 총에 맞고 _____ 떨어졌다.

⑩ 일이 _____ 친구가 나에게 부탁했다.

⑪ 버스가 인도로 _____ 많은 사상자를 내었다.

3 적당한 말을 보기에서 찾아서 _____에 쓰시오.

| 보기 | 까치, 잔칫집, 비축, 빙그레, 병풍, 호통, 불공, 예불, 소승 |

① 할아버지는 아버지에게 _____을/를 치셨다.

② 아침에 _____이/가 울고 지나갔다.

③ 어머니는 _____에 가셨다.

④ 스님은 _____을/를 드릴 때 목탁을 두드린다.

⑤ _____은/는 선암사에서 수행하고 있사옵니다.

⑥ 오늘은 _____을/를 드리지 않습니다.

⑦ 나는 내 방 창가에 _____을/를 쳐 놓았다.

⑧ 선생님은 나를 보더니 _____ 웃으셨다.

⑨ 할머니는 겨울 동안 먹을 식량을 _____해 두었다.

4 보기와 같이 _____친 말을 뜻이 비슷한 다른 말로 바꾸어 쓰시오.

보기	요즘 그녀의 소식을 <u>종종</u> 듣고 있다. ⋯⋯▶ 요즘 그녀의 소식을 <u>이따금</u> 듣고 있다.

① 음식은 얼마든지 있으니 <u>양껏</u> 드세요.

　⋯⋯▶ 음식은 얼마든지 있으니 _____ 드세요.

② 헛소문을 들은 그는 <u>어이</u>가 없는 표정을 지었다.

　⋯⋯▶ 헛소문을 들은 그는 _____가 없는 표정을 지었다.

③ 그는 온다간다 인사도 없이 <u>홀연히</u> 떠났다.

　⋯⋯▶ 그는 온다간다 인사도 없이 _____ 떠났다.

④ 택시는 <u>금세</u> 한국백화점 앞에 도착했다.

　⋯⋯▶ 택시는 _____ 한국백화점 앞에 도착했다.

⑤ 친구는 멋을 <u>한껏</u> 부리고 모임에 나왔다.

　⋯⋯▶ 친구는 멋을 _____ 부리고 모임에 나왔다.

⑥ 그는 어이없다는 표정으로 <u>멍하니</u> 나를 바라보았다.

　⋯⋯▶ 그는 어이없다는 표정으로 _____ 나를 바라보았다.

⑦ 그는 아이가 하는 행동을 <u>묵묵히</u> 지켜보았다.

　⋯⋯▶ 그는 아이가 하는 행동을 _____ 지켜보았다.

⑧ 그는 선배님 앞에서 술을 마시는 모습이 다른 날과 <u>사뭇</u> 달랐다.

　⋯⋯▶ 그는 선배님 앞에서 술을 마시는 모습이 다른 날과 _____ 달랐다.

5 아래 문장의 (   )에 있는 말들 중 적당한 것에 O를 하시오.

① 물안개가 강가에서 (바글바글 / 몽글몽글) 피어올랐다.

② 나는 가슴이 (철렁 / 철썩) 내려앉는 것 같았다.

③ 세 마리의 뱀들이 몸을 꿈틀거리며 긴 혀를 (날름댔다 / 나불댔다).

④ 나는 겁이 (덜썩 / 덜컥) 나서 입을 반쯤 벌린 채로 얼어붙었다.

⑤ 둥지 안에 있는 새들이 (바들바들 / 방글방글) 떨고 있었다.

6 보기와 같이 -(으)면서를 사용하여 문장을 완성하시오.

| 보기 | 미영이는 매일 놀면서 열심히 공부한다고 해요. (놀다) |

① 철수가 눈물을 _____ 말했어요. (흘리다)

② 나는 청소를 _____ 전화를 받아요. (하다)

③ 나현이는 밥을 _____ 텔레비전을 봐요. (먹다)

④ 은지는 나를 _____ 모르는 척했다. (알다)

7 보기와 같이 -아무 N도를 사용하여 문장을 완성하시오.

| 보기 | 민서는 아무 노력도 하지 않아요. (노력) |

① 은지는 아파서 _____ 먹을 수 없어요. (것)

② 너는 _____ 가면 안 돼! (데)

③ 나는 _____ 하지 않고 책을 보고 있었어요. (내색)

④ 친구는 _____ 없이 학교에 나오지 않았어요. (말)

쓰기 관련 문제

1 흥부네 가족은 까치가 짖는 것을 보고 어떤 생각을 하였나요?

2 흥부가 새롭게 이사한 장소는 어떤 곳인가요?

3 흥부네 가족은 다리가 부러진 제비를 어떻게 했나요?

➔ 관용구

▌ 손이 크다

− 돈이나 물건을 아끼지 않고 씀씀이가 넉넉하다.

▌ 손발이 맞다

− 일을 할 때 생각이나 행동이 다른 사람과 일치하다.

▌ 손을 쓰다

− 대책을 세워 조치를 취하다.

▌ 손을 씻다

− 관계를 끊고 어떤 일을 그만하다.

➔ 고사성어

▌ 배수진(背水陣, 등 배. 물 수. 진칠 진)

− 강과 호수 등의 물을 등지고 치는 진.

　물러나면 물에 빠지게 되므로 어떤 일에 결사적인 각오로 임한다는 말.

▌ 백발백중(百發百中, 일백 백. 쏠 발. 일백 백. 맞을 중)

− 활을 백 번 쏘아 백 번 모두 맞힌다.

　하는 일마다 실패 없이 잘됨을 이르는 말.

▌ 백안시(白眼視, 흰 백. 눈 안. 볼 시)

− 눈을 하얗게 뜨고 흘겨본다.

　상대방을 나쁘게 여기거나 멸시할 때 보내는 냉정한 눈초리를 가리키는 말.

제9과

박씨를 물고 온 제비

◉ 어휘 알아보기

유수, 동장군, 강남, 웅크리다, 삼짇날,
처마, 혼잣말, 틀어지다, 받치다, 깔끔하다,
화전, 떡방아, 찧다 등

◉ 문법과 표현 살펴보기

① -(으)ㄴ/는 반면에
② -(으)ㄴ/는 줄 알다/모르다

◉ 쉬어 가는 코너

관용구
낯이 뜨겁다
진땀을 흘리다
제 눈에 안경이다
비행기를 태우다
고사성어
사면초가(四面楚歌)
사족(蛇足)
살신성인(殺身成仁)

세월은 유수와 같다더니 어느새 동장군이 물러가고 들판에 푸른 새싹들이 돋아났습니다. 양지바른 곳에는 부지런한 봄꽃들도 피어났습니다. 골목길에 피어난 노란 개나리는 화사함을 선물해 주었습니다. 앞산 뒷산에 핀 진달래꽃들은 아이, 어른 할 것 없이 모두가 반겼습니다. 배가 고파지면 진달래 꽃잎을 따 먹으며 허기를 달랬습니다. 봄나물을 비롯하여 먹을거리가 풍성하게 생겨나는 봄이 되자 사람들은 웅크리고 다니던 어깨를 활짝 펴고서 얼굴에 밝은 미소를 지었습니다.

어느덧 강남 갔던 제비가 돌아온다는 삼짇날이 되었습니다. 부지런한 제비는 이삼일 전부터 찾아와 사람들을 놀라게 하였습니다. 사람들은 봄이면 찾아오는 제비를 보며 무척 기뻐했습니다. 오래전부터 집안에 제비가 찾아들면 좋은 일이 생긴다고 믿고 있었기 때문입니다. 삼짇날이 되자 흥부도 제비를 기다렸습니다.

"오늘이 삼짇날인데 작년에 우리 집에서 살던 제비들이 다시 찾아올지 모르겠네?"

흥부가 처마 쪽을 올려다보며 말했습니다.

"그러게요. 작년에는 제비가 우리 집 처마에 둥지를 틀고 살아서 우리 가족이 행복해 했는데요. 올해도 꼭 다시 찾아오면 좋겠네요."

흥부 부인이 맞장구를 쳤습니다.

"제비가 찾아와도 작년에 왔던 제비인 줄 어떻게 알겠어요? 제비들은 다 똑같이 생겼는데요."

흥부 큰아들이 혼잣말을 하였습니다.

"우리 집에 왔던 제비는 내가 쉽게 알아 볼 수 있단다."

흥부가 말했습니다.

"어떻게요? 제비 날개에 표시라도 해 뒀나요?"

"제비 날개에 표시를 해 둔 건 아니지만 제비 다리를 보면 한눈에 알 수 있단다."

"맞아요! 작년에 다리가 부러져서 치료해 줬지요?"

"그래! 그때 다친 것 때문에 다리가 틀어져서 쉽게 알아 볼 수 있을 게야."

흥부는 작년 일을 떠올리며 말했습니다.

작년 일을 떠올리다 보니 올해는 제비가 위험하지 않도록 신경을 써줘야 할 것 같았습니다. 흥부는 아이들을 시켜 넓적한 나무판자를 가져오게 하였습니다. 아이들이 나무판자를 가져오자 제비집 밑에 받쳐 주었습니다. 제비가 찾아오면 편안하게 생활할 수 있도록 제비집 청소도 깔끔하게 해 주었습니다.

삼짇날이라 그런지 동네 사람들이 분주해졌습니다. 아이들은 진달래를 따러 산으로 갔습니다. 아낙네들은 아이들이 진달래꽃을 따오면 화전을 지지기 위해 바쁘게 움직였습니다. 남정네들은 농사지을 땅도 둘러보고 화전에 쓸 떡방아를 찧느라 힘깨나 써야 했습니다. 그런데도 힘든 줄도 모르는지 얼굴에 웃음꽃이 가득했습니다.

흥부네 가족들은 비록 화전은 못 만들어 먹었지만 나름대로 형편에 맞는 삼짇날 풍습을 즐겼습니다. 삼짇날 노랑나비를 보면 좋은 일이 있다는 속설을 믿고서 노랑나비를 찾느라 이리저리 눈길을 돌렸습니다. 그리고 여자들이 삼짇날 머리를 감으면 머리카락이 물이 흐르듯이 소담하고 아름답게 된다고 하여 흥부 부인은 딸들을 데리고 시냇가에 가서 머리를 감았습니다.  남자 아이들은 버드나무 가지를 꺾어와 피리를 만드느라 여념이 없었습니다. 흥부는 아이들이 꺾어 온 버드나무 가지를 비틀어 속 줄기를 빼내 주느라 시간 가는 줄도 몰랐습니다. 하나씩 나무피리가 만들어질 때마다 아이들은 신이나 불어댔습니다.

흥부네 아이들은 제비가 찾아 온 줄도 모른 채 나무피리를 불어댔습니다. 삐삐삐삐, 나무피리 소리는 요란했습니다.

"아버지, 저기요!"

흥부 큰딸아이가 소리쳤습니다.

흥부는 큰딸아이가 가리키는 쪽을 바라봤습니다. 빨랫줄에 제비 한 마리가 날아와 앉아 있는 게 보였습니다.

"오매, 제비가 왔구나!"

흥부는 감격해 하며 소리쳤습니다.

나무피리를 요란하게 불어대던 아이들이 제비 소리를 듣고 일제히 멈추었습니다. 떠들썩하던 집안이 순식간에 조용해졌습니다.

"우와! 제비다! 제비!"

흥부네 아이들이 기뻐하여 손뼉까지 쳤습니다.

"왜 제비가 한 마리만 날아왔죠? 작년에 왔던 제비가 아닌가 봐요?"

흥부 부인이 고개를 갸웃거리며 말했습니다.

흥부도 이상한 생각이 들었습니다. 혼자 나타난 제비는 지저귀지도 않고 빨랫줄에 앉아 계속해서 흥부네 가족들을 바라보기만 하였습니다. 흥부는 제비가 앉아 있는 빨랫줄 가까이로 조심조심 다가갔습니다. 혹시라도 제비가 놀라 도망갈지도 모르기 때문에 신경을 쓰며 걸어갔습니다. 다행히 흥부의 마음을 아는지 제비는 그 자리에 그대로 앉아있었습니다.

"작년에 왔던 우리 제비 맞다! 다리를 보니까 정확하다."

흥부는 가족들을 향해 작은 소리로 말했습니다.

여전히 제비가 놀랄까 봐 신경이 쓰였기 때문입니다. 제비는 가까이 다가와 바라보는 흥부에게 지저귀는 대신 고개만 끄덕여 보였습니다. 그런 제비를 보고서 흥부는 문득 걱정이 되기 시작했습니다.

"제비야, 어째서 소리도 못 내고 물끄러미 바라만 보고 있냐? 그리고 네 가족들은 어디에 두고 너 혼자서 왔냐?"

흥부는 밀물처럼 밀려드는 걱정들을 제비를 바라보며 쏟아냈습니다.

제비는 마치 흥부의 말을 알아듣는 듯 고개를 끄덕여 보였습니다. 그러더니 날개를 펴고서 낮게 날아오르더니 흥부네 집을 뱅뱅 돌기 시작했습니다.

"아버지, 제비가 그냥 날아가 버릴 건가 봐요. 우리가 제비집 청소까지 깨끗하게 해 놓았는데 다른 곳으로 날아가 버리면 어떡해요?"

흥부네 아이가 조바심이 나는지 소리쳤습니다.

"아닐 게다. 잠깐만 지켜보자꾸나. 분명히 제비한테 무슨 사정이 있어서 저럴 게야."

흥부가 불안해하는 아이들을 달랬습니다.

제비는 흥부네 집을 세 바퀴를 돌더니 처음에 앉았던 빨랫줄에 다시 내려앉았습니다.

"우리 제비야, 왜 집으로 들어가지 않고 그곳에 다시 앉느냐? 혹시 무슨 문제라도 있냐? 아니면 몸 어디가 아프냐?"

흥부가 걱정이 되어 물었습니다.

제비는 꼼짝도 하지 않은 채 가만히 앉아 있기만 했습니다. 흥부는 손을 펴고서 제비에게 바짝 다가갔습니다. 제비가 손에 앉으면 자세히 살펴볼 생각이었습니다. 흥부의 손이 제비 바로 밑으로 갔을 때였습니다. 제비가 입을 쩍 벌리고서 흥부 손바닥에 무엇을 떨어뜨렸습니다. 흥부는 깜짝 놀라 손바닥에 놓인 것을 바라봤습니다.

"이건, 박씨 같은데?"

흥부가 고개를 갸웃거리며 자세히 살펴보기 시작했습니다.

"지지배배 지지배배"

제비가 소리를 내기 시작했습니다.

"옳아, 네가 이걸 물고 있어서 여태껏 소리도 못 내고 있었구나. 그나저나 이건 웬 박씨냐?"

제비는 마치 흥부의 말에 답을 하듯이 지지배배 해댔습니다.

"영감, 제비가 무슨 박씨를 물어 왔을까요?"

뒤늦게 흥부 곁으로 다가온 흥부 부인이 물었습니다.

"글쎄 나도 모르겠소."

"정말 다리를 보니 작년에 우리 집에서 살던 우리 제비가 맞네요. 우리 제비가 귀한 박씨를 가져왔으니 이걸 울타리 곁에 심읍시다. 삼짇날 동쪽에 박씨를 심으면 좋은 일이 생긴다는 풍습도 있잖아요."

"그럽시다. 나도 그 풍습에 대해서는 들어 본 것 같소."

흥부가 부인의 말에 맞장구를 쳤습니다.

흥부와 흥부의 아내는 제비가 물어다 준 박씨를 동쪽 처마 근처에 정성껏 심었습니다. 아이들도 곁에서 지켜보며 좋은 일이 생기기를 고대하는 말들을 하였습니다. 흥부가 박씨를 다 심고 나자 제비가 다시 날개를 펴고서 날기 시작했습니다.

"아버지, 저기 봐요!"

흥부 아이가 소리쳤습니다.

제비가 지붕 위를 빙빙 돌고 있었습니다.

"어서 네 집으로 들어가지 왜 또 날고만 있냐?"

흥부가 근심이 가득한 목소리로 말했습니다.

"혹시 나머지 식구들을 데려오려고 저러는 것은 아닐까요?"

흥부 부인이 곁에서 말했습니다.

"맞소! 당신 말처럼 가족들을 데리고 오려나 보오. 난 그 생각도 못하고 있었네. 제비야, 너희가 살 집은 잘 손 봐 놓았으니 어서 가서 나머지 가족들을 데리고 오려무나."

흥부가 제비에게 손을 흔들어 보이며 소리쳤습니다.

제비는 흥부의 말을 알아들었는지 모르지만 흥부의 머리 위를 낮게 맴돌며 지지배배 하고서 노래했습니다. 그리고 흥부 집을 떠나 멀리멀리 날아갔습니다.

흥부네 가족들은 박씨를 심어 놓은 구덩이에 온갖 정성을 쏟았습니다. 구덩이에 거름을 듬뿍 주고 열심히 물을 주자 튼실한 싹이 돋아났습니다. 아이들은 그 모습을 보고서 손뼉을 치며 기뻐했습니다. 흥부네 가족들은 너나 할 것 없이 자라난 박의 싹이 마치 가족이라도 되는 듯 애지중지 다루었습니다.

그런데 박씨를 물어다주고 간 제비는 다시 돌아오질 않았습니다. 흥부네 가족들은 제비 소리만 들려도 후다닥 달려 나왔습니다. 길을 가다가도 혹시나 하여 제비를 살펴보는 버릇이 생겨났습니다. 제비가 있으면 눈을 크게 뜨고서 살펴보았지만 흥부네 제비 모습은 보이지 않았습니다.

홍부네 가족들이 제비가 돌아오지 않아 서운해 하고 있는데도 박 넝쿨은 하루가 다르게 쭉쭉 뻗어나갔습니다. 홍부는 박 넝쿨이 잘 뻗을 수 있도록 긴 장대를 구해 와 처마 끝에 걸쳐주었습니다. 세력이 좋은 박 넝쿨은 긴 장대를 칭칭 감고 올라가 더니 금세 지붕까지 뻗어갔습니다. 그리고 얼마 지나지 않아 홍부네 지붕을 완전히 뒤덮어 버렸습니다. 홍부네 지붕은 파란 박 잎으로 지붕을 이어놓은 것처럼 보였습니다. 동네 사람들은 홍부네 박 넝쿨을 보면서 부러워했습니다.

여름 무더위가 찾아들자 하얀 박꽃들이 피어나기 시작했습니다. 박꽃들은 강한 땡볕이 내리쬘 때는 꽃잎을 오므리고 있다가 해가 서산으로 뉘엿거리는 시간이 되면 꽃잎을 활짝 펼치기 시작했습니다. 홍부네 가족들은 마당에 멍석을 깔아놓고서 달빛 아래 피어난 박꽃을 감상하였습니다. 곁에 모깃불까지 피우고서 한여름 밤을 보냈습니다.

하얀 박꽃들이 별처럼 무수히 피었다가 지고나자 박들이 열리기 시작하였습니다. 홍부는 기뻐하며 "하나, 둘" 하고서 박의 숫자를 헤아렸습니다. 그런데 넝쿨과 꽃들은 풍성한 반면에 박은 찾아보기가 힘들었습니다.

"넝쿨이나 꽃을 볼 때 열 덩이는 넘게 열릴 줄 알았는데 고작 세 덩이 뿐 안 열렸네."

홍부는 서운한 마음을 감추지 못하고 말했습니다.

"무슨 그런 말씀을 하세요. 박 씨를 하나 심어서 이렇게 튼실하게 넝쿨이 뻗었잖아요. 비록 세 덩이지만 열 덩이 못지않게 크게크게 자랄 거예요."

홍부 부인이 말했습니다.

홍부는 부인보다 생각이 못 미친 것 같아 부끄러워졌습니다.

"역시 부인이 더 현명한 것 같소."

홍부는 감격해 하며 부인을 바라보았습니다.

그리고 활짝 미소를 지어보였습니다. 홍부 부인도 홍부의 얼굴을 보고서 미소를 지었습니다. 밖에서 들어오던 아이들도 웃고 있는 부모님을 보고서 방글방글 웃기 시작했습니다. 홍부네 가족들은 지붕을 쳐다보며 박꽃보다 하얀 웃음을 지었습니다.

어휘 알아보기

유수(流水)	흐르는 물. 예 세월은 **유수**와 같다.
동장군(冬將軍)	'겨울'의 다른 이름. 인간이 대항(對抗)할 수 없을 만한 겨울의 위력(威力)을 인격화(人格化)하여 일컫는 말. 예 **동장군**이 물러가고 빨리 따스한 봄이 오면 좋겠다.
강남(江南)	강의 남쪽 지역. 예 **강남** 갔던 제비가 돌아왔다.
웅크리다	몹시 춥거나 겁이 나서, 몸을 우그려 잔뜩 움츠리다. 예 날씨가 추워서 사람들이 몸을 **웅크리고** 걸어가고 있다.
삼짇날	음력 삼월 초사흗날(3월 3일) 예 강남 갔던 제비도 **삼짇날**에는 옛 집을 찾아온다.
처마	벽의 바깥쪽으로 내민 지붕의 부분. 예 할아버지는 **처마** 밑의 담벼락에 웅크리고 앉아있다.
혼잣말	말을 하는 상대가 없이 혼자서 하는 말. 예 내가 모른다고 대답하자 그녀는 **혼잣말**로 무엇인가 중얼거렸다.
틀어지다	휘거나 꼬여서 반듯하고 곧바르지 않게 되다. 예 책이 너무 많이 쌓여서 책꽂이가 한 쪽으로 **틀어졌다**.
받치다/받쳐	어떤 물건이 다른 물건 위에 놓이게 하다. 예 나무판자를 제비집 밑에 **받쳐** 주었다.
깔끔하다/깔끔하게	모양새가 맵시 있고 깨끗하다. 예 집 안 청소를 **깔끔하게** 했더니 기분이 좋아졌다.
화전	찹쌀가루 반죽에 진달래, 국화 따위의 꽃잎을 얹어서 부친 부침. 예 봄이 오면, 농촌에서는 산의 진달래꽃을 따다가 **화전**을 만들어 먹는다.

| 떡방아 | 떡을 만들 쌀을 가루로 만드는 방아. |
| | 예 설이 다가오자 마을 안에서 **떡방아** 찧는 소리들이 들려온다. |

| 찧다/찧느라 | 곡식 따위를 절구에 넣고 공이로 내려치다. |
| | 예 화전을 만들기 위해 꽃잎을 가져다가 방아를 **찧었다**. |

| 속설(俗說) | 민간에 전하여 내려오는 설이나 견해. |
| | 예 시력이 나쁜 사람에게는 생선 눈알이 좋다는 **속설**이 있다. |

| 소담하다 | 물건의 생김새가 탐스럽고 푸근하다. |
| | 예 화분에는 아름답고 **소담한** 국화가 피어 있었다. |

| 피리 | 속이 빈 대에 구멍을 뚫고 불어서 소리를 내는 악기를 통틀어 이르는 말. |
| | 예 강가에 있는 버드나무로 **피리**를 만들었다. |

| 여념(餘念) | 다른 생각. |
| | 예 어머니는 음식을 장만하느라 **여념**이 없었다. |

| 정확하다(正確－) | 바르고 확실하다. |
| | 예 흥분하는 사람은 상황을 **정확하게** 판단하는 능력을 놓쳐 버린다. |

| 여전히(如前－) | 전과 다름이 없이 계속해서. |
| | 예 십 년 만에 만난 그녀는 **여전히** 아름다웠다. |

| 쏟다/쏟아내다 | 생각이나 말을 한꺼번에 밖으로 나오게 하다. |
| | 예 여기저기서 사람들이 불평불만을 **쏟아냈다**. |

| 달래다 | 상대의 기분을 맞추어 가면서 타이르거나 기분을 가라앉히다. |
| | 예 혼자 울고 있는 동생을 **달래**주었다. |

| 여태껏 | 지금에 이르기까지. 아직까지 |
| | 예 그는 **여태껏** 집을 사지 못했다. |

| 풍습(風習) | 오래 전부터 지켜 내려오는 사회적으로 이루어진 풍속이나 관습. |
| | 예 한국의 **풍습**에는 무엇이 있을까요? |

| 근심 | 좋지 않은 일이 생길지도 모른다는 두렵고 불안한 마음. |
| | 예 어머니는 **근심**이 가득한 목소리로 전화를 하셨다. |

| 구덩이 | 땅이 움푹하게 파인 곳. |
| | 예 식목일에 나무를 심기 위해 **구덩이**를 파 놓았다. |

거름	식물이 잘 자라도록 땅에 뿌리거나 섞는 물질. 예 그는 사과나무에 **거름**을 주었다.
듬뿍	매우 많거나 넉넉한 모양. 아주 넉넉하게. 예 밥그릇에 밥을 **듬뿍** 담아서 상 위에 올려놓았다.
튼실하다/튼실한	튼튼하고 실하다. 예 **튼실한** 소나무 세 그루를 정원에 심어놓았다.
애지중지(愛之重之)	매우 사랑하고 소중히 여기는 모양. 예 형은 새로 산 옷을 **애지중지**하며 다른 사람은 만지지도 못하게 한다.
구하다(求-)/구해	필요한 것을 찾다. 또는 그렇게 하여 얻다. 예 나는 컴퓨터를 **구해**서 가난한 친구에게 주었다.
뉘엿거리다	해가 곧 지려고 산이나 지평선 너머로 조금씩 넘어가다. 예 지금 서산에는 해가 **뉘엿거리고** 있다.
멍석	시골 집 마당에 펴놓고 사람이 앉든가 곡식을 널어 말리는 데에 쓰는 새끼를 엮어 짠 큰 돗자리. 예 **멍석** 위에는 호박, 가지가 널려 있다.
모깃불	모기를 쫓기 위하여 풀 따위를 태워 연기를 내는 불. 예 시골에서는 한여름 밤에 **모깃불**을 피워놓고 논다.
무수히(無數-)	헤아릴 수 없을 정도로 많이. 예 감나무 고목에 빨간 감이 **무수히** 달려있다.
헤아리다	수량을 세다. 예 나는 아르바이트해서 받은 돈을 **헤아려** 보았다.
고작	기껏해야 겨우. 예 심부름 값으로 **고작** 삼천 원밖에 주지 않았다.

⊖ -(으)ㄴ/는 반면에

- 뒤에 오는 말이 앞의 내용과 상반되는 사실임을 나타낼 때 사용한다.

- 마이클은 말하기는 잘하는 반면에 쓰기는 잘 못한다.

- 미영이는 운동은 잘하는 반면에 공부는 아주 못한다.

- 그 회사는 월급을 많이 주는 반면에 주말까지 일을 시킨다.

- 그 호텔은 숙박 요금이 비싼 반면에 서비스가 매우 좋다.

- 박 넝쿨과 박꽃들은 풍성한 반면에 열매는 찾아보기가 힘들다.

⊖ -(으)ㄴ/는 줄 알다/모르다

- 어떤 방법이나 사실에 대해 알고 있거나 모르고 있음을 나타낼 때 사용한다.

- 나는 마이클이 내일 떠나는 줄 몰랐어요.

- 나는 그 식당이 일찍 문을 닫는 줄 몰랐어요.

- 친구가 집에 찾아 온 줄도 몰랐어요.

- 철수가 공부를 잘하는 줄은 꿈에도 생각하지 못했을 거야.

- 나는 그 식당이 일찍 문을 여는 줄 알았어요.

- 나는 오늘 종강파티가 있는 줄 알았어요.

연습 문제

1 왼쪽에 있는 말들의 의미를 오른쪽에서 찾아 연결하시오.

① 유수 •   • ㉠ '겨울'을 비유적으로 부르는 말

② 동장군 •   • ㉡ 꽃잎을 얹어서 부친 부침

③ 삼짇날 •   • ㉢ 떡을 만들 쌀을 가루로 만드는 방아

④ 처마 •   • ㉣ 벽의 바깥쪽으로 내민 지붕의 부분

⑤ 혼잣말 •   • ㉤ 상대가 없이 혼자서 하는 말

⑥ 화전 •   • ㉥ 음력 3월 3일

⑦ 떡방아 •   • ㉦ 흐르는 물

2 적당한 말을 보기에서 찾아서 _____에 알맞은 형태로 쓰시오.

| 보기 | 구하다, 깔끔하다, 받치다, 소담하다, 웅크리다, 정확하다, 찧다, 튼실하다, 틀어지다, 헤아리다 |

① 책이 너무 많이 쌓여서 책꽂이가 한 쪽으로 _____.

② 날씨가 추워서 사람들이 몸을 _____ 걸어가고 있다.

③ 나무판자를 제비집 밑에 _____ 주었다.

④ 집 안 청소를 _____ 했더니 기분이 좋아졌다.

⑤ 가을이면 방아를 _____ 방앗간이 몹시 분주했다.

⑥ 화분에는 아름답고 _____ 국화가 피어 있었다.

⑦ 흥분한 사람은 상황을 _____ 판단하는 능력을 잃어버린다.

⑧ _____ 소나무 세 그루를 정원에 심어놓았다.

⑨ 순희는 먹을 것을 _____ 가난한 친구에게 주었다.

⑩ 나는 아르바이트해서 받은 돈을 _____ 보았다.

3 적당한 말을 보기에서 찾아서 _____에 쓰시오.

보기	거름, 구덩이, 근심, 멍석, 모깃불, 속설, 여념, 풍습, 피리

① 시력이 나쁜 사람에게는 생선 눈알이 좋다는 _____이/가 있다.

② 강가에 있는 버드나무로 _____을/를 만들었다.

③ 어머니는 음식을 장만하느라 _____이/가 없었다.

④ 한국의 _____에는 무엇이 있을까요?

⑤ 어머니는 _____이/가 가득한 목소리로 전화를 하셨다.

⑥ 식목일에 나무를 심기 위해 _____을/를 파 놓았다.

⑦ 그는 사과나무에 _____을/를 주었다.

⑧ _____ 위에는 호박, 가지가 널려 있다.

⑨ 시골에서는 한여름 밤에 _____을/를 피워놓고 논다.

4 아래 문장의 (   )에 있는 말들 중 적당한 것에 ○를 하시오.

① 감나무 고목에 빨간 감이 (무수히 / 묵묵히) 달려있다.

② 형은 새로 산 옷을 (애지중지 / 애걸복걸)하며 다른 사람은 만지지도 못하게 한다.

③ 십 년 만에 만난 그녀는 (어찌나 / 여전히) 아름다웠다.

④ 그는 (여태껏 / 단번에) 집을 사지 못했다.

⑤ 밥그릇에 밥을 (활짝 / 듬뿍) 담아서 상 위에 올려놓았다.

⑥ 심부름 값으로 (무려 / 고작) 삼천 원밖에 주지 않았다.

5 보기와 같이 -(으)ㄴ/는 반면에를 사용하여 두 문장을 연결하시오.

> **보기** 마이클은 말하기는 잘한다. 마이클은 쓰기는 잘 못한다.
> ···▶ 마이클은 말하기는 <u>잘하는 반면에</u> 쓰기는 잘 못한다.

① 미영이는 운동은 잘 한다. 미영이는 공부는 못한다.

···▶ _____

② 그 회사는 월급을 많이 준다. 그 회사는 주말까지 일을 시킨다.

···▶ _____

③ 그 호텔은 숙박 요금이 비싸다. 그 호텔은 서비스가 매우 좋다.

···▶ _____

④ 박 넝쿨과 박꽃들은 풍성하다. 열매는 찾아보기가 힘들다.

···▶ _____

6 보기와 같이 -(으)ㄴ/는 줄 알다/모르다를 사용하여 문장을 바꾸어 쓰시오.

> **보기** 마이클이 내일 떠난다.
> ···▶ 나는 마이클이 내일 <u>떠나는 줄 몰랐어요.</u>
> 나는 마이클이 내일 <u>떠나는 줄 알았어요.</u>

① 그 식당이 일찍 문을 닫는다.

···▶ _____

_____

② 친구가 집에 찾아온다.

···▶ _____

_____

③ 철수가 공부를 잘한다.

…▶ _____

_____

④ 오늘 종강파티가 있다.

…▶ _____

_____

⑤ 모레 시험을 본다.

…▶ _____

_____

⑥ 다음 주에 여행을 간다.

…▶ _____

_____

⑦ 한국 사람들은 정이 많다.

…▶ _____

_____

쓰기 관련 문제

1 삼월 삼짇날의 풍습에 대해 설명해 보시오.

2 흥부 집에 날아온 제비는 왜 빨랫줄에 가만히 앉아 있었나요?

3 박꽃은 어느 때 피는지 설명해 보시오.

⊖ 관용구

‖ 낯이 뜨겁다

　－매우 부끄럽다. 보기에 민망하다.

‖ 진땀을 흘리다

　－긴장을 하거나 매우 힘들어하다.

‖ 제 눈에 안경이다

　－보잘것없는 것이라도 자기 마음에 들면 좋아 보인다.

‖ 비행기를 태우다

　－상대방을 지나치게 칭찬하다.

⊖ 고사성어

‖ 사면초가(四面楚歌, 넉 사. 얼굴 면. 초나라 초. 노래 가)

　－사방에서 초나라 노래가 들려온다.

　궁지에 몰려 도저히 빠져나갈 수 없는 상황을 이르는 말.

‖ 사족(蛇足, 뱀 사. 발 족)

　－뱀을 그리고 발을 그려 넣다.

　있어도 쓸모없는 것. 하지 않아도 될 일을 공연스레 하는 것을 이르는 말.

‖ 살신성인(殺身成仁, 죽일 살. 몸 신. 이룰 성. 어질 인)

　－자신의 몸을 희생하여 어진 일을 행하다.

　몸을 바쳐 옳은 도리를 행한다는 말.

흥부네 가족이 박을 타다

○ 어휘 알아보기

바가지, 망정, 폭삭, 소슬하다,
덩그러니, 워낙, 박살, 진땀, 다행히,
수월하다, 요령, 박속 등

○ 문법과 표현 살펴보기
① -았/었/였다가
② -는커녕

○ 쉬어 가는 코너
관용구
파김치가 되다
물불을 가리지 않다
코가 납작해지다
시치미를 떼다
고사성어
상전벽해(桑田碧海)
새옹지마(塞翁之馬)
선입견(先入見)

　홍부네 박은 날이 갈수록 커졌습니다. 주먹만 하던 박 덩이가 어느새 둥그런 달덩이만 해졌습니다.

　"저러다가 지붕이 무너지는 것은 아닌지 모르겠소."

　홍부는 날마다 커져 가는 박을 보며 걱정까지 하였습니다.

　정말 박은 엄청 컸습니다. 보통 박과는 비교가 안 될 정도였습니다. 박으로 바가지를 만들면 어린 아이가 들어앉아 목욕을 할 수 있을 크기였습니다. 그런데도 박은 멈추지 않고 하루가 다르게 계속 커져 갔습니다. 박이 세 덩이만 열렸기에 망정이지 한 덩이만 더 열렸더라도 홍부네 집이 폭삭 무너질지도 모를 일이었습니다. 홍부는 혹시라도 집이 무너질까 걱정이 되어 나무 기둥으로 처마 밑을 받쳐 주었습니다.

　가을바람이 소슬하니 불어오자 윤기가 번쩍이던 박 잎들이 누렇게 물들더니 시들어갔습니다. 그러다 보니 박이 더 크게 드러났습니다. 멀리서 보면 커다란 달덩이가 덩그러니 놓인 것처럼 보였습니다. 홍부네 집은 박이 지붕 위에 있어 멀리서 봐도 한눈에 쏙 들어왔습니다. 동네 사람들은 홍부네 박을 보며 몹시 부러워했습니다. 박한 덩이만 있어도 한 달은 먹고 살겠다며 이야기꽃을 피워갔습니다.

추석 전날 흥부는 박을 따기 위해 지붕 위로 올라갔습니다. 그런데 박이 워낙 크다 보니 따는 게 결코 만만치 않았습니다. 부피가 큰데다가 무겁기까지 하여 박을 따내기가 여간 힘든 게 아니었습니다. 혹시라도 땅에 굴러 떨어져 박이 박살이라도 날까 봐 온갖 신경을 쏟아야 했습니다. 마치 어린 아기를 다루듯이 조심조심해야만 했습니다. 흥부네 아이들까지 모두 매달린 후에야 간신히 박 하나를 따낼 수 있었습니다. 흥부네 가족들은 박 한 덩이를 따는데 진땀까지 흘렸습니다.

다행히 두 번째 박은 첫 번째 박보다 조금은 더 수월하게 따냈습니다. 그렇다고 보통 박처럼 쉽게 따낸 것은 아닙니다. 한 번 따 봐서 처음보다는 요령이 생겨 땀을 덜 흘리고서 딸 수 있었습니다. 세 번째 박도 아무런 탈 없이 무사히 따냈습니다. 그런데 박 세 덩이를 따고 보니 벌써 서산으로 해가 뉘엿뉘엿 넘어가고 있었습니다. 흥부네 가족은 따 놓은 박이 너무도 커서 방으로 가지고 들어오지도 못하고 마당에 깔아 놓은 멍석 위에 놓아두었습니다.

흥부네 가족은 방문을 열어 놓고서 박을 바라보며 저녁밥을 먹었습니다. 커다란 박 세 덩이가 마당에 놓여 있는 모습을 보자 저절로 배가 불러 왔습니다.

"아버지, 저 박을 타면 박속도 엄청 나오겠지요?"

"아암! 그렇고말고. 아무리 봐도 우리 가족이 다 먹기는 힘들 테고, 박을 타면 굶주리고 있는 이웃들한테도 나눠줘야겠다."

흥부는 뿌듯해진 마음으로 말했습니다.

저녁밥을 먹고 마당으로 나온 흥부가 하늘을 올려다보았습니다. 내일이 추석이라 그런지 하늘에 떠 있는 달이 다른 날보다 훨씬 크고 밝았습니다. 밝은 보름달이 흥부네 마당을 환히 비춰 주었습니다. 커다란 박들은 보름달 아래서 한층 더 빛나 보였습니다.

"여보, 오늘 저녁은 달도 밝고 하니 우리 박이나 탑시다."

흥부가 부엌에서 설거지를 하고 있는 부인에게 말했습니다.

"그거 좋겠네요. 달을 보며 박을 타면 아주 좋을 것 같네요."

흥부는 혹시라도 부인이 타박을 할 줄 알았는데 타박은커녕 바짝 반겨 주자 기분

이 좋았습니다. 신이 난 흥부는 박을 타기 위해 톱도 준비하고 애들도 불러 모았습니다. 흥부 자식들은 들뜬 마음으로 박 주변을 에워싸고서 둘러앉았습니다. 흥부와 흥부 부인이 양쪽에서 톱 손잡이를 잡고서 슬슬 톱질을 시작하였습니다. 그런데 톱질이 잘 안됐습니다. 박이 커서 그런지 박 껍질이 아주 단단했습니다. 톱날이 박에 박혀야 하는데 좀처럼 박히지 않고 자꾸만 미끄러졌습니다.

그러다 보니 톱질을 하기가 여간 힘이 든 게 아니었습니다.

"시르렁 시르렁 톱질하자!"

흥부는 힘든 것을 참아내려 박타령을 부르기 시작했습니다.

"시르렁 시르렁 톱질하자!"

흥부 아이들이 곁에서 흥을 돋아주려 흥부를 따라 후렴을 하였습니다.

"이 박 타서 속은 나물로 무쳐 먹고……."

흥부의 박타령은 계속 이어졌습니다.

한참 동안 흥부가 박타령을 읊고 있는데 흥부의 어린아이가 소리쳤습니다.

"아버지, 이거 봐요."

흥부가 톱질을 멈추고서 살펴보니 톱질을 해 놓은 작은 틈새에서 스멀스멀 연기가 피어올랐습니다. 흥부가 호기심 가득한 눈빛으로 그곳을 살피고 있는데 갑자기 "펑" 하는 소리가 울려 퍼졌습니다. 깜짝 놀란 흥부네 가족들이 비명을 지르며 박에서 멀찍이 떨어졌습니다.

"아버지, 무슨 일이에요?"

흥부 아이들이 불안한 목소리로 물었습니다.

"글쎄다. 나도 잘 모르겠으니 너희들은 우선 내 뒤에 서 있거라."

흥부는 혹시라도 자식들에게 안 좋은 일이 생길까 봐 뒤로 가게 하였습니다. 흥부가 박에 가까이 다가가지도 못 하고 안절부절못하고 있는데 "픽" 하는 소리가 났습니다. 흥부는 그 소리를 듣고 간이 철렁하였습니다.

"엄마야!"

불안에 떨며 방으로 도망쳐 들어가는 아이들도 있었습니다.

흥부는 무섭고 겁도 났지만 어떻게든 아이들과 부인을 지켜야 한다고 생각했습니다. 그래서 또 무슨 일이 일어나는지 지켜보았습니다. 이번에는 "쩍" 소리가 나더니 톱질을 하다만 박이 두 쪽으로 쫙 벌어졌습니다.

"아이고 무슨 괴변이 일어나려나 봐요."

흥부 부인이 잔뜩 겁먹은 목소리로 말했습니다.

"혹시 위험한 일이 생길지도 모르니 당신은 아이들을 데리고 방으로 가 있으시오."

흥부는 가족을 걱정하며 말했습니다.

그리고 곧바로 조심조심 벌어진 박 가까이 다가갔습니다.

"아버지, 조심하세요."

"영감, 조심해야 해요."

흥부 가족들이 흥부를 걱정하여 말했습니다.

솔직히 흥부는 겁이 나서 박을 내 팽개쳐두고 도망치고 싶은 마음이 굴뚝같았습니다. 하지만 가장 체면에 도저히 그럴 수는 없었습니다. 만약에 나 몰라라 하고서 도망을 쳤다가는 뒤늦게 빗발칠 원망의 화살이 겁이 났습니다. 안 봐도 불 보듯이 뻔한 일이었습니다. 그러다 보니 어쩔 수 없어 불안에 떨면서도 흥부는 박 가까이 다가갔습니다.

"어? 저게 뭐지?"

흥부 눈에 커다란 궤짝이 하나 보였습니다.

"아버지, 왜 그래요?"

방안에서 고개를 내밀고 있던 흥부 아이들이 물었습니다.

"박 속에 궤짝이 들어 있었던 모양이다. 안에 무엇이 들어 있는지 모르니까 너희들은 그곳에 꼼짝 말고 있어라. 알았지?"

홍부는 아이들에게 단단히 일러놓고 가까이 다가갔습니다. 그곳에는 궤짝 두 개가 놓여 있었습니다. 홍부는 비록 겁은 났지만 이리저리 궤짝을 살펴보니 별다른 이상한 점은 보이지 않았습니다. 홍부는 떨리는 손으로 궤짝을 열어 보았습니다.

"우와! 이건 쌀이잖아!"

홍부가 감격하여 말했습니다.

"네! 쌀이요? 어디요? 어디!"

홍부 아이들이 우르르 홍부 곁으로 몰려들었습니다.

홍부가 열어젖힌 궤짝 안에는 하얀 쌀이 가득 담겨 있었습니다. 하얀 쌀을 보더니 홍부의 어린 아이가 말했습니다.

"엄마, 흰 쌀밥 먹고 싶어요."

"그래, 그러는 게 좋겠다. 부인, 어서 쌀을 퍼서 밥을 지으시오. 우리 오랜만에 쌀밥이나 한번 먹어 봅시다."

홍부가 말했습니다.

"알겠어요."

홍부 부인이 기분이 좋아 말했습니다.

"아버지, 저 안에는 무엇이 들어 있을까요?"

홍부 아이가 다른 궤짝을 가리키며 말했습니다.

"글쎄다!"

"아버지, 빨리 열어 보세요. 네?"

홍부는 아이들이 재촉을 해대자 또 다른 궤짝을 슬그머니 열어 보았습니다.

"우와! 금덩이다. 금덩이! 황금 덩어리가 가득 들어 있다."

홍부의 아이들이 먼저 소리쳤습니다.

홍부는 너무 놀라 입을 쩍 벌린 채 다물지도 못하고 바라만 봤습니다. 뒤늦게 밥을 짓기 위해 쌀바가지를 들고 오던 홍부 부인이 금덩이가 담긴 궤짝을 보고서 어찌된 일인지 물었습니다. 그제야 흥부는 정신을 차리고서 말을 했습니다.

"어찌된 일인지는 나도 모르겠소. 아무튼 이것들이 박에서 나왔으니 우선은 밥이나 지어 먹고 천천히 생각해 봅시다."

"그래요."

흥부의 부인이 밥을 짓기 위해 궤짝에서 쌀을 퍼냈습니다. 한 바가지 두 바가지, 그리고 세 바가지를 퍼내자 궤짝 안에 쌀들이 제법 퍼낸 표가 났습니다.

"아버지, 저거 봐요!"

흥부의 아이가 쌀 궤짝을 가리키며 말했습니다.

"어, 이게 어찌된 일이지?"

흥부는 쌀 궤짝에 쌀이 다시 가득 채워진 것을 보고 놀라 말했습니다. 흥부 부인도 모습을 보고서 자신이 퍼낸 쌀과 쌀 궤짝이 담긴 쌀을 번갈아 가며 바라보았습니다.

"영감, 혹시 이 궤짝이 요술 궤짝 아닐까요? 퍼내면 다시 차오르는 요술 궤짝이요."

흥부네 가족들은 시험을 해 보았습니다. 쌀 궤짝에 담겨 있는 쌀들을 계속해서 퍼내었습니다. 그러자 금세 쌀 궤짝에 쌀이 가득 채워졌습니다. 이번에는 금덩이가 담긴 궤짝 속의 금덩이들을 빼내 보았습니다. 역시나 금덩이가 새로 채워졌습니다.

"우와! 만세! 만세!"

흥부 아이들은 신이나 소리쳤습니다.

흥부네 가족들은 쌀밥을 지어 맛있게 저녁을 한 번 더 먹은 뒤 두 번째 박을 타기 시작했습니다. 두 번째 박에서도 스멀스멀 연기가 피어올랐습니다. 하지만 이번에는 처음처럼 크게 놀라지 않고 지켜보았습니다. 역시나 첫 번째처럼 "펑" 소리가 나더니 잠시 후 박이 쩍 벌어졌습니다.

이번에도 박 속에 궤짝이 두 개가 들어 있었습니다. 흥부가 궤짝을 열어 보니 온갖 값지고 화려한 비단들이 가득 담겨 있었습니다. 흥부 아이들은 비단을 보며 이제 비단 옷을 입게 됐다며 좋아했습니다. 또 다른 궤짝을 열어 보니 그곳에는 온갖 세간들이 쏟아져 나왔습니다. 꺼내면 새로운 것이 생겨나고 또 꺼내면 또 다른 세간이 생겨났습니다. 홍부네 가족들은 신이나 달빛 아래에서 덩실덩실 춤을 추었습니다.

"아버지, 이제 우리는 부자지요? 이제 흰 쌀밥을 매일매일 먹을 수 있지요?"

"아암! 그렇고말고. 이렇게 요술 궤짝이 생겼으니 걱정 없이 먹고 써도 되겠구나."

홍부가 감격하여 말했습니다.

"아버지 저 박 속에는 또 무엇이 들어 있을까요? 빨리 타 봐요."

홍부 아이들이 재촉을 했습니다.

홍부와 홍부의 부인은 다시 박을 타려고 준비를 했습니다. 그런데 세 번째 박은 첫 번째 박보다 타기가 훨씬 힘이 들었습니다. 아무리 안간힘을 써도 박이 단단하여 톱날조차 박히지 않았습니다. 홍부는 지쳐서 그대로 두었다가 다음 날 타려고 하였습니다. 그런데 아이들이 나서며 말했습니다.

"아버지 어머니 힘드시면 쉬세요. 이번에는 저희들이 탈게요."

홍부는 뒤로 물러나며 생각했습니다. 박을 타기는커녕 다치지나 않으면 천만다행이라고 생각하며 톱을 넘겨주었습니다.

"다치지 않게 조심하거라."

홍부 부인이 말했습니다.

"박을 타세. 스르렁 슬렁!"

홍부의 큰아들이 박타령을 하였습니다.

어찌된 일인지 홍부의 아이들이 톱질을 하자 박이 슬슬 쪼개지기 시작하였습니다. 그런데 세 번째 박은 중간만큼 톱날이 들어갔는데도 아무런 낌새가 없었습니다. 아이들은 한편으로는 서운해 하면서 계속 힘을 주어가며 박을 탔습니다.

바닥까지 톱날이 들어가자 박이 두 쪽으로 쩍 갈라졌습니다. 여태껏 아무런 낌새도 없던 박에서 갑자기 쿵쿵쿵 하는 소리가 들렸습니다. 홍부네 가족들이 놀라 있는데 박 속에서 사람들이 하나 둘 걸어 나오기 시작했습니다. 사람들은 끝도 없이 계속해서 나왔습니다. 홍부네 마당이 부족하여 집 밖으로까지 나가 서 있었습니다. 얼핏 봐도 백 명은 넘어 보였습니다. 건강한 남자들과 부지런해 보이는 여자들이 집안 가득 넘쳐났습니다. 그런데 모두들 손에는 무언가를 들고 있었습니다. 흥부는 깜짝 놀라 땅에 엎드려 고개를 숙였습니다.

"아이고, 뉘 신지는 모르지만 무슨 일로 저희 집에 오셨나요?"

흥부는 가족들이 걱정이 돼 공손히 물었습니다.

"우리는 제비나라에서 온 일꾼들이요. 저희 제비 왕국 임금님께서 착한 흥부님의 집을 새로 지어주고, 가족들에게는 비단 옷도 서너 벌씩 지어주라고 하셨습니다. 그리고 먹을 것도 잔뜩 만들어 쌓아 놓은 뒤 돌아오라고 해서 각기 필요한 도구들을 가지고 왔습니다."

사람들 중에 한 명이 말하더니 각자 바삐 움직이기 시작했습니다.

흥부와 흥부의 자식들은 넋이 나간 사람처럼 멍하니 바라만 봤습니다. 휘영청 밝은 달밤에 뚝딱뚝딱 못질하는 소리와 대패소리, 나무를 자르고 깎는 소리로 요란했습니다. 여자들은 비단을 꺼내와 옷을 짓느라 여념이 없었습니다. 그리고 쌀을 퍼내어 방아를 찧고 떡을 만들고 유과에 약과, 강정까지 온갖 먹을거리를 만들어 산더미처럼 쌓아놓았습니다. 수많은 사람들이 뚝딱뚝딱 하다 보니 금세 대궐 같은 기와집이 완성이 되었습니다. 곳간도 두 채나 짓더니 그곳에 식량과 먹을거리를 쟁여 놓았습니다.

"이제 저희가 할 일은 다 한 것 같으니 이만 돌아가겠습니다. 제비나라 임금님께서 마음씨 착한 흥부님께 감사하다는 말씀을 전해 주라고 하셨습니다. 그리고 오래오래 행복하게 사시길 바란다는 말씀도 덧붙여 하셨습니다."

처음에 말을 했던 사람이 흥부에게 말했습니다.

"무슨 이유로 제비나라 임금님께서 저에게 이토록 큰 복을 주신답니까? 혹시 다른 고을에 사는 흥부를 찾아가셔야 하는데 잘못 찾아오신 것은 아니신지요?"

"아닙니다. 저희가 제대로 찾아왔습니다. 지난해 흥부님께서 부러진 제비 다리를 치료해 주신 적이 있지요?"

"네 맞소. 구렁이가 제비 집을 덮치려고 하자 제비가 막아내다가 다리를 다친 적이 있다오. 그래서 내가 치료해 주었소만."

"바로 그 제비가 제비나라 임금님의 하나뿐인 옥동자였답니다. 흥부님 은혜로 다시 고향에 올 수 있게 됐다며 제비나라 임금님께서 이렇게 큰 복을 내리신 것입니다. 그럼 이만 저희는 물러가겠습니다."

"잠깐만요!"

흥부가 놀라 소리쳤습니다.

그런데 그 많던 사람들이 마치 연기가 사라지듯 순식간에 사라져 버렸습니다. 흥부는 제비 소식을 묻고 싶었는데 묻지 못한 것을 못내 아쉬워했습니다.

바가지	박을 둘로 쪼개어 속을 파내고 삶아서 말린 것. 또는 나무나 플라스틱으로 만들어 물을 푸거나 물건을 담는 데 쓰는 그릇. 예 친구가 바가지로 물을 떠서 나에게 주었다.
망정	괜찮거나 잘된 일이라는 뜻을 나타내는 말. 예 엄마가 바로 옆에 있었으니까 망정이지 하마터면 아기가 크게 다칠 뻔했다.
폭삭	기운이 없이 내려앉거나 주저앉는 모양. 예 이번 지진으로 지붕이 폭삭 무너졌다.
소슬하다(蕭瑟-)/ 소슬하니	바람이 쓸쓸한 느낌을 주고 차다. 예 여름이 다 가고 소슬한 가을바람이 불어온다.
덩그러니	혼자서 쓸쓸하게. 예 식탁 위에는 수저만 덩그러니 놓여 있다.
워낙	두드러지게 아주. 예 그 친구는 워낙 바빠서 이 모임에 불참할 것 같아요.
박살	깨어져 산산이 부서짐. 예 갑자기 거울이 책상에서 떨어지자 박살이 났다.
진땀	몹시 애를 쓰고 힘이 들 때 흐르는 땀. 예 날카로운 사회자의 질문에 발표자는 진땀을 흘리면서 답변을 했다.
다행히(多幸-)	뜻밖에 일이 잘 되어 운이 좋게. 예 어려운 상황에서 열심히 공부하게 하였더니 다행히 대기업에 취업을 하게 되었다.
수월하다/수월하게	힘들지 않아 하기가 쉽다. 예 광양에 있는 가야산은 등반하기가 수월하다.
요령(要領)	경험으로부터 얻은 묘한 이치. 예 기억하는 요령이 생겨 공부를 아주 잘한다.

박속	박의 안에 씨가 박혀 있는 하얀 부분. 예 가난했던 시절에는 박속으로 음식을 만들어 먹었다.
뿌듯하다/뿌듯해진	기쁨이나 감격이 마음에 가득 차서 벅차다. 예 건강하게 자란 아들을 보니 내 마음이 뿌듯해진다.
한층	일정한 정도에서 한 단계 더. 예 날씨가 더워지자 시원한 맥주 생각이 한층 더 간절하다.
설거지	음식을 먹고 난 더러워진 그릇을 씻고 치우는 것. 예 오늘이 내 생일이라서 남편은 설거지를 해 주었다.
혹시(或是)	확실한 것은 아니지만. 내가 짐작하기로. 예 혹시 실패하더라도 용기를 잃지 마라.
에워싸다/에워싸고서	둘레를 빙 둘러싸다. 예 친구들이 내 주위를 에워싸고 있었다.
톱질	톱으로 나무나 쇠붙이 따위를 켜거나 자르는 일. 예 목수들이 산에서 톱질하는 소리가 들려왔다.
돋다/돋아	어떤 감정이나 기색이 표정에 생겨 나타나다. 예 동생은 꽹과리를 치면서 형 옆에서 흥을 돋아주고 있었다.
후렴(後斂)	노래 끝에 되풀이하여 나타나는 같은 가락의 짧은 마디. 예 사람들은 강강술래 후렴을 받으면서 뛰고 논다.
비명(悲鳴)	몹시 놀라거나 괴로울 때 지르는 외마디 소리. 예 그녀는 쥐 한 마리를 보고는 비명을 질렀다.
멀찍이	꽤 멀리. 예 어머니는 아버지의 뒤를 멀찍이 따라오셨다.
안절부절	마음이 불안하고 초조하여 어찌할 줄을 모르는 모양. 예 그는 초조해서 복도에 나가 안절부절 서성거렸다.
괴변(怪變)	뜻하지 않은 매우 이상한 사건. 예 몇 해 동안 나라 안팎에 흉한 괴변들이 일어났다.
잔뜩	어떤 정도가 몹시 심하거나 아주 많이. 예 우리는 잔칫집에서 음식을 잔뜩 먹었다.

솔직히(率直-)	거짓으로 꾸미거나 숨김이 없이 바르게. 예 솔직히 말해서 나는 바보도 아니고 천재도 아니다.
굴뚝	불이 탈 때 생기는 연기를 모아서 공중으로 내보내도록 집이나 건물에 곧바로 높이 세운 관. 주로 '무엇을 하고 싶은 생각이 간절하다'는 표현 을 할 때 '굴뚝같다'고 함. 예 나는 컴퓨터를 사고 싶은 생각이 굴뚝 같다.
체면(體面)	남을 대하기에 떳떳한 도리나 입장. 예 그녀는 체면이나 부끄러움 따위를 모르는 사람이다.
빗발치다/빗발칠	거센 빗줄기처럼 쏟아지거나 떨어지다. 예 어머니의 잔소리가 갑자기 빗발쳤다.
궤짝(櫃-)	물건을 넣어두는 나무로 만든 큰 상자. 예 할아버지는 시장에서 궤짝을 하나 사오셨다.
단단히	확실하고 야무지게. 예 형은 동생에게 단단히 일러두고 학원에 갔다.
이르다/일러	이야기하거나 말하다. 예 어머니는 나에게 점심 꼭 챙겨먹으라 일러놓고 외출하셨다.
재촉	어떤 일을 빨리 하도록 몰아치며 요구하는 것. 예 나는 아버지에게 컴퓨터를 사달라고 재촉했다.
슬그머니	남이 잘 알아차리지 못할 정도로 표 나지 않게. 예 그는 식구들이 깰까 봐 슬그머니 집을 나왔다.
아무튼	의견이나 일의 성질, 형편, 상태 따위가 어떻게 되어 있든. 어쨌든. 여하튼. 하여튼. 예 아무튼 앞으로 잘 지내봅시다.
요술(妖術)	사람의 눈을 어리어 여러 가지 이상한 일을 보이는 술법. 예 나는 요술하는 재주가 있으면 좋겠다.
세간	집안 살림에 쓰는 여러 가지 물건. 예 집이 가난하여 세간들이 별로 없다.
덩실덩실	장단에 맞추어 팔, 다리, 어깨를 흥겹게 놀리며 춤을 추는 모양. 예 할머니는 음악을 틀어놓고 덩실덩실 춤을 추었다.

부자(富者)	재산이 많은 사람. 예 스스로 돈을 벌어 **부자**가 되었다.
얼핏	언뜻. 지나는 결에 잠깐 나타나는 모양. 예 그림자만 **얼핏** 봐도 내 남편임을 알 수 있다.
건장하다(健壯-)/ 건장한	몸집이 크고 튼튼하다. 예 아무리 **건장한** 젊은이라도 그런 중노동을 견디기는 어려울 것이다.
넋/넋이	정신이나 마음. 예 그녀는 **넋**을 잃고 멍하니 서 있었다.
산더미(山-)	아주 많은 물건이나 일거리. 예 오늘 끝내야 할 숙제가 **산더미**처럼 밀려있다.
대궐(大闕)	옛날에 임금이 살면서 정사를 보던 집. 궁궐(宮闕). 예 **대궐** 같은 집에서 살아보고 싶다.
스멀스멀	살갗에 벌레가 자꾸 기어가는 것처럼 근질근질한 느낌. 예 지겹고 무료한 일상 속에서 까맣게 묻어두었던 어떤 감정이 **스멀스멀** 피어올랐다.
쟁이다/쟁여	여러 개를 포개어 쌓다. 예 책을 책꽂이에 꽂지 않고 바닥에 **쟁여** 놓았다.
덮치다	갑자기 세게 습격하다. 예 파도가 해변으로 **덮쳐**왔다.
옥동자(玉童子)	잘생긴 사내아이. 예 그녀는 귀엽고 튼튼한 **옥동자**를 낳았다.
순식간(瞬息間)	눈을 한 번 깜빡하거나 숨을 한 번 쉴만한 아주 짧은 동안. 예 그 모든 것이 **순식간**에 벌어진 일이었다.

➔ -았/었/였다가

- 앞의 동작이 끝나고 뒤에 반대의 동작이 옴을 나타낼 때 사용한다.
- 어떤 동작이나 상태가 모두 끝난 후에 예상하지 못한 일이 일어남을 나타낼 때 사용한다.(주로 '가다, 오다, 나오다, 들어가다'와 자주 쓰임.)

- 마이클은 의자에 앉았다가 일어났어요.

- 나는 김치를 담갔다가 맛이 없어서 버렸어요.

- 지하철을 탔다가 잘못 타서 내렸어요.

- 외국여행을 갔다가 선생님을 만났어요.

- 백화점에 갔다가 친구를 만났어요.

➔ -(으)ㄴ/는커녕

- 앞의 것은 말할 필요도 없이 불가능하거나 어렵고, 뒤의 경우조차 이루기 어려움을 나타낼 때 사용한다.
- 주로 부정적인 상황에 많이 쓰임.

- 밥은커녕 죽도 못 먹고 살아요.

- 일등은커녕 꼴찌나 면했으면 좋겠어요.

- 고마워하기는커녕 아는 체도 안 했어요.

- 된장찌개는커녕 라면이라도 잘 끓이면 좋겠어요.

- 택시는커녕 버스 타고 다닐 돈도 없어요.

연습 문제

1 왼쪽에 있는 말들의 의미를 오른쪽에서 찾아 연결하시오.

① 바가지 •　　　　　　　• ㉠ 잘생긴 사내아이

② 폭삭 •　　　　　　　• ㉡ 정신이나 마음

③ 진땀 •　　　　　　　• ㉢ 집안 살림에 쓰는 여러 가지 물건

④ 박속 •　　　　　　　• ㉣ 몹시 애를 쓰고 힘이 들 때 흐르는 땀

⑤ 톱질 •　　　　　　　• ㉤ 박을 둘로 쪼개어 속을 파내고 삶아서 말린 것

⑥ 비명 •　　　　　　　• ㉥ 어떤 일을 빨리 하도록 몰아치며 요구하는 것

⑦ 체면 •　　　　　　　• ㉦ 몹시 놀라거나 괴로울 때 지르는 외마디 소리

⑧ 재촉 •　　　　　　　• ㉧ 남을 대하기에 떳떳한 도리나 입장

⑨ 세간 •　　　　　　　• ㉨ 톱으로 나무나 쇠붙이 따위를 켜거나 자르는 일

⑩ 넋 •　　　　　　　• ㉩ 옛날에 임금이 살면서 정사를 보던 집

⑪ 대궐 •　　　　　　　• ㉪ 기운이 없이 내려앉거나 주저앉는 모양

⑫ 옥동자 •　　　　　　　• ㉫ 박의 안에 씨가 박혀 있는 하얀 부분

2 적당한 말을 보기에서 찾아서 _____에 알맞은 형태로 쓰시오.

보기	에워싸다, 소슬하다, 쟁이다, 건장하다, 이르다, 돋다

① 여름이 다 가고 _____ 가을바람이 불어온다.

② 친구들이 내 주위를 _____ 있었다.

③ 동생은 꽹과리를 치면서 형 옆에서 흥을 _____ 있었다.

④ 어머니는 나에게 점심 꼭 챙겨먹으라 _____ 외출하셨다.

⑤ 아무리 _____ 젊은이라도 그런 중노동을 견디기는 어려울 것이다.

⑥ 책을 책꽂이에 꽂지 않고 바닥에 _____ 놓았다.

3 적당한 말을 보기에서 찾아서 _____에 쓰시오.

| 보기 | 산더미, 곳간, 망정, 요령, 박살, 요술, 설거지, 후렴, 부자, 궤짝, 괴변 |

① 엄마가 바로 옆에 있었으니까 _____이지 하마터면 아기가 크게 다칠 뻔했다.

② 갑자기 거울이 책상에서 떨어지자 _____이/가 났다.

③ 기억하는 _____이/가 생겨 공부를 아주 잘한다.

④ 오늘이 내 생일이라서 남편이 _____을/를 해 주었다.

⑤ 사람들은 강강술래 _____을/를 받으면서 뛰고 논다.

⑥ 몇 해 동안 나라 안팎에 흉한 _____들이 일어났다.

⑦ 할아버지는 시장에서 _____을/를 하나 사오셨다.

⑧ 스스로 돈을 벌어 _____이/가 되었다.

⑨ 나는 _____하는 재주가 있으면 좋겠다.

⑩ 오늘 끝내야 할 숙제가 _____처럼 쌓여 있다.

⑪ 가을에는 _____에 쌀가마를 쌓아 둔다.

4 보기와 같이 _____친 말을 뜻이 비슷한 다른 말로 바꾸어 쓰시오.

| 보기 | 식탁 위에는 수저만 <u>덩그러니</u> 놓여 있다.
⋯⋯▶ 식탁 위에는 수저만 <u>쓸쓸하게</u> 놓여 있다. |

① 그 친구는 <u>워낙</u> 바빠서 이 모임에 불참할 것 같아요.

⋯⋯▶ 그 친구는 _____ 바빠서 이 모임에 불참할 것 같아요.

② 열심히 공부하게 하였더니 <u>다행히</u> 대기업에 취업을 하게 되었다.

⋯▶ 열심히 공부하게 하였더니 _____ 대기업에 취업을 하게 되었다.

③ <u>혹시</u> 실패하더라도 용기를 잃지 마라.

⋯▶ _____ 실패하더라도 용기를 잃지 마라.

④ 어머니는 아버지의 뒤를 <u>멀찍이</u> 따라오셨다.

⋯▶ 어머니는 아버지의 뒤를 _____ 따라오셨다.

⑤ 우리는 잔칫집에서 음식을 <u>잔뜩</u> 먹었다.

⋯▶ 우리는 잔칫집에서 음식을 _____ 먹었다.

⑥ <u>아무튼</u> 앞으로 잘 지내봅시다.

⋯▶ _____ 앞으로 잘 지내봅시다.

⑦ 그림자만 <u>얼핏</u> 봐도 내 남편임을 알 수 있다.

⋯▶ 그림자만 _____ 봐도 내 남편임을 알 수 있다.

5 아래 문장의 (   )에 있는 말들 중 적당한 것에 O를 하시오.

① 광양에 있는 가야산은 등반하기가 (우수하다 / 수월하다).

② 지겹고 무료한 일상 속에서 까맣게 묻어두었던 어떤 감정이 (스멀스멀 / 무럭무럭) 피어올랐다.

③ 그는 초조해서 복도에 나가 (옴짝달싹 / 안절부절) 못하고 서성거렸다.

④ 형은 동생에게 청소해 놓으라고 (단단히 / 무겁게) 일러두고 학원에 갔다.

⑤ 할머니는 음악을 틀어놓고 (깡충깡충 / 덩실덩실) 춤을 추었다.

⑥ (솔직히 / 소홀히) 말해서 나는 바보도 아니고 천재도 아니다.

6 보기와 같이 -았/었/였다가를 사용하여 문장을 완성하시오.

보기	마이클은 의자에 <u>앉았다가</u> 일어났어요. (앉다)

① 나는 김치를 ＿＿＿＿＿＿＿ 맛이 없어서 버렸어요. (담그다)

② 지하철을 ＿＿＿＿＿＿＿ 잘못 타서 내렸어요. (타다)

③ 외국여행을 ＿＿＿＿＿＿＿ 선생님을 만났어요. (가다)

④ 백화점에 옷을 ＿＿＿＿＿＿＿ 안 맞아서 바꿨어요. (사다)

7 보기와 같이 -(으)ㄴ/는커녕을 사용하여 문장을 완성하시오.

보기	<u>밥은커녕</u> 죽도 못 먹고 살아요.

① ＿＿＿＿＿＿＿ 꼴찌나 면했으면 좋겠어요. (일등)

② ＿＿＿＿＿＿＿ 아는 체도 안 했어요. (고맙다고 하다)

③ ＿＿＿＿＿＿＿ 라면이라도 잘 끓이면 좋겠어요. (된장찌개)

④ ＿＿＿＿＿＿＿ 버스 타고 다닐 돈도 없어요. (택시)

⑤ ＿＿＿＿＿＿＿ 예선이라도 통과했으면 해요. (우승)

⑥ ＿＿＿＿＿＿＿ 구박이나 받지 않았으면 해요. (칭찬)

⑦ ＿＿＿＿＿＿＿ 빼앗아 가지나 않았으면 좋겠어요. (도와주다)

쓰기 관련 문제

1 흥부가 첫 번째 박을 타는 과정을 설명해 보시오.

2 첫 번째와 두 번째 박에서는 어떤 것들이 나왔나요?

3 세 번째 박에서 나온 것들을 설명해 보시오.

⊖ 관용구

〟 파김치가 되다

　–몹시 지쳐서 기운이 아주 느른하게 되다.

〟 물불을 가리지 않다

　–어떤 어려움이나 위험을 고려하지 않고 막무가내로 행동하다.

〟 코가 납작해지다

　–몹시 무안(無顔)을 당하거나 기(氣)가 죽어 위신(威信)이 뚝 떨어지다.

〟 시치미를 떼다

　–알고 있으면서도 모르는 체하거나 하고도 안 한 체하다.

⊖ 고사성어

〟 상전벽해(桑田碧海, 뽕나무 상. 밭 전. 푸를 벽. 바다 해)

　–뽕나무 밭이 변하여 푸른 바다가 되다.

　　세상의 변화가 몰라볼 정도로 덧없이 바뀜을 이르는 말.

〟 새옹지마(塞翁之馬, 변방 새. 늙은이 옹. 어조사 지. 말 마)

　–변방 늙은이의 말.

　　인생의 길흉화복(吉凶禍福)은 항상 변하는 것이어서 미리 알 수가 없다는 말.

〟 선입견(先入見, 먼저 선. 들 입. 볼 견)

　–애초부터 머릿속에 있는 고정적인 견해.

　　미리 보거나 듣거나 한 것이 자신의 생각이나 판단의 기준이 되기 쉽다는 말.

제11과

놀부가 흥부 집에 찾아가다

◉ 어휘 알아보기

칭송, 푸대접, 오히려, 득실대다, 소문, 저절로,
일부러, 수작, 무궁무진하다, 숙덕거리다, 엿듣다 등

◉ 문법과 표현 살펴보기

① -(으)ㄴ/는 대로
② -는 김에

◉ 쉬어 가는 코너

속담

열 길 물속은 알아도 한 길 사람 속은 모른다
오르지 못할 나무는 쳐다보지도 마라
열 손가락 깨물어 안 아픈 손가락 없다
서당 개 삼 년이면 풍월을 읊는다

고사성어

식자우환(識字憂患)
신출귀몰(神出鬼沒)
수즉다욕(壽則多辱)

　흥부는 천성이 착하다 보니 부자가 된 뒤에도 착한 일을 아주 많이 하였습니다. 주변에서 굶주리는 이웃들을 초대하여 배불리 먹이고 식량도 나누어 주었습니다. 옷이 해어진 이웃들에게는 옷감을 나누어 주어 새 옷을 지어 입게 하였습니다. 이렇게 흥부가 착한 일을 하다 보니 사람들 사이에 칭송이 자자해졌습니다. 흥부의 칭찬은 들불이 번지듯 재빠르게 퍼져 나갔습니다. 이웃 고을 너머 멀리 떨어져 사는 놀부네 마을까지 전해졌습니다.

　소문이 널리 퍼지다 보니 흥부네 집에 찾아오는 사람들이 많아졌습니다. 하루가 다르게 찾아오는 사람들의 수가 늘어났습니다. 흥부는 모르는 사람들이 찾아와도 푸대접을 하지 않았습니다. 낯선 사람들이 찾아오면 오히려 온갖 신경까지 써 가며 따스하게 대해주었습니다. 그러다 보니 흥부네 집은 마치 잔칫집처럼 사람들로 득실댔습니다.

　흥부가 제비 나라 임금으로부터 보물을 받은 지 벌써 한 달이 넘어갔습니다. 놀부

귀에도 여러 차례 소문이 들렸습니다. 듣고 싶지 않아도 저절로 들려왔습니다. 흥부 이야기를 꺼내지 말라며 으름장을 놓는 일은 집안 식구들이나 하인들에게나 가능한 거였습니다. 길거리에서 사람들이 나누는 대화까지는 어떻게 할 수가 없었습니다. 그러다 보니 놀부는 길을 가다가 종종 흥부의 이야기를 듣게 되었습니다.

놀부는 처음에 흥부 이야기를 들었을 때는 귓등으로 흘려 넘겼습니다. 누군가 거짓으로 지어낸 헛소문쯤으로 여겼습니다. 그런데도 계속해서 흥부 이야기가 들려오자 이번에는 사람들이 일부러 놀부 자신의 행동을 보려고 수작을 부리는 걸로 생각했습니다. 그런데 날이 갈수록 흥부의 이야기는 무궁무진하게 계속 됐습니다. 심지어는 집안 하인들까지 숙덕거리는 소리를 엿듣게 되었습니다.

"마당쇠, 네 이놈! 조금 전에 말한 흥부가 내 동생 흥부냐?"

놀부는 더 이상 참을 수 없어 흥부 말을 수군대던 마당쇠를 다그쳐물었습니다.

"네, 영감님! 작은 서방님 흥부 서방님 이야기가 맞구먼요."

"네놈도 어디서 허무맹랑한 헛소문을 듣고 와서 괜한 사람 허파에 바람 들게 헛소리로 꾀고 그러느냐?"

"아이고, 영감님. 헛소문을 듣고 와서 사람들의 마음을 꾀다니요? 저는 보고 온 대로만 말을 했을 뿐입니다."

"무엇이라고 네 놈이 흥부 집에 가서 보고 왔단 말이냐?"

놀부가 버럭버럭 화를 냈습니다.

마당쇠는 뒤늦게야 아차하고 후회했지만 이미 말이 나와 버렸으니 어쩔 수가 없어 놀부의 처사만 기다리게 되었습니다. 마당쇠는 놀부의 불호령이 떨어질 걸 예상하고 고개를 숙이고서 불안에 떨고 있었습니다.

"기왕 말을 한 김에 하나도 빼놓지 말고 사실대로 세세하게 말을 해 보거라."

"네? 지-진짜요?"

마당쇠는 놀부의 행동이 이상해 고개를 갸웃거리며 말했습니다.

"동네 사람들이 흥부 서방님 집에 가서 밥도 배불리 먹고 쌀도 얻어오고 옷감까지 얻어왔다기에 이놈이 무슨 사연인지 궁금하여 참을 수가 없어서 새벽같이 가봤습니다."

"그랬더니?"

"아, 글쎄 흥부 서방님 댁에 가봤더니 으리으리한 큰 기와집에서 살고 계시더라고요."

"뭐? 으리으리하게 큰 기와집에서 흥부 놈이 살고 있더라고?"

"네, 이 집하고는 비교도 안 될 정도로 크고 넓어요."

"뭣이라고? 이 도둑놈이 어디서 도둑질을 해 와서 그렇게 크고 넓은 집에서 산다는 말이냐?"

"그뿐만이 아니에요. 찾아온 사람들을 배불리 먹여 주고 돌아갈 때는 곡식도 나눠 주고 옷감도 한 필씩 나눠 주던데요."

"뭐? 뭣이라고?"

"아이고 영감님은 귀가 잡수셨어요? 제가 이 두 눈으로 똑똑히 본 대로 이야기를 하는데도 못 알아들으시게요!"

"어디서 그 많은 곡식과 옷감이 생겼다더냐?"

"거기까지는 저도 잘 모르겠어요. 제가 가만히 보니까 흥부 서방님 네는 이집 안채보다 더 큰 곳간이 두 채나 있더라고요. 그곳에 옷감과 곡식이 가득 차 있는 것 같았어요. 사람들 말에 의하면 온갖 살림살이며 귀중품들도 가득 들어있다고 하던데요?"

"뭐? 뭣이라고? 이집 안채보다 더 큰 곳간이 두 채나 되는데 그곳에 온갖 귀중품이 가득 차 있다 이 말이지?"

"네. 맞구먼요. 제가 본 대로 그리고 들은 대로 말했구먼요."

"당장 가서 확인을 해 봐야겠다. 마당쇠야 어서 앞장서라."

놀부는 마당쇠를 앞세우고서 흥부 집으로 향했습니다. 놀부가 동네를 벗어나자 흥부에 대한 칭송이 계속해서 이어졌습니다. 사람들은 들일을 하다가도 길을 걷다가도 흥부 이야기를 하였습니다. 두 명만 모였다하면 흥부 이야기로 이야기꽃을 피웠습니다.

홍부네 집에 가까워지자 사람들이 구름 떼처럼 몰려가고 있는 게 보였습니다.

"마당쇠야, 뭔 사람들이 어디로 이렇게 몰려간다냐?"

"척 보면 모르겠어요? 아마도 흥부 서방님 댁으로 갈 거예요."

"흥부 집에는 왜?"

"아이고, 우리 영감님이 까마귀 고기를 구워 드셨나? 벌써 또 까먹으셨어요? 흥부 서방님이 밥도 배불리 먹여주고 먹을 곡식과 옷감까지 나눠준다고 했잖아요. 그러니 그걸 받으러 가는 거죠."

"흥부 이놈은 어릴 때부터 미련해 터져서 만날 손해 보는 짓만 해 대더니 아직도 그대로 미련한가 보구나. 부자가 됐으면 먼저 이 형님을 찾아와서 맡겨 놓을 생각은 안 하고 미련하게 물 쓰듯 막 써버리니. 쯧쯧쯧-"

놀부는 마치 자신의 재산을 흥부가 써대는 것처럼 화까지 내었습니다.

마당쇠는 놀부가 마음에 안 들어 입을 삐죽거리며 걸어갔습니다. 마당쇠가 마음이 뒤틀리다 보니 놀부가 따라오기 힘들게 뛰다시피 빠르게 걸었습니다. 놀부는 마당쇠를 놓치지 않기 위해 땀까지 흘리며 뒤따라갔습니다. 그런데도 놀부는 마당쇠를 혼내거나 타박하지 않았습니다. 마당쇠는 놀부가 헉헉거리며 숨까지 헐떡이면서도 전혀 혼내지 않고 뒤따라오는 게 이상하기만 했습니다.

"영감님, 바로 저기 보이는 고래등같은 기와집이 흥부 서방님 집이구먼요."

마당쇠가 멀리 보이는 흥부 집을 가리키며 말했습니다.

"분명히 저곳이 내 동생 흥부 놈 집이란 말이지?"

놀부는 마당쇠가 대답도 하기 전에 벌써 저만치 뛰어가고 있었습니다. 어찌나 빠르던지 마당쇠는 숨을 헐떡이며 뒤따라갔습니다.

놀부가 흥부 집 대문 앞에 도착해 보니 사람들이 득실득실 모여 있었습니다. 벌떼처럼 떼를 이루고 있어서 안으로 들어갈 만한 빈틈이 없어 보였습니다. 사람들을 비집고 들어가려고 생각하니 놀부는 은근히 부아가 치밀어 올랐습니다.

"저리들 비켜!"

놀부가 버럭 화를 내며 소리쳤습니다.

"아니, 당신이 뭔데 비키라 마라 소리치시오?"

대문 앞에서 자신의 차례가 되기를 기다리고 있던 사람들이 말했습니다.

"아니 이놈이, 지금 눈이 삐었다냐? 이놈아 내가 누군지를 몰라서 묻는 거냐?"

"내가 당신이 누군지 알게 뭐요? 정신 사납게 큰소리를 치며 난리치지 말고 저 뒤로 가서 줄이나 서서 차례를 기다리지 어디서 툭 불거져 나와서는 되레 큰소리를 치는 거요?"

"네 이놈! 네 놈들이 내 동생 흥부한테 빌붙어서 뜯어먹으려고 몰려든 놈들이로 구나. 이 염치도 없는 놈들아, 내 동생 흥부 간을 빼먹으려고 이렇게 몰려들었지?"

놀부는 이 소리 저 소리 입에서 나오는 대로 마구 내뱉었습니다.

사람들은 귀에 거슬리는 소리를 들으면서 분개하였습니다. 놀부에게 대들려고 하 는데 집안에서 흥부가 달려 나왔습니다.

"아이고, 형님! 어쩐 일로 이렇게 저희 집에 찾아오셨어요? 오셨으면 얼른 들어오 시지 왜 여기서 소리는 지르시고 그러세요?"

"아, 이 도둑놈들이 네놈 피를 빨아 먹으려고 해서 내 혼 좀 내주고 있었다."

"아이고, 형님, 제 피를 빨아먹다니요? 제가 초청해서 온 사람들이니 괄시하지 마 세요. 이 사람들을 형님은 신경 쓰시지 말고 어서 안으로 들어가시게요."

"지금 나한테 신경을 쓰지 말라는 걸 보니 네놈이 아직도 철이 안 든 모양이구나. 흥부 네놈은 헛소리 그만하고 지금부터 내가 하는 대로만 지켜봐라."

"혀형님!"

흥부는 형님의 성격을 잘 알기에 난감해 하였습니다.

어떻게든 형님을 막아 보고 싶었지만 도저히 그럴 수가 없었습니다. 형님을 막았 다가는 더 큰 화를 입을지도 모를 일이라 어쩔 수 없어 흥부는 주변에 모여 있는 사람들에게 말했습니다.

"여러분, 정말 죄송합니다. 오늘은 제 형님께서 오셨으니 그만 돌아가셨다가 내일 다시 오시지요? 내일 오시면 제가 오늘 드리려고 했던 것보다 두 배씩 더 챙겨 드리겠습니다."

그냥 돌아가라고 하자 주변에 모여 있던 사람들이 웅성웅성 소란스러워지기 시작했습니다. 흥부는 거듭하여 고개까지 숙여가면서 죄송하다는 말을 하였습니다. 흥부가 아주 정중하게 사과를 하자 웅성거리던 사람들이 조용해지기 시작했습니다. 그리고 흥부 체면 때문에 놀부에게 대들지도 못 하고 서성거렸습니다. 놀부의 행동들이 눈에 거슬리고 심기까지 불편했지만 흥부가 있어 항의는커녕 화풀이도 할 수 없었습니다. 사람들은 서운한 마음을 숨긴 채 하나 둘 뿔뿔이 흩어져 되돌아갔습니다.

"어서 집안에 있는 사람들도 모두 쫓아내야지 뭐 하고 있냐?"

놀부가 되돌아가는 사람들을 배웅하고 있는 흥부에게 소리쳤습니다.

"형님, 제발 조금만 기다려 주세요. 집안에 있는 사람들은 제가 알아서 금방 돌려보낼게요."

"또 헛소리. 마당쇠야, 어서 부엌에 가서 물바가지를 가져오너라. 소금 자루도 가져오고."

"형님, 제발이요."

흥부가 놀부에게 매달려 통사정을 하였습니다.

그런데도 놀부는 화를 멈추지 않고 집안에 있는 사람들에게 버럭버럭 소리를 질러가며 쫓아냈습니다. 그런데 집안에 워낙 많은 사람들이 와 있어서 다 내보내는 데는 제법 많은 시간이 흘렀습니다. 얻어먹으러 왔던 사람들이 모두 돌아가고 나자 놀부가 화를 내며 흥부에게 소리쳤습니다.

"어서 가서 대문을 걸어 잠그고 오너라."

"형님, 왜 대문까지 걸어 잠그라고 하세요?"

"허허, 이놈이 아직도 정신을 못 차리고 있구나."

"네? 그게 무슨 말씀이세요?"

"이놈아, 네놈이 갑자기 이처럼 벼락부자가 된 게 다 도둑질을 해서 이렇게 됐을 게 아니냐. 그러니 다른 사람들이 이 소리를 듣고서 관아에 고발이라도 하면 네놈이

붙잡혀 갈 것 아니냐? 그뿐만이 아니라 이 많은 재물까지 몽땅 빼앗길 것 아니냐?"

"형님, 제가 왜 도둑질을 해요. 도둑질을 해서 모은 게 아니니 걱정 하지 마세요."

"이놈이 그래도 거짓말을 하네. 네놈이 도둑질을 하지 않았다면 어디서 이 많은 재산이 생겼단 말이냐? 하루아침에 도깨비가 가져다 줬을 리도 없고. 그런다고 요술 방망이가 있어 재물을 계속 생겨나게 하는 것도 아닐 테고."

"형님, 그 이야기라면 제가 소상히 알려 드릴 테니 어서 방으로 들어가세요."

흥부가 놀부의 손을 잡아끌었습니다.

놀부는 어떻게 부자가 됐는지를 알려준다는 말에 귀가 솔깃해졌습니다. 그래서 흥부가 손을 잡아끌자 못 이긴 척 따라 들어갔습니다. 놀부가 흥부의 방으로 들어가자 방안이 휘황찬란했습니다. 12폭 병풍을 비롯하여 화초장과 자개가 꽃처럼 화려하게 박혀 있는 나전칠기 문갑이 놓여 있었습니다. 그리고 문갑 위에 놓인 온갖 골동품은 진귀하고 값비싼 것들이었습니다. 놀부는 눈이 휘둥그레지고 입이 쩍 벌어졌습니다.

"이놈! 거짓말일랑 할 생각은 허덜덜 말고 있는 대로 사실대로 말해 보아라."

홍부는 형 놀부에게 다리가 부러진 제비 이야기부터 소상하게 들려주었습니다. 놀부는 이야기를 듣고 나서 홍부를 다그치기 시작했습니다.

"진짜로 부러진 제비 다리를 고쳐줬더니 이렇게 큰 부자로 만들어줬단 말이지?"

"네 형님. 제가 왜 형님께 거짓말을 하겠어요. 정말로 제비 나라 임금님이 이렇게 부자로 만들어 줬어요."

"알았다. 그런데 네가 조금 전에 금덩이가 계속 나오는 궤짝을 받았다고 했는데 그건 거짓말이지?"

놀부가 홍부의 눈치를 살피며 물었습니다.

"형님, 왜 제가 형님한테 거짓말을 하겠어요? 이건 저희 가족들만 알고 있는 거예요. 여태껏 아무한테도 말한 적이 없어요. 형님이니까 특별히 말씀 드린 거예요."

"그런 거짓말을 누가 믿겠냐? 길거리에 나가서 말을 해 봐라. 삼척동자도 미친 소리 한다고 손가락질을 할 테니."

놀부는 일부러 홍부의 속이 뒤틀리게 말을 하였습니다.

홍부는 이런 놀부의 속마음은 눈곱만큼도 눈치를 채지도 못하였습니다. 그러다 보니 형님이 믿을 수 있게 보여줘야겠다는 생각이 들었습니다. 그래서 부인을 불러서 아이들과 조용히 금이 나오는 궤짝을 가져오게 하였습니다.

"형님, 이제 잘 보세요?"

"진짜 이게 금덩이가 자꾸 생겨난다는 궤짝이란 말이지?"

"네!"

놀부는 마음속으로 기뻐했습니다. 하지만 겉으로는 표가 나지 않게 노력을 하느라 안간힘을 썼습니다. 놀부의 마음을 전혀 눈치 채지 못한 홍부는 금덩이가 생겨나는 것을 놀부 앞에 보여줬

습니다. 놀부는 그 모습을 보고 있으려니 궤짝에 욕심이 생겼습니다. 어떻게든 흥부에게서 궤짝을 빼앗아 가야겠는데 딱히 좋은 방법이 떠오르질 않았습니다. 놀부는 어떻게 핑계를 대야 하는지 궁리를 하느라 얼굴 표정이 심하게 일그러지기 시작했습니다.

"형님, 갑자기 표정이 왜 그러세요? 혹시 속병이라도 나셨나요?"

흥부가 놀라 되물었습니다.

흥부가 걱정을 하자 놀부에게 번쩍 생각이 떠올랐습니다.

"네 이놈! 네놈을 사람이 되라고 집에서 내보냈더니 이렇게 도깨비 장난감 같은 것을 가져다가 살고 있으니 내 원통해서 이런다 이놈아!"

"형님, 그게 무슨 말씀이세요?"

"그러면 그렇지, 네 놈이 아직도 문리(文理)가 안 트였으니, 어찌 이 형님의 깊은 속내를 알겠냐?"

"형님, 제가 알아들을 수 있게 자세히 말씀 좀 해 보세요."

흥부가 사정까지 하여 가며 말했습니다.

"네 그냥 가려고 했으나 네놈이 내 동생인데 인정 많은 내가 어찌 그냥 갈 수가 있겠냐. 그래서 비록 말을 하고 싶지는 않지만 내 들려 줄 테니 잘 들어라."

놀부는 거드름까지 피우며 뜸을 들였습니다.

"형님, 제발 제가 알아들을 수 있게 말씀해 주세요."

"내가 네놈을 가슴이 찢어지는데도 눈물까지 머금어가면서 내 보낼 때 뭐라고 했냐? 네가 자식들도 주렁주렁 낳아서 부모 재산에만 기대어 살기에 가장으로서 역할을 배워보라고 내 보냈지? 그런데 이런 도깨비 같은 물건을 손에 넣고 재물을 물 쓰듯이 하고 있으니 가장으로서 책임감은 언제 배울 것이냐. 어리석은 네놈 앞날이 앞으로 어떻게 될지 내 원통해서 이런다. 흑흑흑"

놀부는 거짓으로 흐느꼈습니다.

그리고 죽은 부모까지 들먹거리며 온갖 말들을 하였습니다. 흥부가 스스로 궤짝을 가져가라는 말을 꺼낼 때까지 갖은 말들을 해가며 억지 눈물을 찍어내고 콧물까지 훌쩍거렸습니다. 흥부는 놀부의 이야기를 듣다 보니 돌아가신 부모님 생각이 봇물처럼 밀려들었습니다. 놀부가 곁에서 콧물을 훌쩍거리며 눈물을 찔끔거리자 흥부도 따라서 눈물을 흘리며 훌쩍거리기 시작하였습니다. 흥부가 슬픔을 이겨내지 못하고 눈물을 흘리자 놀부는 마음속으로 옳거니 하고서 쾌재를 불렀습니다. 놀부는 하늘이 내린 기회라는 생각이 들었습니다. 때를 놓치면 안 될 것 같아 차근차근 다정한 말투로 말을 하였습니다.

"어떠냐? 네가 가장으로서 역할을 제대로 배울 때까지 이 궤짝을 내가 맡아서 관리를 했으면 하는데?"

눈물을 흘리고 있던 흥부는 놀부의 말을 듣고서 그러라고 하였습니다. 기분이 좋아진 놀부가 갑자기 서두르기 시작하였습니다.

"마당쇠야, 마당쇠야 어서 들어오너라."

뒤늦게 마당쇠가 나타나자 놀부는 궤짝을 짊어지게 하고서 흥부 집을 나섰습니다. 부엌에서 식사 준비를 하고 있던 흥부 부인이 놀부가 돌아간다는 소리를 듣고서 허겁지겁 달려 나왔습니다.

"아주버님, 식사나 하고 가세요. 이제 곧 밥상을 들여보낼게요."

흥부 부인이 사정을 하며 말했습니다.

놀부는 혹시나 흥부가 마음을 바꿀까 봐 조바심이 났습니다.

"밥은 내일 다시 와서 먹을 테니 그리 아시오. 그리고 난 집에 급한 일이 생겨서 그만 가 봐야겠소. 마당쇠야 빨리 달려가자."

놀부가 마당쇠를 다그쳤습니다.

흥부는 흘러내리는 눈물을 훔쳐내며 형님이 돌아가는 것을 지켜볼 뿐이었습니다.

"서방님, 그런데 저 궤짝은 조금 전에 들고 들어간 그 궤짝이 아닌지요?"

흥부 부인이 흥부 곁으로 다가와 조용히 물었습니다.

"형님이 나를 위해서 당분간 맡아 주신다고 했소."

"네? 형님이 맡아 주신다고요?"

흥부 부인은 놀부의 마음을 읽어내고서 놀라 되물었습니다.

방으로 들어와 흥부가 자세히 설명하자 흥부 부인이 다시 물었습니다.

"서방님, 그럼 쌀이 생겨나는 궤짝과 생활 용품들이 나오는 궤짝에 대해서도 말을 하셨나요?"

"아니오, 금덩이가 생겨나는 궤짝부터 말을 하느라 아직 그것들까지는 말을 못했소. 금덩이가 나오는 궤짝 이야기만 했는데 형님이 어찌나 다그치며 보자고 하시던지. 그것들은 내일 오시면 그때 말하리다."

흥부는 형님을 속인 것 같아 죄송한 마음이 들었습니다.

"서방님, 제 말을 잘 들으세요. 아주버님은 당신을 생각해서 그 궤짝을 가져가신 게 아니고 욕심이 나서 얼토당토않은 핑계를 대고서 빼앗아 가신 거예요. 그러니 이제부터 어떤 일이 생겨도 다른 궤짝들 이야기는 입도 뻥긋하지 마세요."

"아니, 나더러 지금 형님을 속이란 말이요?"

흥부가 화를 내며 버럭 소리를 질렀습니다.

"형님을 속이라는 게 아니고요. 그 궤짝 이야기를 했다가는 그것마저 빼앗기게 되니까 그러지요. 만약에 다 빼앗기고 나면 어려운 사람들은 어떻게 도와주시려고 그러세요. 또 내일이면 구름 떼처럼 사람들이 몰려들 텐데요."

흥부는 부인의 말을 듣고서 고개를 끄덕였습니다.

칭송(稱頌)	잘한 일이나 좋은 일에 대해서 칭찬하는 것. 예 내 친구는 우등생이라고 동네에서 칭송이 자자하다.
푸대접(-待接)	정성을 들이지 않고 아무렇게나 하는 대접. 예 실직자가 되었을 경우에 그 푸대접은 이루 말할 수 없다.
득실대다(=득실거리다)	한데 빽빽이 모여서 움직거리다. '득시글거리다'의 준말. 예 추석 명절을 맞아 터미널은 사람들로 득실대었다.
소문(所聞)	사람들 사이에 널리 퍼진 말이나 소문. 예 들리는 소문에 의하면 그는 천재라고 한다.
저절로	다른 힘을 빌리지 아니하고 제 스스로. 예 나는 웃음이 저절로 나왔다.
일부러	어떤 목적이나 생각을 가지고. 예 자네하고 술을 한잔하고 간다고 형님이 일부러 오셨네.
수작(酬酌)	얕잡아 이르는 말로 못난 말과 행동. 예 내게 수작을 부릴 생각은 하지 않는 게 좋을 거야.
무궁무진하다(無窮無盡-)	한도 없고 끝도 없다. 매우 많다. 예 광주에는 처음 보는 카페들이 골목골목 무궁무진했다.
숙덕거리다/숙덕거리는	남이 알아듣지 못하도록 낮은 목소리로 은밀하게 자꾸 이야기하다. 예 친구의 아버지가 세상을 떠나자 사람들이 숙덕거렸다.
엿듣다	남이 하는 말을 몰래 듣다. 예 나는 형이 하는 말을 문 뒤에서 엿듣고 있었다.
다그치다/다그쳐	일이나 행동 따위를 욱하며 몰아붙이다. 예 그는 나에게 다그쳐 물었다.
버럭버럭	성이 나서 잇따라 기를 쓰거나 소리를 냅다 지르는 모양. 예 할아버지는 방바닥을 꽝꽝 치며 버럭버럭 고함을 쳤다.
불호령(-號令)	몹시 심하게 하는 꾸지람. 예 할아버지의 불호령이 떨어지자 가족들은 쥐죽은 듯 조용했다.

처사(處事)	일을 처리하는 것. 예 그는 자기만 따돌린 친구의 처사가 괘씸하였다.
갸웃거리다/갸웃거리며	고개나 몸 따위를 이쪽저쪽으로 조금씩 기울이다. 예 머리를 갸웃거려 보았지만 이름이 떠오르지 않았다.
얻다/얻어	남에게 달라고 하여 받아 가지다. 예 거실에 놓을 의자 하나를 이웃집에서 얻어왔다.
으리으리	모양이나 규모가 어마어마하고 굉장하다. 예 나는 으리으리한 고급스러운 집에서 살고 싶다.
안채	여러 채로 되어 있는 한식 주택에서 대문이 달린 바깥채로부터 떨어져 안쪽에 있는 주로 주인이 사는 집채. 예 할아버지의 집 안채에서 아이 우는 소리가 들렸다.
귀중품(貴重品)	귀중한 물건. 예 목욕탕에 가면 귀중품은 카운터에 맡겨야 한다.
미련하다	행동이나 생각이 어리석고 둔하다. 예 그가 똑똑하고 야무지다고 너무 믿은 내가 미련했다.
만날(萬-)	날마다 계속해서. 언제나. 늘. 항상. 예 너는 시험이 코앞인데 만날 놀기만 하니?
삐죽거리다/삐죽거리며	무엇이 못마땅하여 소리 없이 입술을 실룩거리다. 예 그는 친구의 말을 듣고 입을 삐죽거리며 밖으로 나가버렸다.
헉헉거리다	지치고 힘이 들어 숨을 가쁘게 내쉬다. 예 우리들은 헉헉거리면서 산비탈을 뛰어 올라가 주차장까지 왔다.
헐떡이다	거칠고 가쁘게 숨을 쉬다. 예 우리는 온몸이 흠뻑 땀에 젖은 채 숨을 헐떡이며 산을 올랐다.
득실득실	사람이나 동물 따위가 떼로 모여 어수선하게 자꾸 들끓는 모양. 예 화개장터에는 사람들이 득실득실 모여 있었다.
은근히(慇懃-)	겉으로 드러나지 않게. 예 친구들이 나에게 은근히 수작을 걸어 왔다.
부아	노엽거나 분한 마음. 예 나는 끓어오르는 부아를 꾹 참았다.
난리(亂離)/난리치다	전쟁이나 재해로 사람들이 당하는 어지러운 상태. 예 경찰이 도둑을 잡기위해 집에 들어와서 난리치고 갔다.

불거지다/불거져	둥글게 거죽으로 튀어 나오거나 비어져 나오다. 예 그의 눈은 툭 불거져 나와 있었다.
되레	'도리어'의 준말. 예상이나 기대 또는 일반적인 생각과는 반대되거나 다르게. 예 부유한 사람들이 되레 왜 더 이기적일까?
염치(廉恥)	부끄러워하는 마음. 예 술값은 갚지 않으면서 무슨 염치로 또 술을 달라고 하느냐?
분개하다(憤慨-)	매우 분하게 여기다. 예 그는 그의 마음을 아내가 이해해 주지 않는다고 분개했다.
초청하다(招請-)	남을 손님으로 오라고 청하다. 예 나는 친구를 우리 집으로 초청하였다.
괄시하다(恝視-)	업신여겨 하찮게 대함. 예 가난하다고 괄시하면 나쁜 사람이다.
난감하다(難堪-)	이러지도 저러지도 못하다. 예 친구가 돈을 빌려 달라고 하자 난 난감했다.
주변(周邊)	어떤 대상의 둘레 부근. 예 내 주변에는 행복한 사람들이 많다.
항의하다(抗議-)	어떤 일을 부당하다고 여겨 따지고 반대 의견을 밝히다. 예 축구 감독에게 항의하다 퇴장 당했다.
뿔뿔이	제각기 따로따로. 예 수업이 끝나자 학생들은 뿔뿔이 흩어졌다.
통사정(通事情)	딱하고 어려운 형편을 털어 놓으면서 애써 사정하는 것. 예 눈물을 흘리면서 살려 달라고 통사정을 했다.
소상히(昭詳-)	분명하고 상세히. 예 그는 사건의 내막을 소상히 알고 있었다.
화초장(花草欌)	문짝에 유리를 붙이고 화초 무늬를 채색한 옷장. 예 내 방에 화초장이 두 개 있다.
자개	빛깔이 아름다워 여러 가지 장식으로 쓰이는 전복 따위의 껍데기를 자른 조각. 예 자개가 꽃처럼 화려하게 박혀 있는 나전칠기문갑.
골동품(骨董品)	오래되고 예술적 가치도 높은 귀한 물건. 예 인사동에 가면 골동품이 많다.

삼척동자	키가 석 자밖에 되지 않는 어린아이. 예 그건 **삼척동자**에게 물어봐도 다 안다.
딱히	정확하게 꼭 집어서. 분명히. 예 **딱히** 뭐라고 표현하기 어렵지만 싫은 느낌은 아니었다.
원통하다(寃痛-)/ 원통해서	분하여 마음이 아프다. 예 나는 너무나 분하고 **원통해서** 참을 수가 없었다.
문리(文理)	글의 뜻이나 사물의 이치를 깨달아 아는 것. 예 책을 많이 읽었더니 비로소 **문리**가 트였다.
거드름	거만하게 구는 태도. 예 나는 **거드름**을 피우며 친구에게 말했다.
봇물(洑-)	막혔던 것이 터져 흘러나오는 물. 예 경기가 끝나자 관객들이 **봇물**처럼 쏟아져 나왔다.
찔끔거리다	액체를 한 번에 조금씩 흘리다. 예 어머니에게 야단을 맞고 눈물을 **찔끔거렸다.**
쾌재(快哉)	마음먹은 대로 일이 아주 잘되어 매우 만족스러워서 지르는 소리. 예 그는 속으로 **쾌재**를 불렀다.
아주버님	'아주버니'의 높임말. 남편의 형뻘이 되는 남자를 일컫는 말. 예 그녀는 **아주버니**를 찾아가 부탁했다.
당분간(當分間)	앞으로 얼마 동안. 예 그녀는 **당분간** 결혼할 생각이 없다고 했다.
시숙님(媤叔)	'시숙'의 높임말. 남편의 형제를 이르는 말. 예 **시숙**에게 아들을 맡기고 재혼했다.
얼토당토않다	조금도 옳은 데가 없다. 전혀 맞지 않다. 예 이 여자가 내 엄마라니 **얼토당토않은** 말이다.
도깨비	신기한 힘과 재주를 가지고 있으며, 머리에 뿔이 나고 방망이를 가지고 다니는 동물이나 사람의 모양을 한 이야기 속의 괴물. 예 집안이 망하려면 **도깨비**가 기왓장을 뒤져 흐트러뜨린다.
오히려	일반적인 기준이나 예상, 짐작, 기대와는 전혀 반대가 되거나 다르게. 도리어. 예 네가 잘못해 놓고 **오히려** 큰소리니?

⊖ -(으)ㄴ/는 대로

- 앞의 일과 같은 모양이나 행동을 나타낼 때 사용한다.
- 앞의 일이 끝난 뒤에, 바로 뒤의 일이 일어남을 나타낼 때 사용한다.

- 늘 하는 대로 만들었는데 오늘은 맛이 없네요.

- 이 소설을 읽고 느낀 대로 이야기해 보세요.

- 거짓말 하지 말고 네가 알고 있는 대로 말해 보세요.

- 한국에 도착하는 대로 전화할게요.

- 친구가 도착하는 대로 같이 식사하자.

⊖ -는 김에

- 어떤 행동을 하면서 그 기회에 예정에도 없었던 그와 관계가 있는 다른 행동도 함께 한다는 것을 나타낼 때 사용한다.

- 청소하는 김에 빨래도 같이 해라.

- 은행에 가는 김에 공과금 좀 내주세요.

- 우체국에 가는 김에 소포 좀 보내주세요.

- 백화점에 가는 김에 손가방을 샀어요.

- 슈퍼마켓에 가는 김에 아이스크림을 샀어요.

- 한국어를 공부하는 김에 한국 역사도 공부하고 싶어요.

✏ 연습 문제

1 왼쪽에 있는 말들의 의미를 오른쪽에서 찾아 연결하시오.

① 도깨비 •　　　• ㉠ 거만하게 구는 태도

② 화초장 •　　　• ㉡ 글의 뜻이나 사물의 이치를 깨달아 아는 것

③ 골동품 •　　　• ㉢ 남편의 형뻘이 되는 남자

④ 삼척동자 •　　• ㉣ 막혔던 것이 터져 흘러나오는 물

⑤ 문리 •　　　• ㉤ 머리에 뿔이 나고 방망이를 들고 다니는 귀신

⑥ 거드름 •　　　• ㉥ 오래되고 예술적 가치도 높은 귀한 물건

⑦ 봇물 •　　　• ㉦ 전쟁 따위로 사람들이 당하는 어지러운 상태

⑧ 아주버님 •　　• ㉧ 노엽거나 분한 마음

⑨ 부아 •　　　• ㉨ 화초 무늬를 채색한 옷장

⑩ 난리 •　　　• ㉩ 키가 작은 어린아이

2 적당한 말을 보기에서 찾아서 _____에 쓰시오.

보기 ┃ 귀중품, 불호령, 소문, 수작, 안채, 염치, 주변, 처사, 칭송, 쾌재, 푸대접

① 그는 속으로 _____을/를 불렀다.

② 내 친구는 우등생이라고 동네에서 _____이/가 자자하다.

③ 실직자가 되었을 경우에 그 _____ 은/는 이루 말할 수 없다.

④ _____에 의하면 그는 천재라고 한다.

⑤ 내게 _____을/를 부릴 생각은 하지 않는 게 좋을 거야.

⑥ 할아버지의 _____이/가 떨어지자 가족들은 쥐죽은 듯 조용했다.

⑦ 그는 자기만 따돌린 친구의 _____이/가 괘씸하였다.

⑧ 할아버지의 집 _____에서 아이 우는 소리가 들렸다.

⑨ 목욕탕에 가면 _____은/는 카운터에 맡겨야 한다.

⑩ 술값은 갚지 않으면서 무슨 _____로 또 술을 달라고 하느냐?

⑪ 내 _____에는 행복한 사람들이 많다.

3 아래 문장의 ( )에 있는 말들 중 적당한 것에 ○를 하시오.

① 자네하고 술을 한잔하고 간다고 형님이 (일일이 / 일부러) 오셨네.

② 할아버지는 방바닥을 꽝꽝 치며 (버럭버럭 / 번쩍번쩍) 고함을 쳤다.

③ 나는 (노릇노릇한 / 으리으리한) 고급스러운 집에서 살고 싶다.

④ 나는 학교 주변에 학생들이 무리를 이루어 (웅성웅성 / 옹기종기) 떠들고 있는
모습을 보았다.

⑤ 눈물을 흘리면서 살려 달라고 (통화중 / 통사정)을 했다.

⑥ 화개장터에는 사람들이 (득실득실 / 야들야들) 모여 있었다.

⑦ 친구들이 나에게 (은은히 / 은근히) 수작을 걸어 왔다.

4 보기와 같이 _____친 말을 뜻이 비슷한 다른 말로 바꾸어 쓰시오.

| 보기 | 행복한 사람들이 되레 왜 더 이기적일까?
⋯⋯▶ 행복한 사람들이 도리어 왜 더 이기적일까? |

① 너는 시험이 코앞인데 만날 놀기만 하니?

⋯⋯▶ 너는 시험이 코앞인데 _____ 놀기만 하니?

② 그는 사건의 내막을 소상히 알고 있었다.

⋯⋯▶ 그는 사건의 내막을 _____ 알고 있었다.

③ <u>딱히</u> 뭐라고 표현하기 어렵지만 싫은 느낌은 아니었다.

   ···▶ ＿＿＿＿＿＿ 뭐라고 표현하기 어렵지만 싫은 느낌은 아니었다.

④ 그녀는 <u>당분간</u> 결혼할 생각이 없다고 했다.

   ···▶ 그녀는 ＿＿＿＿＿＿ 결혼할 생각이 없다고 했다.

⑤ 수업이 끝나자 학생들은 <u>뿔뿔이</u> 흩어졌다.

   ···▶ 수업이 끝나자 학생들은 ＿＿＿＿＿＿ 흩어졌다.

5 적당한 말을 보기에서 찾아서 ＿＿＿＿에 알맞은 형태로 쓰시오.

보기	괄시하다, 난감하다, 다그치다, 무궁무진하다, 미련하다, 분개하다, 불거 지다, 얻다, 얼토당토않다, 엿듣다, 초청하다, 항의하다

① 그 친구는 좋은 아이디어가 항상 ＿＿＿＿＿＿.

② 나는 형이 하는 말을 문 뒤에서 ＿＿＿＿＿＿ 있었다.

③ 그는 나에게 ＿＿＿＿＿＿ 물었다.

④ 그의 말은 삼척동자가 들어도 웃고 말 ＿＿＿＿＿＿ 소리였다.

⑤ 거실에 놓을 의자 하나를 이웃집에서 ＿＿＿＿＿＿왔다.

⑥ 그가 똑똑하고 야무지다고 너무 믿은 내가 ＿＿＿＿＿＿.

⑦ 그의 눈은 툭 ＿＿＿＿＿＿ 나와 있었다.

⑧ 그는 아내가 그의 마음을 이해해 주지 않는다고 ＿＿＿＿＿＿ 했다.

⑨ 나는 친구를 우리 집으로 ＿＿＿＿＿＿.

⑩ 가난하다고 ＿＿＿＿＿＿ 나쁜 사람이다.

⑪ 친구가 또 돈을 빌려 달라고 하자 난 ＿＿＿＿＿＿.

⑫ 그 선수는 심판에게 ＿＿＿＿＿＿ 퇴장 당했다.

6 보기와 같이 -거리다를 적당한 형태로 바꾸어 쓰시오.

| 보기 | 머리를 <u>갸웃거려</u> 보았지만 이름이 떠오르지 않았다. |

① 교실 한쪽에서 학생들이 ＿＿＿＿＿＿＿ 있었다. (수군거리다)

② 친구의 아버지가 세상을 떠나자 사람들이 ＿＿＿＿＿＿＿. (숙덕거리다)

③ 추석 명절을 맞아 터미널은 사람들로 ＿＿＿＿＿＿＿. (득실거리다)

④ 그는 친구의 말을 듣고 입을 ＿＿＿＿＿＿＿ 밖으로 나가버렸다. (삐죽거리다)

⑤ 우리들은 ＿＿＿＿＿＿＿ 산비탈을 뛰어 올라가 주차장까지 왔다. (헉헉거리다)

⑥ 우리는 온몸이 흠뻑 땀에 젖은 채 숨을 ＿＿＿＿＿ 산을 올랐다. (헐떡거리다)

⑦ 어머니에게 야단을 맞고 눈물을 ＿＿＿＿＿＿＿. (찔끔거리다)

7 보기와 같이 -(으)ㄴ/는 대로를 사용하여 문장을 완성하시오.

| 보기 | <u>늘 하는 대로</u> 만들었는데 오늘은 맛이 없네요. |

① 이 소설을 읽고 ＿＿＿＿＿＿＿(느끼다) 이야기해 보세요.

② 거짓말 하지 말고 네가 ＿＿＿＿＿＿＿(알고 있다) 대로 말해 봐.

③ 한국에 ＿＿＿＿＿＿＿(도착하다) 전화할게요.

④ 친구가 ＿＿＿＿＿＿＿(오다) 같이 식사하자.

8 보기와 같이 -는 김에를 사용하여 문장을 완성하시오.

| 보기 | <u>청소하는 김에</u> 빨래도 같이 해라. |

① ＿＿＿＿＿＿＿(은행에 가다) 공과금 좀 내주세요.

② ＿＿＿＿＿＿＿(우체국에 가다) 소포 좀 보내주세요.

③ ＿＿＿＿＿＿＿(한국어를 공부하다) 한국 역사도 공부하고 싶어요.

쓰기 관련 문제

1 부자가 된 흥부는 재산을 어떻게 사용했나요?

2 놀부는 흥부 집에 가서 어떤 핑계를 대고서 궤짝을 가져왔나요?

3 놀부가 흥부 집에서 가져온 궤짝은 어떤 것인가요?

⊖ 속담

‖ 열 길 물속은 알아도 한 길 사람 속은 모른다

　－사람 속의 마음은 겉으로만 봐서는 알기 어렵다.

‖ 오르지 못할 나무는 쳐다보지도 마라

　－자신의 능력으로 불가능해 보이는 일에 대해서는 처음부터 욕심을 내지 않는
　　것이 좋다.

‖ 열 손가락 깨물어 안 아픈 손가락 없다

　－부모에게 자식은 모두 소중하고 귀한 존재이다.

‖ 서당 개 삼 년이면 풍월(風月)을 읊는다

　－배우지 않아 아는 것이 없어도 오래 들으면 어느 정도 알게 된다.

⊖ 고사성어

‖ 식자우환(識字憂患, 알 식. 글자 자. 근심 우. 근심 환)

　－글자를 아는 것이 도리어 근심이 된다.
　　속담 '아는 게 병이다'와 같은 의미임.

‖ 신출귀몰(神出鬼沒, 귀신 신. 날 출. 귀신 귀. 숨을 몰)

　－귀신과 같이 나타났다가 사라진다.
　　자유자재로 나타나고 사라짐을 비유적으로 이르는 말.

‖ 수즉다욕(壽則多辱, 오래살 수. 곧 즉. 많을 다. 욕 욕)

　－오래 살수록 그만큼 욕됨이 많다.
　　사람이 오래 살면 그만큼 욕된 일도 많음을 이르는 말.

놀부가 제비 다리를 부러뜨리다

○ 어휘 알아보기

실성하다, 벙글벙글, 괜스레, 변소, 요강, 용하다,
무당, 푸닥거리, 안달, 꾸물대다, 뒤늦다, 궁리하다 등

○ 문법과 표현 살펴보기

① -는 바람에
② -치고는

○ 쉬어 가는 코너

속담

세 살 적 버릇 여든까지 간다
원숭이도 나무에서 떨어진다
불난 집에 부채질 한다
우물을 파도 한 우물을 파라

고사성어

용두사미(龍頭蛇尾)
어부지리(漁父之利)
오리무중(五里霧中)

집으로 돌아온 놀부는 기분이 좋아 입이 자꾸만 벌어졌습니다. 가만히 있어도 저절로 웃음이 터져 나왔습니다.

"아니, 영감! 혹시 못 먹을 것 먹었소? 뭐가 좋다고 꼭 실성한 사람처럼 혼자서 벙글벙글 웃고 그러세요?"

"아- 아니요, 아무 일도 없소."

놀부는 비록 부인이지만 사실대로 말을 할 수가 없었습니다.

괜스레 부인에게 금덩이가 생겨나는 궤짝 말을 했다가는 상상도 못한 일이 벌어질지도 모른다는 생각을 했습니다. 놀부는 절대로 말하지 않고 혼자서만 아는 비밀로 간직하기로 마음속으로 굳게 다짐까지 하였습니다.

흥부 집에 다녀 온 뒤 놀부는 사흘이 지나도록 방에만 있었습니다. 심지어는 변소에도 가지 않고 요강을 사용하였습니다. 놀부의 부인은 그런 놀부가 이상해 보였습니다. 며칠째 실성을 한 사람처럼 웃기만 하더니 방에만 있으니 서서히 걱정이 되기 시작하였습니다.

"영감, 혹시 실성한 귀신이라도 쓰인 게요? 그렇다면 용하다는 무당을 불러다 푸닥거리라도 할까요?"

"시끄러! 멀쩡한 사람보고 실성을 했다는 걸 보니, 바로 당신이 실성을 한 게로구면."

놀부가 역성을 내는 것을 보면 정상인 것 같아 놀부 부인은 헷갈려했습니다. 실성한 사람치고는 놀부가 너무도 평소와 똑같이 화를 냈습니다. 일주일째 되는 날 놀부는 흥부네 집에 박이 세 덩이가 열렸다고 했던 소리를 들었던 게 생각이 났습니다. 그렇다면 나머지 두 덩이 속에는 무엇이 들어 있었는지 무척 궁금했습니다. 그래서 마당쇠를 흥부 집에 보냈습니다. 여전히 흥부가 사람들을 도와주고 있는지 살펴보고 오라고 하였습니다.

놀부가 직접 흥부 집에 가서 확인을 하고 싶었지만 흥부의 부인 제수씨가 신경이 쓰였습니다. 제수씨는 흥부보다 눈치가 빨라서 분명히 금덩이가 나오는 궤짝을 돌려달라고 할 것 같았습니다. 그래서 비록 안달은 났지만 마당쇠를 대신 보낼 수밖에 없었습니다.

"영감님, 말도 마세요! 지난번 갔을 때보다 더 많은 사람들이 몰려와 있던데요. 그리고 이번에는 생활 용품까지 나눠준다고 하더라고요."

"그것들을 다 어디서 난다고 하더냐?"

"그것까지야 저는 모르죠."

"옳거니 바로 그거다!"

놀부가 손뼉까지 쳐가며 혼잣말을 하였습니다.

"영감님은 그것들이 어디서 생겨나는지를 아세요?"

"알기는 뭘 안다고 그러냐. 네 놈은 얼른 가서 일이나 하지 않고 여기서 뭘 꾸물대고 있냐?"

놀부가 버럭 화를 내었습니다.

뒤늦게 놀부는 속병이 나려고 하였습니다. 어떻게든 흥부에게 두 개의 궤짝을 빼앗아 와야겠는데 뾰족한 수가 떠오르질 않았습니다. 놀부는 끙끙 앓아가며 궁리를 하였습니다. 그런데도 좋은 묘수가 떠오르질 않았습니다. 그러다 번뜩 떠오르는 생각이 있었습니다. 놀부는 집안 하인들을 몽땅 불러 모았습니다. 심지어는 부엌일을 하는 여자 하인들까지 불러 모았습니다.

"하던 일들은 다 놔두고 지금 당장 집 밖에 나가서 제비를 잡아 오도록 해라."

"아니, 영감 이제는 정신까지 오락가락하세요? 내일모레면 눈이 내리게 생겼는데 이 시기에 제비가 어디 있다고 제비를 잡아오라고 그러세요? 제비들은 벌써 따뜻한 강남으로 날아가고 없죠. 그리고 왜 부엌일 하는 어멈까지 불러서 뜬금없는 제비를 잡아오라며 닦달이세요?"

"시끄러! 옛 속담에 암탉이 울면 집안이 망한다고 하더니 바로 그 속담은 우리 집을 두고 생겨난 거로구먼. 재수 없게 여편네가 나서서 가장이 하는 일에 콩 놔라 팥 놔라 토까지 달고 난리야."

놀부는 평소보다 훨씬 강하게 화를 내가며 소리쳤습니다.

놀부 부인은 놀부의 행동이 평소와 너무도 다르기에 놀부 눈치만을 살폈습니다.

아무래도 놀부가 이상해 보여서 적당한 때에 무당을 불러와 푸닥거리를 할 요량이
었습니다.

"영감, 그럼 밥 짓는 어멈만 놔두고 내보내지요? 다 내보내면 영감 밥은 누가 짓
겠어요?"

"시끄러! 밥 한 끼 굶는다고 안 죽어. 아니면 당신이 밥을 짓던가. 그냥 집안에서
빈둥거리고 있을 거면 당신도 나가서 제비를 잡아오던지."

놀부는 부인이 말끝마다 대거리를 해대는 바람에 화가 머리끝까지 치솟아 올랐습
니다. 그러다 보니 온갖 폭언을 쏟아냈습니다. 놀부의 성화에 못 이겨 놀부 자식들
을 비롯하여 어린 하인들까지 모두 제비를 잡으러 밖으로 나가야만 했습니다. 하인
들은 아무래도 놀부가 실성을 한 거라며 수군대며 제비를 잡으러 들로 산으로 헤매
다녔습니다.

"제비를 못 잡으면 집에 들어올 생각일랑 마라."

놀부는 대문까지 걸어 잠갔습니다.

다행히 운이 좋았던지 해거름 녘에 마당쇠가 제비 한 마리를 잡아왔습니다. 놀부는 제비를 눈으로 직접 확인을 하고 난 후에야 대문을 열어 주었습니다. 마당쇠가 놀부에게 제비를 건네주자 놀부는 곧바로 제비 다리를 뚝 부러뜨렸습니다.

"영감님, 왜 멀쩡한 제비 다리는 부러뜨리고 그러세요?"

제비를 잡아온 마당쇠가 놀라 소리쳤습니다.

"아무것도 모르면 네 놈은 입 닥치고 가만있어!"

놀부는 소리를 치고서 부러뜨린 제비 다리를 치료해 주었습니다.

그 모습을 지켜본 하인들은 정말로 놀부가 실성을 했다며 고개를 살래살래 흔들었습니다. 일주일이 지나자 제비가 날개를 퍼덕이며 날갯짓을 하였습니다.

"그래 어서 날아갔다가 내년에 올 때 꼭 박씨를 물어 오거라. 너는 적어도 세 개는 물어 와야 한다."

놀부는 높이 날아오른 제비에게 소리쳤습니다.

"영감, 제비가 무슨 소리를 알아듣는다고 박씨 타령을 하며 고래고래 소리를 지르세요?"

곁에서 지켜보고 있던 놀부 부인이 물었습니다.

"모르면 잠자코 있다가 굿이나 보고 떡이나 얻어먹어!"

놀부 부인은 버럭버럭 고함을 쳐대는 놀부를 보며 언제쯤 무당을 부를지 혼자서 궁리를 하기 시작했습니다.

어느덧 겨울이 지나고 삼짇날이 되자 제비 한 마리가 놀부 집으로 날아왔습니다. 놀부는 제비가 날아왔다는 소리를 듣고서 버선발로 달려 나왔습니다. 놀부가 가까이 다가가자 제비가 입에 물고 있던 박씨를 땅에 떨어뜨렸습니다.

"아이고 착하구나! 진짜로 박씨를 세 개나 물어왔구나."

놀부가 감탄하며 말했습니다.

"참말로 이상한 일이네요. 제비가 어떻게 당신 말을 알아듣고 박씨를 물어왔을까요?"

놀부 부인이 눈이 휘둥그레져 물었습니다.

놀부는 신이나 곧바로 박씨를 담장 밑에 심었습니다.

"어서어서 싹이 터서 박아 주렁주렁 열려라."

놀부는 흥분을 감추지 못하고 덩실덩실 춤까지 추었습니다.

놀부 부인 눈에는 놀부가 진짜로 실성한 사람처럼 보였습니다. 어떻게든 무당을 불러와서 푸닥거리를 해야 할 것 같았습니다. 하지만 실성한 사람치고는 놀부가 워낙 완강하다 보니 쉽지가 않았습니다. 놀부 부인은 마치 벙어리가 냉가슴을 앓듯이 말도 못 한 채 끙끙거리게 되었습니다.

놀부가 심어 놓은 박씨는 요술을 부리듯이 뒷날 싹이 터 올랐습니다. 점심때가 되자 덩굴이 쭉쭉 뻗어가기 시작하였습니다. 놀부는 좋아서 벌어진 입이 다물어질 줄 몰랐습니다. 그리고 온 종일 박 넝쿨만 쳐다보았습니다. 하루가 다르게 박 넝쿨이 쑥쑥 뻗어 가는 바람에 하인들은 지지대를 만들어다 세워줬습니다. 다른 집들 박은 아직 떡잎도 떨어지지 않았는데 놀부네 박 넝쿨만 꽃까지 피었습니다. 그리고 다음날 곧바로 꽃이 지더니 박이 맺힌 게 보였습니다. 넝쿨 하나에 박 한 덩이씩 모두 세 덩이가 하루가 다르게 커갔습니다.

놀부는 박이 커지자 마당에 잠자리까지 마련해 놓고서 박을 지켰습니다. 그런데도 마음이 안 놓이는지 하인들에게는 보초를 서게 하였습니다. 놀부가 하도 극성을 떠는 바람에 하인들은 한밤중에 박을 지키느라 밤잠을 설치는 날이 많아졌습니다. 놀부네 집 하인들은 주인치고는 너무도 고약하다며 틈만 나면 놀부 흉을 보느라 수군댔습니다.

여름이 시작되자 놀부네 지붕에 열린 박들이 누렇게 익어갔습니다. 사람들은 놀부네 박을 보며 혀까지 내두르며 기이해 했습니다. 삼삼오오 놀부네 집 근처로 몰려드는 사람들도 있었습니다. 놀부는 구경 온 사람들을 호통을 쳐가며 쫓아버렸습니다. 놀부네 하인들은 구경꾼들을 쫓아 보내느라 점점 고달파했습니다.

말복 다음날 놀부는 하인들에게 박을 따게 하였습니다. 하인들은 박을 따느라 온갖 비지땀을 흘려야만 했습니다. 박 덩이는 어른이 들어가 앉을 수 있을 정도로 컸습니다. 그러다 보니 장정 열 명이 매달렸는데도 박을 따는 것은 결코 쉽지가 않았습니다. 온갖 고생을 한 끝에 간신히 박 세 덩이를 딸 수 있었습니다.

놀부는 박 덩이를 방에 두려고 했지만 워낙 박이 크다 보니 문으로 들어가질 않았습니다. 어쩔 수 없어 마당에 따 놓은 박을 놓아두었습니다. 놀부네 안마당은 박으로 가득 차 보였습니다. 이른 아침부터 박을 따기 시작했는데 어느덧 해는 서산마루에 걸려 있었습니다.

놀부가 갑자기 서두르더니 하인들에게 소리쳤습니다.

"오늘은 다들 일찍 잠자리에 들도록 해라."

"영감님, 아직 해도 지지 않았는데 잠자리에 들라니요? 진짜로 정신이 어떻게 되신 건가요?"

놀부 부인이 놀부의 눈치를 살펴가며 물었습니다.

"아니 가장이 시키면 시키는 대로 할 것이지. 어디서 토를 달고 나서는 거야?"

놀부가 워낙 심하게 화를 내는 바람에 하인들은 고개를 살래살래 흔들며 방으로 들어가 버렸습니다. 이유라도 묻고 싶었지만 물을 수도 없었습니다. 오늘은 박을 따느라 다른 날보다 몇 배나 고생을 했는데 저녁밥까지 쫄쫄 굶어야 했습니다. 그런데도 놀부네 하인들은 항의조차 못했습니다.

하늘에는 별이 총총 빛이 났습니다. 달까지 환하게 떠올랐습니다. 놀부는 집안을 한 바퀴 돌면서 혹시라도 깨어 있는 사람이 있는지 살펴보았습니다. 다행히 조용했습니다. 마음이 놓인 놀부는 자고 있던 부인을 깨워 마당으로 나왔습니다.

"영감, 이 달밤에 뭘 하려고 자는 사람까지 깨워 데리고 나오세요? 혹시 저 박을 타려는 것은 아니겠지요?"

"어떻게 내 마음을 그렇게도 잘 알고 있소. 옛말에 떡 본 김에 제사를 지내라고 했고, 쇠뿔도 단김에 빼라 하질 않았소."

"네? 그럼 진짜로 이 밤중에 저 박을 타겠다는 거예요?"

"그렇소! 당신은 군소리 말고 내가 하자는 대로만 따라 하면 돼요."

놀부의 목소리는 단호했습니다.

놀부 부인은 내일 새벽 일찍 하인을 보내 무당을 불러와야겠다고 생각하며 놀부에게 물었습니다.

"영감, 혹시 저 속에 무슨 보물이라도 들어 있나요? 하인들을 시키지 않고 이 야밤에 직접 박을 타려고 하시게요?"

"당신 정말 족집게 무당이네 그려. 그걸 어떻게 알았소?"

놀부가 눈이 휘둥그레져 물었습니다.

놀부 부인은 놀부의 행동이 하도 이상하여 미심쩍은 기분이 들었습니다. 생각 같아서는 당장 뿌리치고서 방으로 들어가 버리고 싶었지만 강하게 반대하지 않고 함께 박을 타기로 마음먹었습니다.

실성하다(失性-)/ 실성한	정신에 이상이 생기다. 예 길거리에서 실성한 사람이 고함을 지르고 있다.
벙글벙글	입을 크게 벌리며 소리 없이 부드럽게 자꾸 웃는 모양. 예 아기가 침대에서 벙글벙글 웃고 있다.
괜스레	아무 까닭이나 필요가 없이. 예 안 해도 될 이야기를 내가 괜스레 한 것 같다.
변소(便所)	대소변을 보도록 만들어 놓은 곳. 화장실(化粧室). 예 옛날에는 변소가 대문간 옆에 따로 있었다.
용하다	재주가 뛰어나게 좋다. 예 그는 용하다고 소문난 점쟁이를 찾아가 보았다.
무당(巫-)	귀신을 섬겨 길흉(吉凶)을 점치고 굿을 하는 것을 업으로 하는 사람. 예 삼십년 만에 만난 언니는 무당이 되어있었다.
푸닥거리	무당이 간단하게 음식을 차려놓고 하는 부정이나 살을 푸는 굿. 예 무당이 푸닥거리를 밤새도록 했다.
안달	조급하게 굴면서 안타깝게 마음을 졸이는 짓. 예 철수는 영어를 배우려고 안달이 났다.
꾸물대다	할 일을 하지 않고 느리고 게으르게 행동하다. 예 오라면 빨리 오지 뭘 꾸물대다가 이제 오니?
뒤늦다/뒤늦게	제때가 지나 아주 늦다. 예 그 가수의 앨범이 뒤늦게 뜨기 시작했다.
궁리하다(窮理-)	마음속으로 이리저리 따져 깊이 생각함. 예 한국어를 쉽게 배울 수 있는 방법에 대해 궁리하였다.
묘수(妙手)	문제를 해결할 수 있는 아주 좋은 방법이나 솜씨. 예 궁리 끝에 마침내 좋은 묘수가 떠올랐다.

오락가락	생각이나 정신이 있다 없다 하는 모양. 예 오늘은 시험 보는 날인데 내 정신이 오락가락하였다.
뜬금없다/뜬금없는	이치에 맞지 않고 엉뚱하다. 예 뜬금없는 질문에 나는 약간 당황한 표정으로 대답했다.
닦달	남을 단단히 옥박질러서 혼을 냄. 예 아내가 남편에게 담배를 끊으라고 닦달했다.
요량(料量)	앞일을 잘 헤아려 생각함. 예 아무 요량 없이 직장을 그만 두면 어떻게 하니?
대거리	상대편에 맞서서 대듦. 예 생선장수는 아침부터 손님과 대거리를 하고 있다.
빈둥거리다/빈둥거리고	일정하게 하는 일 없이 지내거나 게으르게 시간을 보내다. 예 나는 졸업을 한 뒤 일 년 동안 빈둥거리며 살았다.
폭언(暴言)	난폭하게 말함. 예 나는 화가 나서 동생에게 폭언을 쏟아 부었다.
부러뜨리다/부러뜨리고	꺾어서 부러지게 하다. 예 나무를 부러뜨려 지팡이를 만들었다.
살래살래	작은 동작으로 몸의 한 부분을 가볍게 잇따라 가로 흔드는 모양. 예 그는 부정의 표시로 고개를 살래살래 흔들었다.
휘둥그레지다/ 휘둥그레져	몹시 놀라거나 두려워 눈이 크고 둥그렇게 되다. 예 아이들은 눈이 휘둥그레지고 교실은 조용해졌다.
완강하다(頑强-)	성질이나 태도가 질기고 굳세다. 예 그녀는 친구의 부탁을 완강하게 뿌리쳤다.
지지대(支持臺)	나무나 물건 따위가 휘거나 꺾이거나 넘어지지 않도록 하기 위해 받쳐 주는 대. 예 고추 밭에 지지대를 만들어 세워 주었다.
요강	방에 두고 오줌을 누는 그릇. 놋쇠나 양은, 사기 따위로 작은 단지처럼 만든다. 예 요즘은 요강을 사용하는 사람이 별로 없다.

떡잎	씨앗에서 처음 싹이 터서 나오는 잎. 예 씨앗의 떡잎들이 싱그러워 보인다.
극성(極盛)	어떤 일에 대한 관심, 주장, 의욕이 매우 강한 것. 예 동생은 가수가 되겠다고 극성을 떨었다.
보초(步哨)	군대에서 경비를 하거나 망을 보는 임무. 예 건장한 군인이 보초를 서고 있었다.
고달프다/고달파	몸이나 마음 또는 처지 등이 지칠 정도로 힘겹다. 예 친구가 하는 일이 무척 고달파 보였다.
말복(末伏)	여름철의 가장 더운 기간인 삼복(三伏) 가운데 중복으로부터 열흘이 지난 마지막 복날. 예 말복이 지났는데도 날씨가 여전히 무덥다.
비지땀	몹시 힘든 일을 할 때 쏟아져 내리는 땀. 예 그는 비지땀을 흘리며 무거운 짐을 들고 왔다.
군소리	불평하는 말. 투덜거리는 말. 쓸데없는 말. 예 시키면 시키는 데로 할 것이지 웬 군소리가 그렇게 많니?
단호하다(斷乎-)	결심이나 태도 따위가 흔들리지 않고 분명하다. 예 아무리 설득하려 해도 소용이 없을 만큼 그의 결심은 단호했다.
미심쩍다(未審-)/ 미심쩍은	일이 분명하지 못하여 마음에 거리끼거나 의심스럽다. 예 공부할 때 미심쩍은 부분이 있으면 질문을 통해서 확인하자.

문법과 표현 살펴보기

⊙ **-는 바람에**

• 앞의 행위가 뒤 상황의 원인이나 이유가 됨을 나타낼 때 사용한다.

  ■ 갑자기 비가 오는 바람에 옷이 흠뻑 젖었어요.

  ■ 지하철을 잘못 타는 바람에 지각을 했어요.

  ■ 앞 차가 사고가 나는 바람에 길이 막혔어요.

  ■ 사람들이 담배를 피우는 바람에 토할 것만 같았어요.

  ■ 친구가 화를 내는 바람에 점심도 못 먹고 왔어요.

⊙ **-치고는**

• 앞 명사가 지니고 있는 생각과 뒤의 내용이 좀 다름을 나타낼 때 사용한다.
• '-치곤'으로 줄여 쓸 수 있다.

  ■ 영희는 많이 배운 사람치고는 아주 겸손해요.

  ■ 보럿티는 외국인치고는 한국말을 잘하는 편이에요.

  ■ 철수는 농구 선수치고는 키가 작은 편이에요.

  ■ 영철이는 1학년치고는 의젓한 편이에요.

  ■ 운동을 안 한 사람치고는 건강이 아주 좋아 보여요.

1 왼쪽에 있는 말들의 의미를 오른쪽에서 찾아 연결하시오.

① 괜스레 •   • ㉠ 여름철의 가장 더운 기간인 삼복 가운데 마지막 복날

② 요강 •   • ㉡ 불평이나 투덜거리는 말

③ 푸닥거리 •   • ㉢ 아무 까닭이나 필요가 없이

④ 묘수 •   • ㉣ 방에 두고 오줌을 누는 그릇

⑤ 요량 •   • ㉤ 무당이 간단하게 음식을 차려놓고 하는 굿

⑥ 폭언 •   • ㉥ 문제를 해결할 수 있는 아주 좋은 방법이나 솜씨

⑦ 극성 •   • ㉦ 앞일을 잘 헤아려 생각함

⑧ 말복 •   • ㉧ 난폭하게 말함

⑨ 군소리 •   • ㉨ 어떤 일에 대한 관심, 주장, 의욕이 매우 강한 것

2 적당한 말을 보기에서 찾아서 _____에 알맞은 형태로 쓰시오.

| 보기 | 휘둥그레지다, 완강하다, 미심쩍다, 고달프다, 실성하다, 뜬금없다, 빈둥거리다, 부러뜨리다 |

① 길거리에서 _____ 사람이 고함을 지르고 있다.

② _____ 질문에 나는 약간 당황한 표정으로 대답했다.

③ 나는 졸업을 한 뒤 일 년 동안 _____ 살았다.

④ 나무를 _____ 지팡이를 만들었다.

⑤ 아이들은 눈을 _____ 뜨고 선생님을 쳐다봤다.

⑥ 그녀는 친구의 부탁을 _____ 뿌리쳤다.

⑦ 친구가 하는 일이 무척 _____ 보였다.

⑧ 공부할 때 _____ 부분이 있으면 질문을 통해서 확인하자.

3 적당한 말을 보기에서 찾아서 _____에 쓰시오.

| 보기 | 닦달, 변소, 비지땀, 보초, 안달, 지지대, 떡잎 |

① 옛날에는 _____이/가 대문간 옆에 따로 있었다.

② 철수가 여자 친구를 만나고 싶어 _____이/가 났다.

③ 아내가 남편에게 담배를 끊으라고 _____했다.

④ 고추 밭에 _____을/를 만들어 세워 주었다.

⑤ 씨앗의 _____들이 싱그러워 보인다.

⑥ 건장한 군인이 _____을/를 서고 있었다.

⑦ 그는 _____을/를 흘리며 무거운 짐을 들고 왔다.

4 보기와 같이 _____친 말을 뜻이 비슷한 다른 말로 바꾸어 쓰시오.

| 보기 | 아무리 설득하려 해도 소용이 없을 만큼 그의 결심은 <u>단호했다</u>.
···▶ 아무리 설득하려 해도 소용이 없을 만큼 그의 결심은 <u>분명했다</u>. |

① 그는 <u>용하다고</u> 소문난 점쟁이를 찾아가 보았다.

　···▶ 그는 _____ 소문난 점쟁이를 찾아가 보았다.

② 그 가수의 앨범이 <u>뒤늦게</u> 뜨기 시작했다.

　···▶ 그 가수의 앨범이 _____ 뜨기 시작했다.

③ 한국어를 쉽게 배울 수 있는 방법에 대해 <u>궁리</u>하였다.

　···▶ 한국어를 쉽게 배울 수 있는 방법에 대해 _____하였다.

5 아래 문장의 (   )에 있는 말들 중 적당한 것에 O를 하시오.

① 아기가 침대에서 (살금살금 / 벙글벙글) 웃고 있다.

② 오라면 빨리 오지 뭘 (꾸물대다가 / 꿈틀대다가) 이제 오니?

③ 너무 충격이 커서 정신이 (오르락내리락 / 오락가락) 하였다.

④ 그는 부정의 표시로 고개를 (살래살래 / 설렁설렁) 흔들었다.

6 보기와 같이 −(으)ㄴ/는 바람에를 사용하여 문장을 완성하시오.

| 보기 | 갑자기 비가 <u>오는 바람에</u> 옷이 흠뻑 젖었어요. (오다) |

① 지하철을 _____ 지각을 했어요. (타다)

② 앞 차가 사고가 _____ 길이 막혔어요. (나다)

③ 사람들이 담배를 _____ 토할 것만 같았어요. (피다)

④ 친구가 화를 _____ 점심도 못 먹고 왔어요. (내다)

7 보기와 같이 −치고는을 사용하여 문장을 완성하시오.

| 보기 | 영희는 많이 배운 <u>사람치고는</u> 아주 겸손해요. (사람) |

① 보룻티는 _____ 한국말을 잘하는 편이에요. (외국인)

② 철수는 농구 _____ 키가 작은 편이에요. (선수)

③ 영철이는 _____ 의젓한 편이에요. (1학년)

④ 민수는 운동을 안 하는 _____ 건강이 아주 좋아 보여요. (사람)

쓰기 관련 문제

1 놀부가 흥부네 집에 직접 가지 못하고 마당쇠를 보낸 이유는 무엇인가요?

2 놀부가 왜 제비를 잡아오라고 했는지 그 이유를 써 보시오.

3 놀부가 심은 박씨가 자란 과정을 자세히 써 보시오.

⊖ 속담

⫶ 세 살 적 버릇 여든까지 간다

　─어릴 때 버릇은 나이가 들어도 고치기 힘들다.

⫶ 원숭이도 나무에서 떨어진다

　─어떤 일을 매우 잘하는 사람도 실수를 할 때가 있다.

⫶ 불난 집에 부채질 한다

　─곤경(困境)에 처했거나 화가 난 상태를 더 나쁘게 만든다.

⫶ 우물을 파도 한 우물을 파라

　─어떠한 일이든 한 가지 일을 끝까지 해야 성공할 수 있다.

⊖ 고사성어

⫶ 용두사미(龍頭蛇尾, 용 룡. 머리 두. 뱀 사. 꼬리 미)

　─용의 머리에 뱀의 꼬리.

　　처음은 왕성하지만 끝은 보잘 것이 없음.

⫶ 어부지리(漁父之利, 고기잡을 어. 아비 부. 어조사 지. 이로울 리)

　─어부의 이로움.

　　쌍방이 다투는 틈을 이용해 제3자가 애쓰지 않고 가로챈 이득.

⫶ 오리무중(五里霧中, 다섯 오. 마을 리. 안개 무. 가운데 중)

　─5리나 되는 짙은 안개 속에 있다.

　　무슨 일에 대하여 갈피를 못 잡고 알 길이 없음을 이르는 말.

벌을 받는 놀부

◉ 어휘 알아보기

휘영청, 낭패, 따지다, 호들갑, 뒷덜미,
푼돈, 나가떨어지다, 우르르, 도끼, 망치, 작두 등

◉ 문법과 표현 살펴보기

① -기 때문에
② -았/었/였던

◉ 쉬어 가는 코너

속담

말이 씨가 된다
금강산도 식후경
작은 고추가 맵다
호랑이도 제 말하면 온다

고사성어

전전긍긍(戰戰兢兢)
전화위복(轉禍爲福)
조삼모사(朝三暮四)

놀부와 놀부 부인은 첫 번째 박을 타기 시작하였습니다. 휘영청 밝은 달빛을 등불 삼아 부부는 사이좋게 톱질을 하였습니다. 모처럼 부부 사이가 정겨워 보였습니다. 둘이서 힘을 주거니 받거니 하면서 톱질을 하자 톱날이 금세 박을 가르기 시작하였습니다. 어느덧 박 중간쯤 톱날이 들어가자 "펑" 소리와 함께 박이 쩍 갈라졌습니다.

"아이고야, 이게 뭔 일이여?"

놀부 부인이 겁을 먹고 소리쳤습니다.

"조용히 해! 하인들이 당신 고함 소리에 깨어나면 낭패니까."

놀부가 부인을 혼냈습니다.

하지만 천둥소리처럼 워낙 큰 소리가 울려 퍼졌기 때문에 잠을 자던 사람들이 잠에서 깨어나고 말았습니다. 놀부네 아이들을 비롯하여 하인들까지 모두 일어나 놀부가 박을 타고 있는 마당으로 몰려들었습니다. 아직 그것을 눈치 채지 못한 놀부 부인이 놀부에게 따지듯이 말했습니다.

"영감은 이 속에 뭐가 들어있다고 호들갑이세요?"

놀부 부인이 투덜거리고 있는데 괴물들이 박 속에서 걸어 나왔습니다.

"오매? 놀래라, 무서워요!"

놀부 부인이 겁을 먹고 줄행랑을 치려고 하였습니다.

그때 커다란 손이 놀부 부인 뒷덜미를 잡아당겼습니다.

"사사살려 주세요!"

놀부 부인이 빌며 사정을 하였습니다.

어느새 박 속에서 열이나 되는 괴물들이 몰려나와 있었습니다. 놀부와 놀부 부인은 꽁꽁 얼어붙고 말았습니다. 우르르 몰려오던 가족들과 하인들도 눈이 휘둥그레져 그 자리에 우뚝 멈춰 섰습니다.

"네 이놈 놀부야, 네놈 잘못은 네가 잘 알고 있지?"

괴물이 큰 소리로 물었습니다.

"제제-제가 무슨 잘못을 했나요? 저는 지금까지 살면서 잘못이란 건 모르고 살아왔습니다. 진짜예요. 지금 제가 무릎을 꿇고서 손을 싹싹 비는 것은 제 심성이 착해서 이런답니다."

"허허- 이놈이 아직도 정신을 못 차리고 헛소리를 늘어놓고 있구나! 애들아, 놀부 놈이 정신을 똑바로 차리게 흠씬 두들겨 패 줘라."

"네? 뼈밖에 없는 저를 때린다고요? 자자잠깐만요? 제발요!"

놀부가 눈물까지 뚝뚝 흘려가며 통사정을 했기 때문에 괴물들은 잠시 멈추고서 물었습니다.

"매를 안 맞겠다 이거지? 그렇다면 매 값을 내 놓을 테냐?"

"진짜로 매를 맞는 대신 돈으로 드려도 될까요?"

"그렇고말고."

놀부는 재빨리 머리를 굴렸습니다. 괴물치고는 단순하다는 생각까지 하였습니다. 그래서 마음속으로 궁리를 하였습니다. 빨리 돈을 줘서라도 괴물들을 쫓아버리고 나면 다른 박에서 보물들이 쏟아지는 궤짝이 나올 테니까 크게 손해는 안 보게 될 것 같았습니다.

"저 제가 백 냥을 드리면 될까요? 모두 열 분이 오셨으니 한 분당 열 냥씩이면 충분하시겠죠?"

"뭐? 지금 푼돈을 가지고 장난을 하자는 거냐?"

괴물은 화가 나는지 얼굴이 붉으락푸르락해졌습니다.

그 바람에 놀부 아이들이 놀라 소리를 질렀습니다. 뒤늦게 아이들의 비명 소리를 듣고서 놀부가 주변을 살펴보았습니다. 자식들과 하인들이 마당에 모두 모여 있었습니다. 놀부는 하인들을 발견하고서 몹시 반기며 소리쳤습니다.

"너희들 마침 잘 나타났다. 이 못된 괴물들을 어서 쫓아내라."

"뭐라고? 이놈이 아직도 정신을 못 차렸구먼." 하면서 괴물이 들고 있던 몽둥이로 놀부를 확 밀쳤습니다. 놀부는 저쪽으로 나가떨어지더니 정신을 잃어버렸습니다.

"아이고, 영감! 정신 차려요!"

놀부 부인이 달려가 놀부를 깨어나게 하려고 안간 힘을 썼습니다.

한참 만에 깨어난 놀부는 겁에 질려 괴물들이 원하는 것은 다 내어 주게 하였습니다. 괴물들은 신나 하며 온 집안을 샅샅이 뒤져 값나가는 것들을 빠짐없이 챙겨 나왔습니다. 놀부네 집에 잔뜩 쌓아두었던 온갖 것들을 꺼내 왔습니다. 그리고 어디서 가져왔는지 수레를 가지고 와서 짐들을 몽땅 싣고서 떠나갔습니다. 괴물들이 떠나고 나자 놀부네 집은 마치 오랫동안 비어 있었던 집처럼 황량해 보였습니다.

그런데도 놀부는 전혀 걱정하지 않았습니다. 아직도 박이 두 덩이가 있기 때문에 환한 웃음을 웃었습니다. 괴물들이 박을 가져가지 않은 게 천만다행이라며 좋아하기까지 하였습니다.

놀부는 하인들과 자식들을 들여보낸 후 두 번째 박을 타기 시작했습니다.

"영감, 이번에도 괴물들이 나오는 것은 아니겠죠?"

놀부 부인이 박을 타다 말고 물었습니다.

"재수 없는 소리는 그만하고 빨리 힘 줘 가며 톱을 당기기나 해!"

두 번째 박에서도 "펑" 소리가 나더니 저절로 쩍 갈라졌습니다. 놀부와 놀부 부인이 놀라 있는데 사람들이 우르르 몰려 나왔습니다. 이번에는 도끼와 망치 그리고 작두를 든 사람들이 나왔습니다.

"영감, 저저- 사람들이 우리를 죽이려고 왔나 봐요!"

놀부 부인이 놀라 소리쳤습니다.

놀부가 미처 무슨 말도 하기 전에 박에서 나온 사람들은 들고 있던 도끼와 망치로 놀부네 집을 마구 부수기 시작하였습니다. 몰래 숨어서 구경을 하고 있던 놀부네 자식들과 하인들은 다시 놀부가 있는 마당으로 몰려들었습니다. 그런데 박에서 나온 사람들의 행동은 무척 빨랐습니다. 금세 놀부네 안채가 무너져 내렸습니다. 도끼와 망치로 마구 부수고 부술 수 없는 것들은 작두로 싹둑싹둑 잘라냈습니다. 그러다 보니 순식간에 놀부네 집은 흔적도 없이 사라져 버리고 텅 빈 터만 남게 되었습니다.

"아버지, 우리 집은 어디로 갔어요?"

놀부 자식이 눈물을 훔쳐내며 소리쳤습니다.

"쉿, 조용히 해!"

놀부 부인이 뒤늦게 정신을 차리고서 우는 아이를 달랬습니다.

불행 중 다행이라고 두 번째 박에서 나온 사람들은 놀부네 살림살이와 집을 모두 부수더니 아무 말도 하지 않고 어디론가 사라져버렸습니다. 이제는 빈 터에 덩그러니 박 한 덩이만 놓여 있었습니다.

"영감, 나는 더 이상은 박을 못 타겠어요. 전 이제 그만 방으로 들어갈래요."

"이놈의 마누라가 완전히 실성을 했구먼, 지금 집도 없는데 방이 어딨다고 방 타령을 하는 거야?"

뒤늦게 정신을 차린 놀부 부인이 땅바닥에 주저앉아 통곡하기 시작하였습니다. 그 곁에 놀부의 자식들까지 주저앉아 울기 시작하였습니다.

"울음 그쳐! 누가 들으면 내가 죽은 줄 알겠잖아."

놀부는 눈물을 그치라며 가족들에게 온갖 폭언을 퍼부었습니다.

놀부가 무섭게 다그쳤기 때문에 하인들은 입도 뻥긋할 수 없었습니다. 비록 집이 무너져 내리고 살림살이가 모두 망가졌지만 놀부는 걱정하지 않았습니다. 아직 자신의 몸이 멀쩡하고 자식들과 부인까지 멀쩡했으니까요. 남아 있는 박에서 보물이 쏟아지면 금세 부자가 될 테니 오히려 실실 웃음이 새어나왔습니다.

"아이고, 드디어 네 아버지가 완전히 실성을 하셨구나. 이렇게 집안이 한순간에 폭삭 망했는데도 저리 웃고 있으니 말이다. 내 진즉 용하다는 무당을 불러다 푸닥거리를 했어야 하는데. 아이고 아이고 박복한 내 팔자야."

놀부 부인은 때늦은 후회를 하며 대성통곡을 하였습니다. 그런데도 놀부는 전혀 신경 쓰지 않았습니다. 오히려 남은 박을 타기 위해 서두르기 시작하였습니다. 놀부는 마당쇠와 같이 박을 타려고 하였습니다. 놀부 부인은 통곡을 하다 말고 박을 타지 못하게 말렸습니다. 그러나 놀부가 무서운 얼굴로 대들었기 때문에 겁을 먹고서 뒤로 물러서고 말았습니다.

놀부와 마당쇠가 양쪽에서 톱을 잡고서 세 번째 박을 타기 시작했습니다. 세 번째 박은 제일 컸습니다. 놀부는 박을 타면서 '이 박 속에는 흥부가 받은 온갖 보물이 다 들어 있을 거야' 하고 생각했습니다. 세 번째 박에 톱이 조금 들어갔는데도 곧이어 "펑" 하는 소리가 들렸습니다. 앞에 두 통에서 난 소리보다 훨씬 컸습니다. 그리고 땅까지 흔들렸습니다.

마치 지진이 생긴 것 같았기 때문에 놀부 부인과 자식들은 살려달라며 아우성을 쳐댔습니다. 세 번째 박에서 하얀 연기가 피어올랐습니다. 놀부는 그 모습을 지켜보고서 빙그레 웃었습니다. 주변에서 숨을 죽이고서 지켜보고 있던 하인들은 놀라움을 감추지 못하고 수군대기 시작하였습니다.

하얀 연기가 걷히더니 머리가 하얗고 하얀 수염을 길게 기른 노인이 까만 옷을 입고서 걸어 나왔습니다. 그 뒤로 여러 명의 장정들이 형틀과 곤장을 들고 나왔습니다.

"저 영감은 뭔 영감이여? 당신이 누군데 내 보물단지는 가져오지 않고 쓸데없는 형틀을 가지고 왔소?"

놀부가 대뜸 물었습니다.

"네놈이, 바로 연놀부가 맞느냐?"

노인이 놀부에게 물었습니다.

"이 영감이 실성을 했나? 아니면 귀가 먹었소? 내 보물들은 어디다 빼돌리고 와서는 나한테 반말을 하고 있소?"

놀부가 화를 내며 소리를 쳤습니다.

"이놈이 심보만 고약한 줄 알았더니 눈까지 멀었나 보네. 네 놈은 이 어르신을 보고도 모르겠냐? 이놈아, 이분은 제비나라 정승이시다!"

박에서 나온 힘센 장정들이 놀부에게 소리쳤습니다.

"애들아, 어서 저 놀부 놈을 잡아 형틀에 꽁꽁 묶어라."

제비나라 정승이 소리쳤습니다.

제비나라에서 온 장정들은 눈 깜짝할 사이에 놀부를 잡아 형틀에 묶어 놓았습니다. 놀부는 형틀에서 벗어나려 발버둥을 쳐댔지만 도저히 힘으로 당할 재간이 없었습니다. 그리고 어찌나 세게 묶어 놓았던지 몸이 전혀 움직이지 않았습니다. 다행히 입은 막지 않아서 말은 할 수가 있었습니다.

"왜, 무고한 나를 잡아서 형틀에 묶어 놓는 거요? 내가 무슨 죄를 지었다고?"

"저놈 죄를 내 입으로 말하면 내 입까지 더러워질 테니 시중이 소상이 놀부 죄를 말해 보거라."

제비나라 정승이 말을 마치자 시중이 앞으로 나와 큰소리로 말을 하였습니다.

"연놀부는 착한 동생 흥부를 쫓아내고 부모 재산을 혼자서 독차지한 죄 곤장 백 대요. 동네사람들을 못 살게 괴롭히고 구박한 죄 곤장 삼천 백 대요. 그리고 하인들을 굶주리게 하고 온갖 고생을 시킨 죄 곤장 오백 대요. 부인을 구박하고 아낙네라고 무시한 죄 곤장 삼백 대요. 다음은 멀쩡한 제비 다리를 부러뜨려 놓고 파렴치하게 재물을 탐한 ……."

"그만- 그만-"

놀부가 겁에 질려 소리를 내질렀습니다.

"어떠냐? 이제야 네 죄를 알겠느냐?"

제비나라 정승이 놀부에게 물었습니다.

놀부는 거짓 눈물을 보이며 통사정을 하기 시작하였습니다.

"척 보아하니 도량이 넓어 보이시는데 저를 한 번만 용서해 주십시오. 제발 풀어만 주신다면 두 번 다시 나쁜 짓은 하지 않겠습니다. 앞으로는 사람들에게 인심을 베풀고 덕을 쌓기 위해 온갖 노력을 다하겠습니다. 그러니 제발 한 번만 한 번만 용서를 해 주십시오."

놀부가 펑펑 울면서 사정을 했기 때문에 제비나라 정승은 마음이 약해지고 말았

습니다.

"그렇다면 네 논밭들을 여태껏 고생을 한 하인들에게 나누어 줄 수 있겠느냐?"

"네? 제가 피땀 흘려 모은 전답을 몽땅 다 하인들한테 나눠 주라고요?"

놀부가 놀라 소리쳤습니다.

"이놈! 네놈 말투를 보니 아직 제대로 뉘우친 게 아니로구나."

제비나라 정승이 화를 내며 말했습니다.

"아아- 아닙니다. 감격해서 목소리가 그렇게 나왔습니다."

놀부는 속마음을 감추고서 말했습니다.

제비나라 정승은 놀부가 마음을 바꾸기 전에 오른손을 풀어 주어 약속 문을 쓰게 하였습니다. 놀부는 하인들을 자유인으로 풀어 준다는 약속 문과 논밭을 그냥 나눠 주겠다는 약속 문을 썼습니다. 하인들은 횡재를 한 것 같아 좋아하며 줄을 서 약속 문을 받았습니다.

 "그동안 놀부가 부를 누리고 많은 논밭을 갖게 된 것은 너희들이 피땀 흘린 덕도 크다. 이걸 그동안 제대로 받지 못한 세경으로 주는 것이니 이제부터는 놀부 집에서 종살이를 하지 말고 자유롭게 떠나 생활을 하도록 해라."

 제비나라 정승의 말이 끝나기가 무섭게 놀부네 집 하인들은 뿔뿔이 흩어져 떠나갔습니다. 모두가 떠나고 나자 놀부네 집터에는 놀부 가족과 꽁꽁 묶인 놀부만 남게 되었습니다.

 "내 보기에 이제 네가 적당히 뉘우친 것 같으니 마지막으로 네 죄 값 하나만 물어야겠다."

 "네? 제 재산을 하나도 남김없이 나눠 주고 하인들까지 모두 자유인으로 만들어 줬는데도 또 죄 값이 남았다고요?"

 "이놈! 제비 다리를 부러뜨린 것을 벌써 잊어먹었더냐. 멀쩡한 제비 다리를 부러뜨렸으니 그 죄 값으로 네놈 다리를 부러뜨려 놓고 갈 것이다."

 "아이고 정승님, 제발 우리 영감 다리만큼은 그대로 놔둬주세요!"

 "맞아요! 제발 우리 아버지를 용서해 주세요."

 놀부 부인과 아이들이 제비나라 정승을 붙잡고서 통사정을 하였습니다. 또다시 제비나라 정승은 마음이 약해지고 말았습니다.

 "놀부 놈 괘씸한 행동을 봐서는 당장 다리를 부러뜨려 놓으려고 했으나 적당히 뉘우친 것도 같고, 자식들과 부인이 통사정을 하니 곤장 스무 대만 때려라."

 제비나라 정승의 말이 떨어지기가 무섭게 장정들이 달려들어 꽁꽁 묶여 있는 놀부에게 곤장을 때리기 시작하였습니다. 철퍼덕 하는 소리와 놀부의 비명소리가 온 마을 안으로 울려 퍼졌습니다. 놀부가 곤장 스무 대를 다 맞고 나자 어디선가 새벽 닭 우는 소리가 들려 왔습니다.

 "다시 한 번만 더 나쁜 짓을 했다가는 그때는 목숨을 내 놓을 생각을 하여라."

 제비나라 정승이 놀부에게 훈계를 한 후 금세 연기처럼 사라져 버렸습니다.

 동쪽 산 너머로 둥근 해가 환한 얼굴을 내밀고서 웃고 있었습니다.

"아이고, 영감, 앞으로 우리는 어떻게 살아요?"

놀부 부인이 땅을 치며 대성통곡하였습니다.

놀부는 금방이라도 죽을 것 같아 간신히 숨만 몰아쉬고 있었습니다. 앞으로 살아갈 날이 막막하여 울고 싶었지만 차마 눈물을 보일 수는 없었습니다. 어느새 소문이 퍼졌는지 동네 사람들이 가득 몰려와서 쑥덕거리고 있었습니다. 놀부가 암담해 하고 있는데 구경을 온 동네사람들이 수군거리는 소리 중에 흥부 이름이 들려왔습니다. 놀부는 흥부 소리를 듣고서 벌떡 일어나 소리쳤습니다.

"마누라, 하나도 걱정 할 것 없어! 어서 들것이나 마련해 와. 내 동생 흥부가 있는데 무슨 걱정을 하고 그래."

금방까지도 다 죽어가던 놀부가 힘이 펄펄 나는지 큰소리로 말했습니다.

"아이고, 이제 진짜로 우리 영감이 완전히 실성을 했구먼 그려. 당신 동생이 어딨다고 동생 타령을 하요? 그리고 내쫓은 흥부는 어디서 벌써 굶어 죽었을 텐데요."

"우는 소리 그만 하고 빨리 들것이나 준비해 오라니까."

놀부가 버럭버럭 화를 내었습니다.

마지못해 놀부 부인은 끼고 있던 금가락지를 맡기고 들것을 마련해 왔습니다. 남편의 마지막 소원을 들어준다는 심정으로 그렇게 하였습니다.

짐꾼들은 놀부를 들것에 태워서 들고 흥부네 집으로 향해 갔습니다. 놀부는 들것에 앉아 흥부네 집으로 달려가라며 호통까지 쳤습니다. 그 뒤를 놀부 부인과 아이들이 뒤따라갔습니다. 흥부 집이 가까워지자 구름 떼처럼 사람들이 몰려가고 있었습니다. 사람들은 놀부의 꼴을 보고서 고소해 하며 비웃었습니다. 마치 '십년 묵은 체증이 내려간 것 같다'며 좋아하는 사람들도 여럿 보였습니다. 놀부의 소문이 들불처럼 빠르게 번져갔습니다.

아침밥을 먹던 흥부는 숭늉을 들고 온 부엌어멈에게서 형님 놀부 소식을 듣게 되었습니다. 흥부는 놀부 소식을 듣자마자 들고 있던 밥숟가락을 내려놓고 뛰어 나왔습니다. 형님 놀부가 걱정되어 신발도 제대로 꿰어 신지 못한 채 형님 댁을 향해 달리기 시작하였습니다.

"형님, 놀부 형님!"

흥부는 목이 터져라 놀부를 부르며 달려갔습니다.

"어라, 저기 뛰어오는 놈이 바로 내 동생 흥부 아니냐?"

귀가 밝은 놀부가 헐레벌떡 뛰어오며 소리치는 흥부를 발견하고서 크게 반겼습니다.

<끝>

어휘 알아보기

휘영청	달이 아주 환하게 밝은 모양을 나타냄. 예 저녁 하늘에는 대보름달이 휘영청 떠 있다.
낭패(狼狽)	아주 곤란한 일을 당하게 되는 것. 예 결혼을 신중하게 생각하지 않으면 낭패를 볼 수 있다.
따지다	똑똑히 캐묻고 분명한 답을 요구하다. 예 아내는 남편에게 따지듯이 말했다.
호들갑	말투나 몸가짐이 경망스럽고 방정맞은 것. 예 영희는 어른 앞에서 호들갑을 떨었다.
뒷덜미	등의 맨 위쪽과 두 어깻죽지 사이가 만나는 부분. 예 피곤해서인지 뒷덜미가 뻐근했다.
푼돈	얼마 되지 않은 적은 액수의 돈. 예 나는 푼돈을 모아서 지갑을 샀다.
나가떨어지다	뒤로 물러나면서 세게 뒤로 넘어지다. 예 친구를 밀쳤더니 저 멀리 나가떨어졌다.
질리다/질려	추위, 겁, 분노, 병 따위로 얼굴이 창백해지다. 예 동생은 공포 영화를 보더니 겁에 질려 쓰러졌다.
샅샅이	빠지는 것이 없이 모조리. 예 신문을 샅샅이 읽었지만 그런 기사는 없었다.
황량하다(荒凉-)/ 황량하고	황폐하여 쓸쓸하다. 예 눈이 내리고 있어서 그 거리는 더 황량하고 적막했다.
망치	단단한 물건이나 불에 달군 쇠를 두드리는데 쓰는 쇠로 만든 연장. 예 벽에 망치로 못을 박았다.
작두	말과 소의 먹이를 써는 연장. 예 겨우내 소 먹이를 썰었더니 작두가 고장이 났다.

부수다	만들어진 물건을 두드리거나 깨뜨려 못 쓰게 만들다.
	예 도둑들이 창문을 부수고 들어왔다.
우르르	사람이나 동물들이 한꺼번에 급하게 몰려다니거나 움직이는 모양을 나타냄.
	예 불이야! 하는 소리에 놀란 사람들이 우르르 밖으로 뛰어나왔다.
도끼	나무를 찍거나 패는 연장의 하나. 쐐기 모양의 큰 쇠 날의 머리 부분에 구멍을 뚫어 단단한 나무 자루를 박아 만든다.
	예 뒷산에 가서 도끼로 나무를 찍어 가져왔다.
싹둑싹둑	어떤 물건을 도구나 기계 따위로 해결할 수 있을 만큼의 힘으로 자꾸 자르거나 베는 소리.
	예 어머니는 가위로 헌 옷을 싹둑싹둑 잘라서 걸레를 만들었다.
흔적(痕迹)	어떤 것이 있었거나 지나가고 남은 자취.
	예 사과 상자에 손을 댄 흔적은 전혀 없다.
훔쳐내다/훔쳐내며	물기를 닦아 내다.
	예 마이클은 손수건으로 눈물을 훔쳐내고 있었다.
통곡(痛哭)하다	목 놓아 큰 소리로 우는 것.
	예 나는 슬픔을 참지 못해 그만 통곡하고 말았다.
멀쩡하다/멀쩡하고	흠이나 탈이 없이 아주 온전하다.
	예 큰 사고에도 불구하고 그의 몸은 멀쩡했다.
실실	실없이 슬며시 자꾸 웃는 모양.
	예 민서가 수업 중에 실실 웃어서 선생님께 혼났다.
한순간(-瞬間)	매우 짧은 동안.
	예 그 여자에게 한순간 마음을 빼앗겼던 것은 사실이다.
대성통곡(大聲痛哭)하다	큰소리로 몹시 슬프게 우는 것.
	예 큰아들은 아버지의 죽음에 대성통곡했다.
지진(地震)	오랫동안 누적된 변형 에너지가 갑자기 방출되면서 지각이 흔들리는 일.
	예 일본은 지진이 자주 일어나는 나라이다.
아우성(-聲)	떠들썩하게 기세를 올려 지르는 소리.
	예 세금을 많이 거둬들인다고 국민들이 아우성이다.

걷히다/걷히더니	덮거나 가리고 있던 것이 없어지다. 예 구름이 걷히더니 햇빛이 화창하게 비추었다.
장정(壯丁)	나이가 젊고 기운이 좋은 남자. 예 여러 명의 장정들이 씩씩하게 걸어 나왔다.
형틀(刑-)	죄인을 신문할 때 앉히던 형구(刑具) 예 죄인을 형틀에 묶어라.
대뜸	주저하지 않고 그 자리에서 바로. 뜻하지 않게 불쑥. 예 아버지는 대뜸 소리부터 질렀다.
심보(心-)	주로 좋지 못한 마음씨. 예 심보만 나쁜 줄 알았더니 눈까지 멀었나 봐요.
어르신	'어르신네'의 준말. '남의 아버지나 나이 많은 사람'을 높이어 이르는 말. 예 어르신께서는 이곳이 고향이신가요?
발버둥	어떤 일을 이루려고 몹시 애를 쓰는 것. 예 그녀는 자신의 아들을 살려보려고 발버둥을 쳤다.
재간	어떠한 방법이나 방도(方途) 예 더 이상 추위를 견딜 재간이 없었다.
무고하다(無辜-)/ 무고한	아무런 잘못이나 허물이 없다. 예 무고한 사람을 감옥에 가두면 되겠소?
시중	옆에 있으면서 여러 가지 심부름을 하는 일. 예 내 옆에서 시중 들어줄 사람이 있으면 얼마나 좋을까?
도량(度量)	너그러운 마음과 생각. 예 어머니는 도량이 매우 넓은 사람이셨다.
인심(人心)	사람의 마음. 예 이웃사람들에게 인심을 베풀면서 살아야 한다.
덕(德)	도덕적이면서 너그러워 남에게 좋은 영향이나 감화를 주는 인격의 능력. 예 요즘 사람들은 덕을 쌓기 위해 노력을 해야 한다.
전답(田畓)	논과 밭. 예 할아버지는 전답을 모두 팔아서 자식에게 나눠 주었다.

횡재(橫材)	아무런 노력을 들이지 않고 뜻밖에 재물을 얻는 것. 예 약초 캐러 갔다가 산삼이라도 발견하는 날은 그야말로 횡재하는 날이었다.
종살이	예전에 남의 종노릇을 하던 일. 예 친구는 지금도 남의 집에서 종살이를 한다.
철퍼덕	옅은 물이나 진창을 거칠게 밟거나 치는 소리. 예 형이 철퍼덕 소리를 내며 개울로 뛰어들었다.
훈계	타일러서 잘못이 없도록 주의를 주는 것. 예 선생님은 지각하지 말라고 학생들을 훈계하셨다.
적당히(適當-)	정도나 이치에 알맞게. 예 음식에 소금을 적당히 넣어 간을 맞추다.
막막하다(漠漠-)/ 막막하여	아득하고 막연하다. 예 생각해 보니 앞으로 살아갈 날이 막막했다.
암담하다(暗澹-)	전망이 어둡고 희망이 없이 막막한 느낌이 있다. 예 언제쯤 이러한 절망의 늪에서 헤어날 수 있을까를 생각하니 암담했다.
들것	긴 대 사이에 거적이나 천을 달아서 그 위에 환자나 물건을 싣고 앞과 뒤에서 두 사람이 들어 나르는 기구. 예 그는 들것에 실려 병원으로 옮겨졌다.
숭늉	밥을 지은 솥에서 밥을 푼 뒤에 물을 붓고 데운 물. 구수한 맛이 있으며 흔히 식사를 한 뒤에 마신다. 예 그는 다 식어버린 커피를 숭늉 마시듯 꿀꺽꿀꺽 단숨에 마셔버렸다.
헐레벌떡	숨을 가쁘고 거칠게 몰아쉬는 모양. 예 동생은 집으로 헐레벌떡 뛰어갔다.

문법과 표현 살펴보기

⊖ –기 때문에

- 어떤 일의 원인이나 까닭임을 나타낼 때 사용한다.
- 명령문, 청유문에는 사용할 수 없다.

  - 마이클은 외국인이기 때문에 한국말이 서툴러요.

  - 어제는 몸이 아팠기 때문에 병원에 갔다 왔어요.

  - 형이 공부하기 때문에 떠들면 안 돼요.

  - 오늘은 비가 오기 때문에 등산을 갈 수가 없어요.

  - 큰 소리가 울려 퍼졌기 때문에 사람들이 잠에서 깨어나고 말았다.

⊖ –았/었/였던

- 명사를 수식하며, 과거 상황을 회상하거나 그 상황이 완료되지 않고 중단되었음을 나타낼 때 사용한다.

  - 작년에 읽었던 소설을 어제 다시 읽었는데 여전히 재미있더군요.

  - 내가 예전에 근무했던 회사가 아주 많이 발전했더군요.

  - 어렸을 때 예뻤던 영희가 지금은 아줌마가 다 되었더라.

  - 예전에 같은 동네에서 살았던 친구를 우연히 오늘 만났어요.

  - 10년 전에 중학생이었던 민수가 벌써 결혼을 한다고 해요.

1 왼쪽에 있는 말들의 의미를 오른쪽에서 찾아 연결하시오.

① 낭패 •   • ㉠ 나무를 찍거나 패는 연장의 하나

② 호들갑 •   • ㉡ 등의 맨 위쪽과 두 어깻죽지 사이가 만나는 부분

③ 뒷덜미 •   • ㉢ 말과 소의 먹이를 써는 연장

④ 푼돈 •   • ㉣ 말투나 몸가짐이 가볍고 방정맞은 것

⑤ 도끼 •   • ㉤ 밥을 지은 솥의 누룽지를 물을 붓고 끓인 것

⑥ 망치 •   • ㉥ 아주 곤란한 일을 당하게 되는 것

⑦ 작두 •   • ㉦ 얼마 되지 않은 적은 액수의 돈

⑧ 어르신 •   • ㉧ 남의 아버지나 나이 많은 사람을 높이는 말

⑨ 종살이 •   • ㉨ 단단한 물건을 두드리는 연장

⑩ 들것 •   • ㉩ 앞과 뒤에서 두 사람이 무엇을 들어 나르는 기구

⑪ 숭늉 •   • ㉪ 예전에 남의 종노릇을 하던 일

2 적당한 말을 보기에서 찾아서 _____에 쓰시오.

| 보기 | 덕, 도량, 시중, 심보, 아우성, 인심, 장정, 재간, 전답, 지진, 형틀, 횡재, 훈계, 흔적 |

① 사과 상자에 손을 댄 _____은/는 전혀 없다.

② 일본은 _____이/가 자주 일어나는 나라이다.

③ 세금을 많이 거둬들인다고 국민들이 _____이다.

④ 여러 명의 _____들이 씩씩하게 걸어 나왔다.

⑤ 죄인을 _____에 묶어라.

⑥ _____만 나쁜 줄 알았더니 눈까지 멀었나 봐요.

⑦ 더 이상 추위를 견딜 _____이/가 없었다.

⑧ 내 옆에서 _____ 들어줄 사람이 있으면 얼마나 좋을까?

⑨ 어머니는 _____이/가 매우 넓은 사람이셨다.

⑩ 이웃사람들에게 _____을/를 베풀면서 살아야 한다.

⑪ 요즘 사람들은 _____을/를 쌓기 위해 노력을 해야 한다.

⑫ 할아버지는 _____을/를 모두 팔아서 자식에게 나눠 주었다.

⑬ 약초 캐러 갔다가 산삼이라도 발견하는 날은 그야말로 _____하는 날
이었다.

⑭ 선생님은 지각하지 말라고 학생들을 _____하셨다.

3 적당한 말을 보기에서 찾아서 _____에 알맞은 형태로 쓰시오.

| 보기 | 걷히다, 나가떨어지다, 따지다, 막막하다, 멀쩡하다, 무고하다, 발버둥을 치다, 부수다, 질리다, 황량하다 |

① 아내는 남편에게 _____ 말했다.

② 친구를 밀쳤더니 저 멀리 _____.

③ 동생은 공포 영화를 보더니 겁에 _____ 쓰러졌다.

④ 눈이 내리고 있어서 그 거리는 더 _____ 적막했다.

⑤ 도둑들이 창문을 _____ 들어왔다.

⑥ 큰 사고에도 불구하고 그의 몸은 _____.

⑦ 구름이 _____ 햇빛이 화창하게 비추었다.

⑧ 그녀는 자신의 아들을 살려보려고 _____.

⑨ _____ 사람을 감옥에 가두면 되겠소?

⑩ 생각해 보니 앞으로 살아갈 날이 _____.

4 아래 문장의 (   )에 있는 말들 중 적당한 것에 ○를 하시오.

① 저녁 하늘에는 대보름달이 (후르르 / 휘영청) 떠 있다.

② 불이야! 하는 소리에 놀란 사람들이 (우르르 / 으르렁) 밖으로 뛰어나왔다.

③ 신문을 (살살이 / 샅샅이) 읽었지만 그런 기사는 없었다.

④ 어머니는 가위로 헌 옷을 (싹둑싹둑 / 설레설레) 잘라서 걸레를 만들었다.

⑤ 민서가 수업 중에 (줄줄 / 실실) 웃어서 선생님께 혼났다.

⑥ 아버지는 (대략 / 대뜸) 소리부터 질렀다.

⑦ 형이 (철퍼덕 / 철거덩) 소리를 내며 개울로 뛰어들었다.

⑧ 음식에 소금을 (적당히 / 가득히) 넣어 간을 맞추다.

⑨ 동생은 집으로 (살랑살랑 / 헐레벌떡) 뛰어갔다.

5 보기와 같이 −기 때문에를 사용하여 두 문장을 연결하시오.

| 보기 | 마이클은 외국인이다. / 마이클은 한국말이 서툴러요.
····▶ 마이클은 <u>외국인이기 때문에</u> 한국말이 서툴러요. |

① 어제는 몸이 아팠다. / 어제는 병원에 갔다 왔어요.

····▶ _____

② 형이 공부한다. / 떠들면 안 돼요.

····▶ _____

③ 오늘은 비가 온다. / 오늘은 등산을 갈 수가 없어요.

⋯⋯▶ _____

④ 큰 소리가 울려 퍼졌다. / 사람들이 잠에서 깨어나고 말았다.

⋯⋯▶ _____

6 보기와 같이 -았/었/였던을 사용하여 문장을 완성하시오.

| 보기 | 작년에 <u>읽었던</u> 소설을 어제 다시 읽었는데 여전히 재미있더군요. |

① 내가 예전에 _____(근무했다) 회사가 아주 많이 발전했더군요.

② 어렸을 때 _____(예뻤다) 영희가 지금은 아줌마가 다 되었더라.

③ 예전에 같은 동네에서 _____(살았다) 친구를 우연히 오늘 만났어요.

④ 10년 전에 _____(중학생이었다) 민수가 벌써 결혼을 한다고 해요.

⑤ 고등학교 다닐 때 자주 _____(가다) 분식집을 찾아갔다.

⑥ 유럽 여행 중에 _____(만나다) 가이드를 한국에서 다시 보게 됐다.

⑦ 어머니와 즐겨 _____(먹다) 광양 불고기가 생각난다.

⑧ 항상 _____(즐거워했다) 친구가 무슨 일인지 슬픈 표정을 지었다.

1 놀부네 박에서는 어떤 것들이 나왔는지 설명해 보시오.

2 흥부는 들것에 실려 온 놀부를 발견한 후 어떻게 했을지 상상하여 써 보시오.

3 흥부와 놀부의 작품에 대해 자유롭게 써 보시오.

쉬어 가는 코너

⊖ 속담

▌ 말이 씨가 된다

　－쉽게 한 말이 실제로 이루어질 수 있으므로 말조심해야 한다.

▌ 금강산도 식후경

　－아무리 좋은 것도 배가 불러야 관심을 가지게 된다.

▌ 작은 고추가 맵다

　－체격이 작은 사람이 큰 사람보다 재주가 뛰어나거나 일을 잘한다.

▌ 호랑이도 제 말하면 온다

　－다른 사람에 대해서 이야기를 하면 그때 마침 그 사람이 온다.

⊖ 고사성어

▌ 전전긍긍(戰戰兢兢, 무서워 떨 전. 무서워 떨 전. 삼갈 긍. 삼갈 긍)

　－겁을 먹고 몸을 조심하는 모양.

　　매우 두려워하며 조심한다는 말.

▌ 전화위복(轉禍爲福, 구를 전. 재앙 화. 할 위. 복 복)

　－재앙이 바뀌어 오히려 복이 된다.

　　불행한 일이나 실패를 끊임없는 노력으로써 행복의 계기로 삼는다는 말.

▌ 조삼모사(朝三暮四, 아침 조. 석 삼. 저물 모. 넉 사)

　－눈앞에 차별만을 알고 결과를 모른다.

　　간사한 꾀로 사람을 속여 희롱함을 이르는 말.

모범 답안

제1과 연습 문제

1 ① - ㅈ　　　　　② - ㄴ
　 ③ - ㅇ　　　　　④ - ㅅ
　 ⑤ - ㄷ　　　　　⑥ - ㅁ
　 ⑦ - ㅂ　　　　　⑧ - ㄹ
　 ⑨ - ㄱ

2 ① 꼬박꼬박　　　② 대문
　 ③ 마루　　　　　④ 벼슬길
　 ⑤ 온통　　　　　⑥ 남다른
　 ⑦ 구박　　　　　⑧ 가슴앓이

3 ① 적잖이　　　　② 곤경
　 ③ 정중하게　　　④ 빠뜨렸다.
　 ⑤ 자자하다.　　⑥ 왁자지껄하며
　 ⑦ 봉양하는　　　⑧ 여전했다.
　 ⑨ 매달리며

4 ① 소설책을 읽고 나서 영화를 보러 갔다.
　 ② 점심을 먹고 나서 양치질을 했다.
　 ③ 청소를 하고 나서 운동을 하러 간다.
　 ④ 식사를 하고 나서 30분 뒤에 약을 먹는다.

5 ① 비싸집니다.　　② 더워진다.
　 ③ 빨개진다.　　　④ 헐렁해졌다.
　 ⑤ 많아졌다.

제1과 쓰기 관련 문제

1 연 생원은 태어나면서부터 몸이 허약했습니다. 열두 살이 되고 나서는 큰 병까지 앓게 되었습니다. 연 생원은 여자 형제도 없는 독자였습니다.

2 먹는 것에 유별나게 욕심이 많았습니다. 먹는 것을 비롯하여 동생 흥부의 물건까지도 제 것인 냥 욕심내어 빼앗아 갔습니다. 놀부는 집 밖에 나가서도 소란을 많이 피웠습니다. 놀부는 아이나 어른을 가리지 않고 온갖 심술을 부렸습니다.

3 흥부는 마음씨가 착해 다른 사람들을 많이 배려해가며 생활했습니다. 밥을 먹고 나면 감사 인사를 꼬박꼬박하여 하녀들까지 기쁘게 하였습니다. 친구들과 놀다가도 어른들이 지나가면 정중하게 인사를 하였습니다.

제2과 연습 문제

1 ① - ㅈ　　　　　② - ㅋ
　 ③ - ㅌ　　　　　④ - ㅊ
　 ⑤ - ㄱ　　　　　⑥ - ㄹ
　 ⑦ - ㄴ　　　　　⑧ - ㄷ
　 ⑨ - ㅁ　　　　　⑩ - ㅇ
　 ⑪ - ㅂ　　　　　⑫ - ㅅ

2 ① 꿰신지　　　　② 부산하게
　 ③ 나른　　　　　④ 헐떡이며
　 ⑤ 휘두르며　　　⑥ 졸였다.
　 ⑦ 개의하지　　　⑧ 시달리고
　 ⑨ 허둥대며

3 ① 담장　　　　　② 어머
　 ③ 뒷짐　　　　　④ 상주
　 ⑤ 골탕　　　　　⑥ 심술쟁이
　 ⑦ 떼

4 ① 마음껏　　　　② 되게
　 ③ 허둥거리며

5 ① 사다가　　　　② 따다가
　 ③ 뽑아다가　　　④ 빌려다가

6 ① 늦을 뻔했어요.　　② 떨어질 뻔했어요.
　 ③ 지각할 뻔했다.　　④ 잃어버릴 뻔했어요.

제2과 쓰기 관련 문제

1 놀부의 심술은 날이 갈수록 심해졌습니다. 부모님이 돌아가시고 나자 착한 일은 전혀 하지 않고 못된 짓들만 찾아가며 하였습니다. 그리고 마음대로 행동하면서 살았습니다.

2 초상집에 가서는 큰소리로 노래를 불러대어 상주를 당혹하게 만들었고, 서로 다투는 사람을 보면 옳거니 하고서 이간질을 시켜놓았습니다. 아이들 놀이터에 하인을 시켜 돼지 똥을 뿌리기도 하였습니다.

3 고개를 살래살래 흔들어대고 먼저 슬슬 피해갔습니다.

제3과 연습 문제

1 ① - ㅅ　　　　　② - ㄱ
　 ③ - ㄹ　　　　　④ - ㅂ
　 ⑤ - ㄴ　　　　　⑥ - ㄷ
　 ⑦ - ㅁ

2 ① 제법　　　　　② 정중히
　 ③ 어쩐　　　　　④ 겨우
　 ⑤ 거덜

3 ① 대접해　　　　② 안타깝다.
　 ③ 씀씀이가　　　④ 돌릴
　 ⑤ 부축하여

4 ① 대학생인 척하며　　② 좋은 척하며
　③ 안 먹은 척하며
5 ① 다음 주말쯤에 졸업 사진을 찍을 것 같아요.
　② 내일은 날씨가 따뜻할 것 같아요.
　③ 할머니 집에 아무도 없을 것 같아요.
　④ 친구 집까지 30분정도 걸리니까 지금쯤 집에 도착
　　했을 것 같아요.

제3과 쓰기 관련 문제

1 흥부는 어른이 돼서도 양보를 잘했습니다. 걸인들이
　집에 구걸을 하러 오면 그냥 보낸 적이 없었습니다.
　구박하지 않고 정성껏 대접을 하였습니다. 그리고 어
　려움에 처한 사람들을 봐도 그냥 지나치지 않았습니
　다. 자신의 일도 뒤로 미룬 채 먼저 나서서 도와주었
　습니다. 겉으로만 도와주는 척 하지 않고 진심을 다해
　도와주었습니다.
2 곳간 문을 열고 밥을 지으라고 한 것을 따지려고 찾아
　갔습니다.
3 욕심 많은 놀부는 흥부의 행동이 너무도 기가 막히고
　어처구니가 없어서 말문이 막혔기 때문에 뭐 소리만
　냈습니다.

제4과 연습 문제

1 ① - ㅂ　　　　　　② - ㅅ
　③ - ㅁ　　　　　　④ - ㄷ
　⑤ - ㄹ　　　　　　⑥ - ㄱ
　⑦ - ㄴ
2 ① 돋우고　　　　　② 복지
　③ 버티고　　　　　④ 밀쳐서
　⑤ 시퍼렇게　　　　⑥ 꺼림칙하여
　⑦ 헤어진　　　　　⑧ 갑갑해
3 ① 방구석　　　　　② 구멍
　③ 구실　　　　　　④ 누
　⑤ 곰곰이　　　　　⑥ 궁리
4 ① 빨리　　　　　　② 어느새
　③ 끝끝내　　　　　④ 꾸짖었다.
5 ① 올 모양입니다.　② 먹을 모양입니다.
　③ 낼 모양입니다.　④ 찍을 모양입니다.
6 ① 기다리잖아요.　　② 못하잖아요.
　③ 아프잖아요.　　　④ 여행가잖아요.

제4과 쓰기 관련 문제

1 흥부는 틈만 나면 곡식을 꺼내 마을 사람들에게 나눠
　주고 심지어 이부자리까지 내어주었습니다. 여벌옷은
　흥부 눈에 띄기가 무섭게 들고나가 마을 사람들에게
　나누어 줘버렸습니다. 흥부는 집에 있는 온갖 물건들
　을 가져다가 힘들고 어려운 이웃들에게 나눠주었습니
　다.
2 핑계거리도 없이 무작정 내 쫓아냈다가는 마을 사람들
　한테 놀부 자신이 고약한 사람으로 보여 질 것이 걱정
　이 되었습니다. 그리고 흥부가 조상님이 물려준 재산
　타령을 하면서 못 나가겠다고 버틸지도 모르기 때문입
　니다.
3 허구한 날 식구들을 책임질 생각은 하지를 않고 형한
　테 빌붙어서 얻어먹고 있으니 가장으로서 책임감이 없
　으므로 가장으로서 책임감을 길러 주기 위해서입니다.

제5과 연습 문제

1. ① - ㅁ　　　　　　② - ㅈ
　③ - ㅅ　　　　　　④ - ㄹ
　⑤ - ㅂ　　　　　　⑥ - ㅇ
　⑦ - ㄷ　　　　　　⑧ - ㄱ
　⑨ - ㄴ　　　　　　⑩ - ㅊ
2 ① 어처구니없는　　② 투덜거리는
　③ 설득하지　　　　④ 졸이었다.
　⑤ 떼이어　　　　　⑥ 캐내어
　⑦ 야위어　　　　　⑧ 겸연쩍어
　⑨ 물리었다.　　　⑩ 쏘아붙이지
　⑪ 흡족하게　　　　⑫ 축내고
3 ① 순순히　　　　　② 호락호락
　③ 썩　　　　　　　④ 김새
　⑤ 민망하여　　　　⑥ 생글거리며
　⑦ 착각하여　　　　⑧ 거들었다
　⑨ 보챘다
4 ① 어려워도　　　　② 찾아도
　③ 싫어도　　　　　④ 읽어도
5 ① 영수는 무엇을 하더라도 열심히 하는 성격이다.
　② 비가 내리더라도 걱정하지 마라.
　③ 내가 당신이더라도 그렇게 했을 것이다.
　④ 그 사람이 어떤 음식을 먹더라도 맛있게 먹는다.

제5과 쓰기 관련 문제

1 형님 집과 가까운 곳에 터전을 마련하면 어려울 때 형님한테 의지하고 싶은 마음이 생길까 봐서 일부러 먼 곳으로 떠났습니다.

2 놀부 자신은 3대 독자라 동생이 없다고 하였습니다. 그리고 흥부가 할아버지 제삿날을 잘못 알고 있다고 하였습니다.

3 이렇게 독립해서 살아가야만 돌아가신 너희 할아버지와 할머니가 마음을 놓으신단다. 그렇지 않고 큰아버지 집에서 얹혀살면 너희 할아버지 할머니가 저 세상에서 슬퍼하며 눈물만 흘리실 게야. 너희들은 내가 불효를 하면 좋겠냐? 하면서 죽은 부모님까지 거들먹거렸습니다.

제6과 연습 문제

1 ① - ㅊ   ② - ㅌ
   ③ - ㄹ   ④ - ㄷ
   ⑤ - ㅅ   ⑥ - ㅇ
   ⑦ - ㅁ   ⑧ - ㅂ
   ⑨ - ㅋ   ⑩ - ㅍ
   ⑪ - ㅈ   ⑫ - ㄴ
   ⑬ - ㄱ

2 ① 성난   ② 설치고
   ③ 겁먹은   ④ 서운해서
   ⑤ 험한   ⑥ 변명하는
   ⑦ 찰진   ⑧ 울먹이고

3 ① 곁   ② 오랜만
   ③ 물벼락   ④ 발길질
   ⑤ 타박   ⑥ 사정
   ⑦ 푸념   ⑧ 눈치
   ⑨ 골머리   ⑩ 기거

4 ① 슬며시   ② 충분히
   ③ 빠르게   ④ 마구

5 ① 냉랭한   ② 실없이
   ③ 아마도   ④ 서둘렀다
   ⑤ 푸다   ⑥ 찔끔

6 ① 깨끗하게 되었어요.   ② 건강하게 되었어요.
   ③ 나가게 되었어요.   ④ 살게 되었어요.

7. ① 하느라고   ② 쓰느라고
   ③ 하느라고   ④ 먹느라고
   ⑤ 만나느라고   ⑥ 사느라고

제6과 쓰기 관련 문제

1 놀부가 문을 열어주지 않고서 흥부를 모르는 사람이라고 하였습니다. 그리고 제삿날은 오늘이 아니라며 버럭버럭 고함을 치면서 쫓아냈기 때문입니다.

2 놀부가 큰 병이라도 나서 자리에 누워있는지 걱정이 돼서 마음의 안정을 찾을 수가 없었습니다.

3 몹시 배가 고파있어서 주걱에 붙어 있던 밥풀이 뺨에 달라붙으면 떼어 먹기 위해 반대쪽 뺨도 때려주라고 하였습니다.

제7과 연습 문제

1 ① - ㅋ   ② - ㄴ
   ③ - ㅇ   ④ - ㄱ
   ⑤ - ㄹ   ⑥ - ㅎ
   ⑦ - ㅊ   ⑧ - ㅈ
   ⑨ - ㅁ   ⑩ - ㅅ
   ⑪ - ㅍ   ⑫ - ㅂ
   ⑬ - ㅌ   ⑭ - ㄷ

2 ① 궂은   ② 시원찮아
   ③ 멀겋게   ④ 걸치고
   ⑤ 기발한   ⑥ 헐벗고
   ⑦ 언짢아도   ⑧ 배곯아
   ⑨ 꾸어줘.

3 ① 베   ② 신세타령
   ③ 한탄   ④ 관아
   ⑤ 갓   ⑥ 도포
   ⑦ 녹   ⑧ 고역
   ⑨ 옥   ⑩ 곤장
   ⑪ 약주   ⑫ 허기
   ⑬ 성화   ⑭ 수포

4 ① 오래된   ② 겨우
   ③ 오래간만에   ④ 소용없는
   ⑤ 독촉했다. (떼를 썼다.)

5 ① 너덜너덜   ② 눈살
   ③ 찌푸렸다   ④ 딱한
   ⑤ 떠나고   ⑥ 조바심
   ⑦ 군침

6 ① 쌓여 있어요.   ② 놓여 있어요.
   ③ 걸려 있어요.   ④ 열려 있어서

7 ① 넘어질 뻔했어요.   ② 헤어질 뻔했어요.

③ 우승할 뻔했어요.　　　④ 못할 뻔했어요.
⑤ 빠질 뻔했어요.

7. ① 아무 것도　　　　　② 아무 데도
　 ③ 아무 내색도　　　　④ 아무 말도

제7과 쓰기 관련 문제

1　농번기 철에는 모내기와 김매기를 했습니다. 그리고 농한기 철에는 새끼 꼬기, 새 각시 가마메기, 초상난 집에 부고 돌리기 등등 온갖 궂은일까지도 마다하지 않았습니다.

2　죄인의 매를 대신 맞아주면 매 한 대에 세 냥씩을 받을 수 있다고 하였습니다.

3　아침 일찍 흥부네 옆집에 사는 꾀쇠 아범이 흥부 대신 매를 맞고 돈을 받아가 버려 흥부는 헛걸음만 하고서 빈손으로 집으로 돌아갔습니다.

제8과 연습 문제

1　①－ㅂ　　　　　　②－ㄷ
　 ③－ㄴ　　　　　　④－ㅅ
　 ⑤－ㄹ　　　　　　⑥－ㅁ
　 ⑦－ㄱ　　　　　　⑧－ㅈ
　 ⑨－ㅊ　　　　　　⑩－ㅋ
　 ⑪－ㅇ

2　① 풍성하여　　　　② 스쳐
　 ③ 기대고　　　　　④ 심란한
　 ⑤ 정중하게　　　　⑥ 찌들어서
　 ⑦ 두르고　　　　　⑧ 요란해서
　 ⑨ 퍼덕이며　　　　⑩ 다급한
　 ⑪ 돌진하여

3　① 호통　　　　　　② 까치
　 ③ 잔칫집　　　　　④ 불공
　 ⑤ 소승　　　　　　⑥ 예불
　 ⑦ 병풍　　　　　　⑧ 빙그레
　 ⑨ 비축

4　① 실컷　　　　　　② 어처구니
　 ③ 갑자기　　　　　④ 어느새
　 ⑤ 잔뜩　　　　　　⑥ 우두커니
　 ⑦ 아무 말 없이　　⑧ 전혀

5　① 몽글몽글　　　　② 철렁
　 ③ 날름댔다　　　　④ 덜컥
　 ⑤ 바들바들

6　① 흘리면서　　　　② 하면서
　 ③ 먹으면서　　　　④ 알면서

제8과 쓰기 관련 문제

1　잔칫집에 초대를 받아가거나 무슨 좋은 일이 생길지도 모른다는 생각을 하였습니다. 또한 흥부는 형님이 찾아와 어려운 상황을 알아줄지도 모른다는 생각을 하였습니다.

2　스님이 집터를 잡아 주었는데 그 집터 뒤쪽으로 낮은 산이 병풍처럼 둘러져 있었습니다. 앞 쪽으로는 멀지 않은 곳에 냇물이 흘러가는 것도 보였습니다.

3　부러진 제비 다리를 옷고름을 떼어내어 칭칭 감아 주었습니다. 그리고 흥부는 아이들을 시켜서 제비의 먹이를 구해오게 했습니다. 흥부네 아이들은 메뚜기, 파리, 방아깨비들을 잡아다가 제비에게 먹이로 주면서 정성껏 보살폈습니다.

제9과 연습 문제

1　①－ㅅ　　　　　　②－ㄱ
　 ③－ㅂ　　　　　　④－ㄹ
　 ⑤－ㅁ　　　　　　⑥－ㄴ
　 ⑦－ㄷ

2　① 틀어졌다.　　　　② 웅크리고
　 ③ 받치어　　　　　④ 깔끔하게
　 ⑤ 찢느라고　　　　⑥ 소담한
　 ⑦ 정확하게　　　　⑧ 튼실한
　 ⑨ 구해서　　　　　⑩ 헤아려

3　① 속설　　　　　　② 피리
　 ③ 여념　　　　　　④ 풍습
　 ⑤ 근심　　　　　　⑥ 구덩이
　 ⑦ 거름　　　　　　⑧ 멍석
　 ⑨ 모깃불

4　① 무수히　　　　　② 애지중지
　 ③ 여전히　　　　　④ 여태껏
　 ⑤ 듬뿍　　　　　　⑥ 고작

5　① 미영이는 운동은 잘 하는 반면에 공부는 못한다.
　 ② 그 회사는 월급을 많이 주는 반면에 주말까지 일을 시킨다.
　 ③ 그 호텔은 숙박 요금이 비싼 반면에 서비스가 매우 좋다.
　 ④ 박 넝쿨과 박꽃들은 풍성한 반면에 열매는 찾아보

기가 힘들다.

6 ① 그 식당이 일찍 문을 닫는 줄 몰랐어요.
　 그 식당이 일찍 문을 닫는 줄 알았어요.

② 친구가 집에 찾아오는 줄 몰랐어요.
　 친구가 집에 찾아오는 줄 알았어요.

③ 철수가 공부를 잘하는 줄 몰랐어요.
　 철수가 공부를 잘하는 줄 알았어요.

④ 오늘 종강파티가 있는 줄 몰랐어요.
　 오늘 종강파티가 있는 줄 알았어요.

⑤ 모레 시험을 보는 줄 몰랐다.
　 모레 시험을 보는 줄 알았어요.

⑥ 다음 주에 여행을 가는 줄 몰랐어요.
　 다음 주에 여행을 가는 줄 알았어요.

⑦ 한국 사람들은 정이 많은 줄 몰랐어요.
　 한국 사람들은 정이 많은 줄 알았어요.

제9과 쓰기 관련 문제

1 아이들은 진달래를 따러 산으로 갔습니다. 아낙네들은 아이들이 진달래꽃을 따오면 화전을 지지기 위해 바쁘게 움직였습니다. 남정네들은 농사지을 농토도 둘러보고 화전에 쓸 떡방아를 찧느라 힘깨나 써야 했습니다. 그리고 여자들은 동쪽으로 흐르는 물에 머리를 감았고 남자들은 버들가지를 꺾어다가 나무피리를 만들어 불기도 하였습니다.

2 입에 박씨를 물고 있어서 소리를 못 내었다.

3 여름 무더위가 찾아들자 하얀 박꽃들이 피어나기 시작했습니다. 박꽃들은 강한 땡볕이 내리쬘 때는 꽃잎을 오므리고 있다가 해가 서산으로 뉘엿거리는 시간이 되면 꽃잎을 활짝 펼치기 시작했습니다.

제10과 연습 문제

1 ① - ㅁ　　　　　　② - ㅋ
　③ - ㄹ　　　　　　④ - ㅌ
　⑤ - ㅈ　　　　　　⑥ - ㅅ
　⑦ - ㅇ　　　　　　⑧ - ㅂ
　⑨ - ㄷ　　　　　　⑩ - ㄴ
　⑪ - ㅊ　　　　　　⑫ - ㄱ

2 ① 소슬한　　　　　② 에워싸고
　③ 돋우고　　　　　④ 이르고
　⑤ 건장한　　　　　⑥ 쟁여

3 ① 망정　　　　　　② 박살

③ 요령　　　　　　④ 설거지
⑤ 후렴　　　　　　⑥ 괴변
⑦ 궤짝　　　　　　⑧ 부자
⑨ 요술　　　　　　⑩ 산더미
⑪ 곳간

4 ① 아주　　　　　　② 다행스레
　③ 행여　　　　　　④ 멀찌감치
　⑤ 배불리　　　　　⑥ 어쨌든
　⑦ 언뜻

5 ① 수월하다　　　　② 스멀스멀
　③ 안절부절　　　　④ 단단히
　⑤ 덩실덩실　　　　⑥ 솔직히

6 ① 담갔다가　　　　② 탔다가
　③ 갔다가　　　　　④ 샀다가

7 ① 일등은커녕　　　② 고맙다고 하기는커녕
　③ 된장찌개는커녕　④ 택시는커녕
　⑤ 우승은커녕　　　⑥ 칭찬은커녕
　⑦ 도와주기는커녕

제10과 쓰기 관련 문제

1 흥부는 박을 타기 위해 톱도 준비하고 애들도 불러 모았습니다. 흥부 자식들은 들뜬 마음으로 박 주변을 에워싸고서 둘러앉았습니다. 흥부와 흥부 부인이 양쪽에서 톱 손잡이를 잡고서 슬슬 톱질을 시작하였습니다. 그런데 톱질이 잘 안됐습니다. 박이 커서 그런지 박 껍질이 아주 단단했습니다. 톱날이 박에 박혀야 하는데 좀처럼 박히지 않고 자꾸만 미끄러져 내렸습니다. 그러다 보니 톱질을 하기가 여간 힘이든 게 아니었습니다. 흥부가 박타령을 읊고 곁에 있던 아이들이 따라했습니다.

흥부가 톱질을 멈추고서 살펴보니 톱질을 해 놓은 작은 틈새에서 스멀스멀 연기가 피어올랐습니다. 흥부가 호기심 가득한 눈빛으로 그곳을 살피고 있는데 갑자기 "펑" 하는 소리가 울려 퍼졌습니다. 흥부는 혹시라도 자식들에게 안 좋은 일이 생길까 봐 뒤로 가게 하였습니다. 흥부가 박에 가까이 다가가지도 못하고 안절부절 못하고 있는데 또다시 "퍽" 하는 소리가 났습니다. 그리고 다시 한 번 "쩍" 소리가 나더니 톱질을 하다만 박이 두 쪽으로 짝 벌어졌습니다.

2 첫 번째 박에서는 쌀과 금덩이가 생겨나는 궤짝이 나왔습니다. 그리고 두 번째 궤짝에서는 비단과 세간들

이 생겨나는 궤짝이 나왔습니다.

3 제비나라에서 온 건장한 남자들과 부지런해 보이는 여자들이 백 명이 넘어 집안 가득 넘쳐났습니다. 뚝딱뚝딱 못질하는 소리와 대패소리, 나무를 자르고 깎는 소리로 요란하더니 금세 대궐 같은 기와집과 곳간도 두 채나 지어 놓았습니다. 여자들은 비단을 꺼내와 옷을 짓고 쌀을 퍼내어 방아를 찧어 떡과 유과, 약과, 강정까지 온갖 먹을거리를 만들어 산더미처럼 쌓아놓았습니다.

제11과 연습 문제

1 ① - ㅁ   ② - ㅈ
  ③ - ㅂ   ④ - ㅊ
  ⑤ - ㄴ   ⑥ - ㄱ
  ⑦ - ㄹ   ⑧ - ㄷ
  ⑨ - ㅇ   ⑩ - ㅅ

2 ① 쾌재   ② 칭송
  ③ 푸대접   ④ 소문
  ⑤ 수작   ⑥ 불호령
  ⑦ 처사   ⑧ 안채
  ⑨ 귀중품   ⑩ 염치
  ⑪ 주변

3 ① 일부러   ② 버럭버럭
  ③ 으리으리한   ④ 웅성웅성
  ⑤ 통사정   ⑥ 득실득실
  ⑦ 은근히

4 ① 항상   ② 자세히
  ③ 마땅히   ④ 앞으로 얼마 동안
  ⑤ 이곳저곳으로 각자

5 ① 무궁무진했다   ② 엿듣고
  ③ 다그치듯   ④ 얼토당토않은
  ⑤ 얻어   ⑥ 미련하였다
  ⑦ 불거져   ⑧ 분개해
  ⑨ 초청했다   ⑩ 괄시하면
  ⑪ 난감했다   ⑫ 항의하다

6 ① 수군거리고   ② 숙덕거렸다
  ③ 득실거렸다   ④ 삐죽거리며
  ⑤ 헉헉거리며   ⑥ 헐떡거리며
  ⑦ 찔끔거렸다

7 ① 느끼는 대로   ② 알고 있는
  ③ 도착하는 대로   ④ 오는 대로

8 ① 은행에 가는 김에   ② 우체국에 가는 김에
  ③ 한국어를 공부하는 김에

제11과 쓰기 관련 문제

1 주변에서 굶주리는 이웃들을 초대하여 배불리 먹여주고 식량도 나누어 주었습니다. 옷이 해어진 이웃들에게는 옷감을 나누어 주어 새 옷을 지어 입게 하였습니다.

2 네가 자식들도 주렁주렁 낳아서 부모 재산에만 기대어 살기에 가장으로서 역할을 배워보라고 내 보냈건만 이런 도깨비 같은 물건을 손에 넣고 재물을 물 쓰듯이 하고 있으니 가장으로서 책임감은 언제 배울 것이며, 어리석은 네 놈 앞날이 앞으로 어떻게 될지 내 원통해서 이런다. 그러니 네가 가장으로서 역할을 제대로 배울 때까지 이 궤짝을 내가 맡아서 관리를 했으면 한다는 핑계를 댔습니다.

3 금덩이가 생겨나는 궤짝

제12과 연습 문제

1. ① - ㄷ   ② - ㄹ
  ③ - ㅁ   ④ - ㅂ
  ⑤ - ㅅ   ⑥ - ㅇ
  ⑦ - ㅈ   ⑧ - ㄱ
  ⑨ - ㄴ

2 ① 실성한   ② 뜬금없는
  ③ 빈둥거리며   ④ 부러뜨려
  ⑤ 휘둥그레   ⑥ 완강히
  ⑦ 고달파   ⑧ 미심쩍은

3 ① 변소   ② 안달
  ③ 닦달   ④ 지지대
  ⑤ 떡잎   ⑥ 보초
  ⑦ 비지땀

4 ① 영험하다고   ② 나중에서야
  ③ 여러 가지로 생각

5 ① 벙글벙글   ② 꾸물대다가
  ③ 오락가락   ④ 살래살래

6 ① 타는 바람에   ② 나는 바람에
  ③ 피우는 바람에   ④ 내는 바람에

7 ① 외국인치고는   ② 선수치고는
  ③ 1학년치고는   ④ 사람치고는

제12과 쓰기 관련 문제

1 직접 흥부 집에 가서 확인을 하고 싶었지만 흥부의 부인 제수씨가 신경이 쓰였습니다. 제수씨는 흥부보다 눈치가 빨라서 분명히 금덩이가 나오는 궤짝을 돌려달라고 할 것 같았습니다.

2 흥부처럼 제비다리를 고쳐주어 제비한테 박씨를 선물받아 큰 부자가 되기 위해서입니다.

3 놀부가 심어놓은 박씨는 요술을 부리듯이 뒷날 싹이 터 올랐습니다. 점심때가 되자 덩굴이 쭉쭉 뻗어가기 시작하였습니다. 놀부는 좋아하느라 벌어진 입이 다물어질 줄 몰랐습니다. 그리고 온 종일 박 넝쿨만 쳐다보았습니다. 하루가 다르게 박 넝쿨이 쑥쑥 뻗어가는 바람에 하인들은 지지대를 만들어다 세워줘야 했습니다. 다른 집들 박은 아직 떡잎도 떨어지지 않았는데 놀부네 박 넝쿨만 꽃까지 피어났습니다. 그리고 다음날 곧바로 꽃이 지더니 박이 맺힌 게 보였습니다. 넝쿨 하나에 박 한 덩이씩 모두 세 덩이가 하루가 다르게 커갔습니다.

제13과 연습 문제

1 ① – ㅂ   ② – ㄹ
   ③ – ㄴ   ④ – ㅅ
   ⑤ – ㄱ   ⑥ – ㅈ
   ⑦ – ㄷ   ⑧ – ㅇ
   ⑨ – ㅋ   ⑩ – ㅊ
   ⑪ – ㅁ

2 ① 흔적   ② 지진
   ③ 아우성   ④ 장정
   ⑤ 형틀   ⑥ 심보
   ⑦ 재간   ⑧ 시중
   ⑨ 도량   ⑩ 인심
   ⑪ 덕   ⑫ 전답
   ⑬ 횡재   ⑭ 훈계

3 ① 따지듯이   ② 나가떨어졌다
   ③ 질려서   ④ 황량하고
   ⑤ 부수고   ⑥ 멀쩡했다
   ⑦ 걷히자   ⑧ 발버둥을 쳤다
   ⑨ 무고한   ⑩ 막막하였다

4 ① 휘영청   ② 우르르
   ③ 샅샅이   ④ 싹둑싹둑

⑤ 실실   ⑥ 대뜸
⑦ 철퍼덕   ⑧ 적당히
⑨ 헐레벌떡

5 ① 어제는 몸이 아팠기 때문에 병원에 갔다 왔어요.
   ② 형이 공부하기 때문에 떠들면 안 돼요.
   ③ 오늘은 비가 오기 때문에 등산을 갈 수가 없어요.
   ④ 큰 소리가 울려 퍼졌기 때문에 사람들이 잠에서 깨어나고 말았다.

6 ① 근무했던   ② 예뻤던
   ③ 살았던   ④ 중학생이었던
   ⑤ 갔었던   ⑥ 만났었던
   ⑦ 먹었던   ⑧ 즐거워했던

제13과 쓰기 관련 문제

1 첫 번째 박에서는 열이나 되는 괴물들이 몰려나와 온 집안을 샅샅이 뒤져 값나가는 것들을 빠짐없이 챙겨나와 수레에 몽땅 싣고서 떠나갔습니다.

두 번째 박에서는 도끼와 망치 그리고 작두를 든 사람들이 나와서 놀부네 집을 마구 부수고 도끼와 망치로 부술 수 없는 것들은 작두로 싹둑싹둑 잘라냈습니다. 그러다 보니 순식간에 놀부네 집은 흔적도 없이 사라져 버리고 텅 빈 터만 남게 되었습니다.

세 번째 박에서는 머리가 하얗고 하얀 수염을 길게 기른 노인이 까만 옷을 입고서 걸어 나왔습니다. 그 뒤로 여러 명의 장정들이 형틀과 곤장을 들고 나왔습니다. 놀부에게 죄 값으로 하인들을 자유인으로 풀어준다는 약속 문과 논밭을 그냥 나눠주겠다는 약속 문을 쓰게 하였습니다. 그리고 제비 다리를 부러뜨린 죄로 곤장 스무 대를 때리고서 사라졌습니다.

2 모범 답안 생략 (자유로운 생각을 인정해 줄 것.)

3 모범 답안 생략

저자 소개

글 박배식 동신대학교 한국어교원학과 교수, 한국문학 전공
　　신희삼 동신대학교 한국어교원학과 교수, 한국어문법 전공
　　손춘섭 광신대학교 국제한국어교원학과 교수, 한국어의미론 전공
　　배덕임 동신대학교 한국어교원학과 초빙교수, 한국어교육 전공
　　김미랑 동신대학교 한국어교원학과 초빙교수, 한국어교육 전공

그림 신성혁 연세대학교 재학 중

전래 동화로 배우는 한국어①
흥부와 놀부

초판 인쇄 2014년 8월 22일
초판 발행 2014년 8월 29일

지은이 박배식 신희삼 손춘섭 배덕임 김미랑
그　림 신성혁
펴낸이 이대현
편　집 권분옥

펴낸곳 도서출판 역락 | 등록 제303-2002-000014호(등록일 1999년 4월 19일)
주소 서울시 서초구 동광로 46길 6-6 문창빌딩 2층
전화 02-3409-2060(편집부), 2058(영업부) | 팩시밀리 02-3409-2059
전자우편 youkrack@hanmail.net
ISBN 979-11-5686-073-0 03710

정가 15,000원

■파본은 구입처에서 교환해 드립니다.

이 도서의 국립중앙도서관 출판예정도서목록(CIP)은 서지정보유통지원시스템 홈페이지(http://seoji.nl.go.kr)와 국가자료공동
목록시스템(http://www.nl.go.kr/kolisnet)에서 이용하실 수 있습니다.(CIP제어번호: CIP2014023366)